中华人民共和国保险法

（实用版）

中国法治出版社
CHINA LEGAL PUBLISHING HOUSE

■实用版

编辑说明

运用法律维护权利和利益,是读者选购法律图书的主要目的。法律文本单行本提供最基本的法律依据,但单纯的法律文本中的有些概念、术语,读者不易理解;法律释义类图书有助于读者理解法律的本义,但又过于繁杂、冗长。"实用版"法律图书至今已行销多年,因其实用、易懂的优点,成为广大读者理解、掌握法律的首选工具。

"**实用版系列**"独具五重使用价值:

1. **专业出版**。中国法治出版社是中央级法律类专业出版社,是国家法律法规标准文本权威出版机构。

2. **法律文本规范**。法律条文利用了本社法律单行本的资源,与国家法律、行政法规标准文本完全一致,确保条文准确、权威。

3. **条文解读详致**。书中的【理解与适用】从庞杂的相互关联的法律条文以及全国人大常委会法制工作委员会等对条文的解读中精选、提炼而来;【典型案例指引】来自最高人民法院指导案例、公报、各高级人民法院判决书等,点出适用要点,展示解决法律问题的实例。

4. **附录实用**。书末收录经提炼的法律流程图、诉讼文书、办案常用数据等内容,帮助提高处理法律纠纷的效率。

5. **附赠电子版**。将与本分册主题相关、因篇幅所限而未收录的相关文件制作成电子版文件。扫一扫封底"法规编辑部"可免费获取。

需要说明的是,只有国家正式通过、颁布的法律文本才具

1

有法律效力，书中【条文主旨】、【理解与适用】、【典型案例指引】、【实用附录】等内容，为编者方便读者阅读、理解而编写，仅供参考。

中国法治出版社

2025 年 4 月

《中华人民共和国保险法》理解与适用

《保险法》① 是以保险关系为调整对象的法律规范的总称，也就是以保险组织、保险对象以及保险当事人的权利义务为调整对象的法律规范。其中保险关系是指参与保险活动的主体之间形成的权利义务关系，包括当事人之间依保险合同发生的权利义务关系和国家对保险业进行监督管理过程中所发生的各种关系。保险法通常有广义和狭义之分，广义的保险法既包括保险公法，也包括保险私法；狭义的保险法仅指保险私法。所谓保险公法，就是有关保险的公法性质的法律，即调整社会公共保险关系的行为规范，主要指保险业法和社会保险法；所谓保险私法，就是调整自然人、法人或其他组织之间保险关系的法律，主要指保险合同法和保险特别法（如《海商法》中有关海上保险的法律规范）。

我国的保险立法除中华人民共和国成立初期制定的几部强制保险条例外，主要是在改革开放后发展起来的。1979 年，国务院决定恢复国内保险业务。1981 年 12 月 13 日颁布的《经济合同法》中第一次对财产保险合同作了原则性的规定。1983 年 9 月 1 日国务院发布了《财产保险合同条例》，该条例基本具备了保险合同法的框架，适应了当时保险业的发展。1985 年国务院又颁布了《保险企业管理暂行条例》。如果说《财产保险合同条例》构建了我国

---

① 本书中引用的《中华人民共和国保险法》统一简称为《保险法》，全书其他法律法规采用同样的处理方式。

保险合同法的基本框架,《保险企业管理暂行条例》则为我国保险法的制定打下了基础。1992年11月7日通过的《海商法》第一次以法律的形式对海上保险作出明确规定。1995年6月30日,全国人大常委会通过《保险法》,这是中华人民共和国成立以来第一部保险基本法,它标志着以《保险法》为主体、相关法规配套的中国保险法律法规体系的初步形成。随着中国保险监督管理委员会于1998年11月18日宣告成立,我国保险法规体系在组织结构上也逐步走向完善。

2002年我国为履行加入世贸组织的承诺,对《保险法》曾作过部分修改。《保险法》的公布施行,对保护保险活动各方当事人的合法权益,规范保险市场秩序,促进保险业的健康发展,发挥了重要作用。随着经济社会的发展,我国保险业在快速发展、取得显著成绩的同时,也出现了一些新的情况和问题。原《保险法》的一些规定已不能完全适应形势发展的需要,有必要进一步修改完善。2009年2月28日,十一届全国人大常委会第七次会议通过了修订后的《保险法》。这次修订是对《保险法》的一次全面修改,条文数量由修订前的一百五十八条增加到修订后的一百八十七条,绝大多数条款有修改。此后,全国人大常委会又于2014年、2015年陆续对《保险法》的部分条文作出了修改。

在《保险法》中,保险合同法是其核心内容。它是关于保险关系双方当事人权利义务的法律规定,通常包括保险合同的订立、效力、履行、终止、变更、解除以及保险合同纠纷的处理等事项。《保险法》第二章是对保险合同的规范,包括三节内容,分别就保险合同的一般规定以及人身保险和财产保险两大类保险合同的一些特殊规则进行了规定,基本确立了我国保险合同法的体系和内容。对于实践中发生的保险合同纠纷,如果《保险法》未作规定,则可适用《民法典》中有关合同的规定。此外,其他法律中关于保险合同的具体规定也是我国保险合同法的有机组成部分,如《海商法》中关于海上保险合同的规定。

目　录

中华人民共和国保险法

第一章　总　则

2	第 一 条	【立法宗旨】
3	第 二 条	【保险的定义】
3	第 三 条	【适用范围】
4	第 四 条	【合法原则】
4	第 五 条	【诚实信用原则】
4	第 六 条	【保险业务经营主体】
4	第 七 条	【境内投保原则】
4	第 八 条	【分业经营原则】
4	第 九 条	【保险监督管理机构】

第二章　保险合同

5	第一节　一般规定	
5	第 十 条	【保险合同及其主体】
		[保险合同的特征]
		[保险合同的分类]
		[保险合同当事人]
8	第十一条	【保险合同订立原则】
		[协商一致原则]
		[自愿原则]

1

10	第十二条	【保险利益】
11	第十三条	【保险合同成立与生效】
		[保险合同的成立]
		[保险合同的生效]
		[保险合同的形式]
14	第十四条	【保险合同效力】
		[保险费]
		[保险责任]
15	第十五条	【保险合同解除】
16	第十六条	【投保人如实告知义务】
		[如实告知义务]
		[保险事故]
18	第十七条	【保险人说明义务】
		[免责条款]
21	第十八条	【保险合同内容】
		[受益人]
		[保险标的]
		[保险责任]
		[保险期间]
		[保险金额]
		[保险费]
23	第十九条	【无效格式条款】
23	第二十条	【保险合同变更】
24	第二十一条	【通知义务】
25	第二十二条	【协助义务】
		[有关的证明和资料]
25	第二十三条	【理赔】
27	第二十四条	【拒绝赔付通知】

27	第二十五条	【先行赔付】
27	第二十六条	【诉讼时效】
28	第二十七条	【保险欺诈】
29	第二十八条	【再保险】
30	第二十九条	【再保险与原保险的独立性】
30	第 三 十 条	【争议条款解释】
32	第二节 人身保险合同	
32	第三十一条	【人身保险利益】
32	第三十二条	【申报年龄不真实的处理】
33	第三十三条	【死亡保险的限制】
33	第三十四条	【死亡保险合同的效力】
34	第三十五条	【保险费的支付】
34	第三十六条	【逾期支付当期保险费的后果】
36	第三十七条	【合同效力的恢复】
36	第三十八条	【禁止通过诉讼要求支付保险费】
36	第三十九条	【受益人的确定】
37	第 四 十 条	【受益顺序及份额】
37	第四十一条	【受益人变更】
37	第四十二条	【保险金作为遗产情形】
39	第四十三条	【受益权丧失】
39	第四十四条	【被保险人自杀的处理】
40	第四十五条	【免于赔付情形】
40	第四十六条	【人身保险代位求偿权的禁止】
41	第四十七条	【人身保险合同解除】
41	第三节 财产保险合同	
41	第四十八条	【财产保险利益】
42	第四十九条	【保险标的转让】
43	第 五 十 条	【不得解除合同的情形】

43	第五十一条	【维护保险标的安全义务】
43	第五十二条	【危险程度显著增加的通知义务】
44	第五十三条	【降低保险费】
45	第五十四条	【保费退还】
45	第五十五条	【保险价值与保险金额的确定】
47	第五十六条	【重复保险】
48	第五十七条	【防止或减少损失责任】
49	第五十八条	【保险标的部分损失后的合同解除】
49	第五十九条	【保险标的残值权利归属】
49	第 六 十 条	【代位求偿权】
51	第六十一条	【放弃行使代位求偿权的法律后果】
51	第六十二条	【代位求偿权行使限制】
52	第六十三条	【协助行使代位求偿权】
52	第六十四条	【勘险费用承担】
52	第六十五条	【责任保险】
53	第六十六条	【责任保险相应费用承担】

第三章　保　险　公　司

54	第六十七条	【设立须经批准】
54	第六十八条	【设立条件】
55	第六十九条	【注册资本】
55	第 七 十 条	【申请文件、资料】
55	第七十一条	【批准决定】
55	第七十二条	【筹建期限和要求】
56	第七十三条	【开业申请及其审批】
56	第七十四条	【设立分支机构】
56	第七十五条	【设立分支机构提交的材料】

57	第七十六条	【审批保险公司设立分支机构申请的期限】
57	第七十七条	【工商登记】
57	第七十八条	【经营保险业务许可证的登记】
57	第七十九条	【境外机构设立审批】
57	第 八 十 条	【外国保险机构驻华代表机构设立的批准】
57	第八十一条	【董事、监事和高级管理人员任职规定】
58	第八十二条	【董事、监事、高级管理人员的任职禁止】
59	第八十三条	【董事、监事、高级管理人员的责任】
59	第八十四条	【变更事项批准】
59	第八十五条	【精算报告制度和合规报告制度】
60	第八十六条	【如实报送重要文件】
60	第八十七条	【账簿、原始凭证和有关资料的保管】
60	第八十八条	【聘请或解聘中介服务机构】
61	第八十九条	【解散和清算】
61	第 九 十 条	【重整、和解和破产清算】
61	第九十一条	【破产财产清偿顺序】
62	第九十二条	【人寿保险业务的转让】
63	第九十三条	【经营保险业务许可证的注销】
63	第九十四条	【适用公司法的规定】

第四章　保险经营规则

63	第九十五条	【业务范围】
65	第九十六条	【再保险业务】
65	第九十七条	【保证金】
66	第九十八条	【责任准备金】
66	第九十九条	【公积金】

66	第一百条	【保险保障基金】
67	第一百零一条	【最低偿付能力】
68	第一百零二条	【当年自留保险费】
68	第一百零三条	【最大损失责任的赔付要求】
68	第一百零四条	【危险单位划分方法和巨灾风险安排方案】
68	第一百零五条	【办理再保险的原则】
69	第一百零六条	【资金运用的原则和形式】
69	第一百零七条	【保险资产管理公司】
69	第一百零八条	【关联交易管理和信息披露制度】
70	第一百零九条	【关联交易的限制】
70	第一百一十条	【重大事项披露】
70	第一百一十一条	【保险销售人员任职资格】
70	第一百一十二条	【保险代理人登记制度】
70	第一百一十三条	【依法使用经营保险业务许可证】
70	第一百一十四条	【公平合理拟订保险条款和保险费率并及时履行义务】
71	第一百一十五条	【公平竞争原则】
71	第一百一十六条	【保险业务行为禁止】

第五章　保险代理人和保险经纪人

72	第一百一十七条	【保险代理人】
73	第一百一十八条	【保险经纪人】
73	第一百一十九条	【保险代理机构、保险经纪人的资格条件及从业许可】
74	第一百二十条	【以公司形式设立的保险专业代理机构、保险经纪人的注册资本】

74	第一百二十一条	【保险专业代理机构、保险经纪人的高级管理人员的经营管理能力与任职资格】
74	第一百二十二条	【个人保险代理人、保险代理机构的代理从业人员、保险经纪人的经纪从业人员的任职能力】
74	第一百二十三条	【经营场所与账簿记载】
75	第一百二十四条	【保险代理机构、保险经纪人缴存保证金或者投保职业责任保险】
75	第一百二十五条	【个人保险代理人代为办理人寿保险业务接受委托的限制】
75	第一百二十六条	【保险业务委托代理协议】
75	第一百二十七条	【保险代理责任承担】
76	第一百二十八条	【保险经纪人的赔偿责任】
76	第一百二十九条	【保险事故的评估和鉴定】
77	第一百三十条	【保险佣金的支付】
78	第一百三十一条	【保险代理人、保险经纪人及其从业人员的禁止行为】
78	第一百三十二条	【准用条款】

第六章 保险业监督管理

79	第一百三十三条	【保险监督管理机构职责】
79	第一百三十四条	【国务院保险监督管理机构立法权限】
79	第一百三十五条	【保险条款与保险费率的审批与备案】
80	第一百三十六条	【对违法、违规保险条款和费率采取的措施】
80	第一百三十七条	【对保险公司偿付能力的监控】

80	第一百三十八条	【对偿付能力不足的保险公司采取的措施】
80	第一百三十九条	【责令保险公司改正违法行为】
81	第 一 百 四 十 条	【保险公司整顿】
81	第一百四十一条	【整顿组职权】
81	第一百四十二条	【被整顿保险公司的业务运作】
81	第一百四十三条	【保险公司结束整顿】
81	第一百四十四条	【保险公司接管】
82	第一百四十五条	【国务院保险监督管理机构决定并公告接管组的组成和接管的实施办法】
82	第一百四十六条	【接管保险公司期限】
82	第一百四十七条	【终止接管】
82	第一百四十八条	【被整顿、被接管的保险公司的重整或破产清算】
83	第一百四十九条	【保险公司的撤销及清算】
83	第 一 百 五 十 条	【提供信息资料】
83	第一百五十一条	【股东利用关联交易严重损害公司利益，危及公司偿付能力的处理措施】
83	第一百五十二条	【保险公司业务活动和风险管理重大事项说明】
83	第一百五十三条	【保险公司被整顿、接管、撤销清算期间及出现重大风险时对董事、监事、高级管理人员和其他责任人员采取的措施】
84	第一百五十四条	【保险监督管理机构的履职措施及程序】
85	第一百五十五条	【配合检查、调查】

8

85	第一百五十六条	【保险监督管理机构工作人员行为准则】
85	第一百五十七条	【金融监督管理机构监督管理信息共享机制】

第七章 法律责任

85	第一百五十八条	【擅自设立保险公司、保险资产管理公司或非法经营商业保险业务的法律责任】
86	第一百五十九条	【擅自设立保险代理机构、保险经纪人或者未取得许可从事保险业务的法律责任】
86	第一百六十条	【保险公司超出业务范围经营的法律责任】
86	第一百六十一条	【保险公司在保险业务活动中从事禁止性行为的法律责任】
86	第一百六十二条	【保险公司未经批准变更公司登记事项的法律责任】
87	第一百六十三条	【超额承保及为无民事行为能力人承保以死亡为给付保险金条件的保险的法律责任】
87	第一百六十四条	【违反保险业务规则和保险组织机构管理规定的法律责任】
87	第一百六十五条	【保险代理机构、保险经纪人违反诚信原则办理保险业务的法律责任】
88	第一百六十六条	【不按规定缴存保证金或者投保职业责任保险、设立收支账簿的法律责任】

88	第一百六十七条	【违法聘任不具有任职资格的人员的法律责任】
88	第一百六十八条	【违法转让、出租、出借业务许可证的法律责任】
88	第一百六十九条	【不按规定披露保险业务相关信息的法律责任】
89	第一百七十条	【提供保险业务相关信息不实、拒绝或者妨碍监督检查、不按规定使用保险条款或保险费率的法律责任】
89	第一百七十一条	【董事、监事、高级管理人员的法律责任】
89	第一百七十二条	【个人保险代理人的法律责任】
89	第一百七十三条	【外国保险机构违法从事保险活动的法律责任】
90	第一百七十四条	【投保人、被保险人或受益人进行保险诈骗活动的法律责任】
90	第一百七十五条	【侵权民事责任的规定】
91	第一百七十六条	【拒绝、阻碍监督检查、调查的行政责任】
91	第一百七十七条	【禁止从业的规定】
91	第一百七十八条	【保险监督管理人员的法律责任】
91	第一百七十九条	【刑事责任的规定】

第八章 附　　则

| 92 | 第一百八十条 | 【保险行业协会的规定】 |
| 92 | 第一百八十一条 | 【其他保险组织的商业保险业务适用本法】 |

92	第一百八十二条	【海上保险的法律适用】
93	第一百八十三条	【合资保险公司、外资保险公司法律适用规定】
93	第一百八十四条	【农业保险的规定】
93	第一百八十五条	【施行日期】

实用核心法规

综　合

94	☆①最高人民法院关于适用《中华人民共和国保险法》若干问题的解释（一） （2009年9月21日）
96	☆最高人民法院关于适用《中华人民共和国保险法》若干问题的解释（二） （2020年12月29日）
101	☆最高人民法院关于适用《中华人民共和国保险法》若干问题的解释（三） （2020年12月29日）
110	☆最高人民法院关于适用《中华人民共和国保险法》若干问题的解释（四） （2020年12月29日）
116	中华人民共和国民法典（节录） （2020年5月28日）

机构管理

143	保险公司管理规定 （2015年10月19日）

---

① 标记"☆"符号的，条文均加注条旨，重点条文下作相应注释。

158	保险资金运用管理办法	
	（2018 年 1 月 24 日）	
172	保险公司信息披露管理办法	
	（2018 年 4 月 28 日）	
180	反保险欺诈工作办法	
	（2024 年 7 月 22 日）	
188	全国法院民商事审判工作会议纪要（节录）	
	（2019 年 11 月 8 日）	
192	银行业保险业消费投诉处理管理办法	
	（2020 年 1 月 14 日）	
199	银行保险机构操作风险管理办法	
	（2023 年 12 月 27 日）	
211	银行保险机构消费者权益保护管理办法	
	（2022 年 12 月 12 日）	
220	银行保险监管统计管理办法	
	（2022 年 12 月 25 日）	

保险业务规范

227	人身保险业务基本服务规定	
	（2010 年 2 月 11 日）	
231	人身保险产品信息披露管理办法	
	（2022 年 11 月 11 日）	
237	人身保险公司保险条款和保险费率管理办法	
	（2015 年 10 月 19 日）	
249	财产保险公司保险条款和保险费率管理办法	
	（2021 年 8 月 16 日）	

255	银行保险机构消费者权益保护监管评价办法 （2021 年 7 月 5 日）
262	保险销售行为管理办法 （2023 年 9 月 20 日）

电子版增值法规（请扫封底"法规编辑部"二维码获取）

保险资金间接投资基础设施项目管理办法
（2021 年 6 月 21 日）
保险经纪人监管规定
（2018 年 2 月 1 日）
保险公估人监管规定
（2018 年 2 月 1 日）
保险公司非现场监管暂行办法
（2022 年 1 月 16 日）
银行保险机构关联交易管理办法
（2022 年 1 月 10 日）
保险中介行政许可及备案实施办法
（2021 年 10 月 28 日）
再保险业务管理规定
（2021 年 7 月 21 日）
个人税收递延型商业养老保险业务管理暂行办法
（2018 年 5 月 16 日）
个人税收递延型商业养老保险资金运用管理暂行办法
（2018 年 6 月 22 日）
保险机构独立董事管理办法
（2020 年 2 月 4 日）

保险公司股权管理办法
　　（2018年3月2日）
保险公司董事、监事和高级管理人员任职资格管理规定
　　（2021年6月3日）
中国银保监会关于银行保险机构员工履职回避工作的指
　　导意见
　　（2019年12月19日）
保险资产负债管理监管暂行办法
　　（2019年7月24日）
健康保险管理办法
　　（2019年10月30日）
中华人民共和国外资保险公司管理条例
　　（2019年9月30日）
保险代理人监管规定
　　（2020年11月12日）
银行保险违法行为举报处理办法
　　（2019年12月25日）

案　例

中国平安财产保险股份有限公司江苏分公司诉江苏镇江
　　安装集团有限公司保险人代位求偿权纠纷案
海南丰海粮油工业有限公司诉中国人民财产保险股份有
　　限公司海南省分公司海上货物运输保险合同纠纷案
华泰财产保险有限公司北京分公司诉李志贵、天安财产
　　保险股份有限公司河北省分公司张家口支公司保险人
　　代位求偿权纠纷案

中华人民共和国保险法

（1995年6月30日第八届全国人民代表大会常务委员会第十四次会议通过　根据2002年10月28日第九届全国人民代表大会常务委员会第三十次会议《关于修改〈中华人民共和国保险法〉的决定》第一次修正　2009年2月28日第十一届全国人民代表大会常务委员会第七次会议修订　根据2014年8月31日第十二届全国人民代表大会常务委员会第十次会议《关于修改〈中华人民共和国保险法〉等五部法律的决定》第二次修正　根据2015年4月24日第十二届全国人民代表大会常务委员会第十四次会议《关于修改〈中华人民共和国计量法〉等五部法律的决定》第三次修正）

目　录

第一章　总　则
第二章　保险合同
　第一节　一般规定
　第二节　人身保险合同
　第三节　财产保险合同
第三章　保险公司
第四章　保险经营规则
第五章　保险代理人和保险经纪人
第六章　保险业监督管理
第七章　法律责任
第八章　附　则

第一章 总 则

第一条 立法宗旨[*]

为了规范保险活动，保护保险活动当事人的合法权益，加强对保险业的监督管理，维护社会经济秩序和社会公共利益，促进保险事业的健康发展，制定本法。

▶ 理解与适用

在人类的生产与生活中，危险处处存在，给人们的生产、生活造成严重威胁，危险事故的发生则给人们带来伤害和损失。无论是个人还是集体，对危险的损害后果都难以独自承担，对危险进行识别、衡量、防范和控制的要求就很自然地产生了。危险处理的方法有许多种，包括危险回避、损失控制、危险转移、危险自留等。其中危险转移是指通过合理的措施，将危险及其损失从一个主体转移给另一个主体，即转移损失发生及其程度的不确定性。危险转移包括两种方式：一种是控制型的危险转移，即转移可能发生危险损失的财产或活动，如将容易着火的建筑物卖掉，也就不再承担其着火带来的损失；另一种是财务型的危险转移，即通过财务方式转移危险损失。保险就是财务型危险转移方式之一，即通过购买保险让可能发生的危险损失由保险人来承担，以保险费支出的确定性代替损失程度的不确定性。

---

[*] 条文主旨为编者所加，下同。

第二条　保险的定义

本法所称保险,是指投保人根据合同约定,向保险人支付保险费,保险人对于合同约定的可能发生的事故因其发生所造成的财产损失承担赔偿保险金责任,或者当被保险人死亡、伤残、疾病或者达到合同约定的年龄、期限等条件时承担给付保险金责任的商业保险行为。

▶理解与适用

从理论上讲,保险有广义和狭义之分。广义的保险是将商业保险、社会保险与政策保险等一切采取保险方式来处理危险的社会化保险机制都包括在内;狭义的保险仅指商业保险,即采取商业手段并严格按照市场法则运行的保险机制。我国保险法在本条中明确规定了保险法的调整对象是商业保险活动。

第三条　适用范围

在中华人民共和国境内从事保险活动,适用本法。

▶理解与适用

按照本条规定,无论是中国自然人、法人还是外国自然人、法人以及无国籍人,只要在中华人民共和国境内从事保险活动,包括处于保险人地位或处于投保人、被保险人、受益人地位的所有保险活动当事人,都必须遵守和执行本法;无论外国保险组织在中国境内设有机构或没有设立机构,只要从中国境内吸收投保,并依所订立的保险合同在中国境内履行保险责任,都受本法的约束。同时由于本法第二条已明确规定保险法调整的是商业保险活动,因此,在中国境内从事的所有商业保险活动,包括保险人的业务经营,保险代理人、保险经纪人和保险公估人等的业务活动及其他与保险有关的行为,都适用本法。

第四条 合法原则

从事保险活动必须遵守法律、行政法规，尊重社会公德，不得损害社会公共利益。

第五条 诚实信用原则

保险活动当事人行使权利、履行义务应当遵循诚实信用原则。

▶条文参见

《保险法》第 16 条

第六条 保险业务经营主体

保险业务由依照本法设立的保险公司以及法律、行政法规规定的其他保险组织经营，其他单位和个人不得经营保险业务。

第七条 境内投保原则

在中华人民共和国境内的法人和其他组织需要办理境内保险的，应当向中华人民共和国境内的保险公司投保。

第八条 分业经营原则

保险业和银行业、证券业、信托业实行分业经营、分业管理，保险公司与银行、证券、信托业务机构分别设立。国家另有规定的除外。

第九条 保险监督管理机构

国务院保险监督管理机构依法对保险业实施监督管理。

国务院保险监督管理机构根据履行职责的需要设立派出机构。派出机构按照国务院保险监督管理机构的授权履行监督管理职责。

第二章 保险合同

第一节 一般规定

第十条 保险合同及其主体

> 保险合同是投保人与保险人约定保险权利义务关系的协议。
>
> 投保人是指与保险人订立保险合同，并按照合同约定负有支付保险费义务的人。
>
> 保险人是指与投保人订立保险合同，并按照合同约定承担赔偿或者给付保险金责任的保险公司。

▶ 理解与适用

[保险合同的特征]

保险合同是双务有偿合同。投保人负有支付保费的义务，而保险人则要承担在保险事故发生时给付保险赔偿金的义务，双方都要对保险合同承担义务。然而，保险合同却不同于其他双务合同。首先，双方不存在对待给付的关系，如果保险事故没有发生，则保险人不用向被保险人支付保险赔偿金；而如果保险事故发生，支付的保险赔偿金却是远大于投保人支付的保费，双方之间不存在对待给付。其次，保险合同中也不存在普通双务合同中的同时履行的情况。因为，投保人支付保费，并不必然导致保险人给付保险赔偿金。

保险合同是射幸合同。所谓射幸合同，就是指对双方而言，合同约定的情况不一定发生，因而具有不确定性。投保人支付保费，能否获得补偿具有不确定性，发生保险事故，则被保险人能够获得补偿。如果保险事故没有发生，则被保险人会一无所获。双方都是为了未来不确定的情况而订立合同的。

保险合同是格式合同。保险公司作为保险合同的保险人，其专业化、知识掌握技术都远远高于普通的投保人。因此，许多保险合同都由保险公司事先制定好保险单的格式与内容，投保人在签订保险合同时，只有接受与不接受两种选择，在很大程度上丧失了磋商的机会。这样的保险合同可以提高效率，实现保险合同的定型化、标准化、技术化。然而，这样做在很大程度上损害了作为合同另一方当事人的投保人的利益。因此，法律和司法解释对保险人在合同中的有利地位进行了限制，如在合同内容有争议时做对投保人有利的解释，保险人附除外责任的说明义务，等等。

保险合同是最大诚信合同。诚实信用原则是民商法的基本原则之一，作为民商法重要组成部分的保险法，自然应当遵循这一原则的要求。然而，保险法律对当事人诚实信用的要求程度远远高于其他民商事活动，应为最大限度的诚实信用，因此称为最大诚信原则。

[保险合同的分类]

按照保险赔偿款是否确定，可以将保险合同分为定值保险与不定值保险。

定值保险，即在订立合同之时已经确定了保险标的的保险价值，并将之载入保险合同中的保险合同。此类保险合同主要存在于财产保险合同之中。一旦保险事故发生，双方在合同中事先所确定的保险价值即应当成为保险人给付保险赔偿金额的计算依据。不定值保险，是指双方当事人在订立合同时不预先估计其价值，仅载明危险发生以后，再行估计其价值而确定其损失的保险合同。不定值保险合同双方仅约定了保险金额，而将保险标的实际价值的估算留待保险事故发生以后进行。

按照保险合同标的的不同，保险合同可以分为人身保险合同和财产保险合同。

人身保险合同是指以被保险人的生命、身体和健康作为保险标的的定值保险合同。由于人身体的特别性，无论人身发生了什么样的伤害、损害，甚至即使没有造成财产上的损失，保险人仍然要按照保险合同的规定对被保险人进行赔偿。人身保险合同按照标的的不同，分为意外伤害保险、身体健康保险和人寿保险。财产保险合同则是指以财产及其有关利益为保险标的的保险合同。

[保险合同当事人]

保险合同的当事人即投保人和保险人。投保人作为保险合同的当事人，必须具备以下条件：

一是，具有完全的民事权利能力和相应的民事行为能力。民事权利能力是指民事主体依法享有民事权利和承担民事义务的资格；民事行为能力是指民事主体以自己的行为享有民事权利和承担民事义务的能力。《民法典》将自然人的民事行为能力按照年龄、智力、精神健康状况分为完全民事行为能力、限制民事行为能力和无民事行为能力。八周岁以上的未成年人、不能完全辨认自己行为的成年人为限制民事行为能力人，其作为投保人订立保险合同时，需由其法定代理人代理或经其法定代理人同意、追认。未满八周岁的未成年人、不能辨认自己行为的八周岁以上的自然人为无民事行为能力人，通常不能成为保险合同的当事人。

二是，投保人须对保险标的具有保险利益。否则不能申请订立保险合同，已订立的合同为无效合同。规定投保人应对保险标的具有保险利益，可以使保险与赌博区别开来，并预防道德风险和限制赔偿金额。

三是，投保人须是以自己的名义与保险人订立保险合同的当事人，同时还须依保险合同的约定缴纳保险费。保险合同是双务合同和有偿合同，被保险人获得保险保障是以投保人缴纳保险费为前提。当投保人为自己的利益投保时，有义务缴纳保险费；在为他人利益投保时，也要承担保险费的交付义务。投保人如不按期缴纳保险费，保险人可以分情况要求其交付保险费及利息，或者终止保险合同。保险人对终止合同前投保方欠交的保险费及利息，仍有权要求投保人如数补足。

保险人应具备以下条件：第一，要有法定资格。保险人经常以各种经营组织形态出现。按照我国《保险法》的规定，保险人必须是依法成立的保险公司。第二，保险公司须以自己的名义订立保险合同。作为一方当事人，保险人只有以自己的名义与投保人签订保险合同后，才能成为保险合同的保险人。

▶条文参见

《民法典》第17—24条；《保险法》第6、181条；《海商法》第216条

第十一条　保险合同订立原则

订立保险合同，应当协商一致，遵循公平原则确定各方的权利和义务。

除法律、行政法规规定必须保险的外，保险合同自愿订立。

▶理解与适用

[协商一致原则]

保险合同和其他民商事合同一样，需要双方当事人协商一致形成合意后才能形成。在合同的订立过程中，双方当事人在法律和法规的允许范围内，经过磋商，做出一个双方均能够接受的意思合意，即构成保险合同。双方当中，任何一方都不能把自己的意愿强加给另一方。

在实践中，保险合同由于其复杂性和专业性，往往是由保险人制作格式合同，而由投保人签字形成的，这些内容，并不是双方当事人意思表示合意的表现，有些甚至侵害了投保人的合法利益。这就需要建立起一套保护投保人地位的制度。

首先，要建立起有效的批注制度，手写或事后打印的批注，是双方协商和订立合同时所约定的特别条款，一旦出现批注的内容与格式合同中的条款相矛盾的，则以批注的条款为准，而

否认格式条款的效力。《保险法解释（二）》①第14条明确了这一规则的顺序：（1）投保单与保险单或者其他保险凭证不一致的，以投保单为准。但不一致的情形系经保险人说明并经投保人同意的，以投保人签收的保险单或者其他保险凭证载明的内容为准；（2）非格式条款与格式条款不一致的，以非格式条款为准；（3）保险凭证记载的时间不同的，以形成时间在后的为准；（4）保险凭证存在手写和打印两种方式的，以双方签字、盖章的手写部分的内容为准。

其次，有利于投保人和被保险人的解释。《保险法》第30条对这一解释规则作出了规定，即采用保险人提供的格式条款订立的保险合同，保险人与投保人、被保险人或者受益人对合同条款有争议的，应当按照通常理解予以解释。对合同条款有两种以上解释的，人民法院或者仲裁机构应当作出有利于被保险人和受益人的解释。

最后，是保险人的告知义务。《保险法》第17条第2款明确规定："对保险合同中免除保险人责任的条款，保险人在订立合同时应当在投保单、保险单或者其他保险凭证上作出足以引起投保人注意的提示，并对该条款的内容以书面或者口头形式向投保人作出明确说明；未作提示或者明确说明的，该条款不产生效力。"通过这样的条款，能够使协商一致的民事基本原则得以贯彻实施。

[自愿原则]

自愿原则也是民商事基本原则之一，《民法典》第5条规定："民事主体从事民事活动，应当遵循自愿原则，按照自己的

---

① 本书中，《最高人民法院关于适用〈中华人民共和国保险法〉若干问题的解释（一）》简称为《保险法解释（一）》，《最高人民法院关于适用〈中华人民共和国保险法〉若干问题的解释（二）》简称为《保险法解释（二）》，《最高人民法院关于适用〈中华人民共和国保险法〉若干问题的解释（三）》简称为《保险法解释（三）》，《最高人民法院关于适用〈中华人民共和国保险法〉若干问题的解释（四）》简称为《保险法解释（四）》。

意思设立、变更、终止民事法律关系。"而保险法同样贯彻这一项原则。双方当事人之间享有各种各样的自由，如投保人对保险人进行选择时，在确定保险人之后，也可以选择投保什么样的险种，是否以批注的形式改变格式条款的内容，等等。当事人如果在受到欺诈、胁迫等意思表示不自由的条件下，可以按照《民法典》的相关规定，主张撤销合同，任何人不得依仗自己的优势地位与有利形势逼迫他人签订保险合同。需要指出的是，保险合同的投保人拥有其他合同当事人没有的权利，那就是任意解除权，《保险法》第15条规定："除本法另有规定或者保险合同另有约定外，保险合同成立后，投保人可以解除合同，保险人不得解除合同。"即在保险法无规定或保险合同无约定的情况下，投保人可以不需要理由地任意解除合同，从而摆脱合同的拘束。

▶条文参见

《民法典》第147—151条；《机动车交通事故责任强制保险条例》

第十二条 保险利益

> 人身保险的投保人在保险合同订立时，对被保险人应当具有保险利益。
>
> 财产保险的被保险人在保险事故发生时，对保险标的应当具有保险利益。
>
> 人身保险是以人的寿命和身体为保险标的的保险。
>
> 财产保险是以财产及其有关利益为保险标的的保险。
>
> 被保险人是指其财产或者人身受保险合同保障，享有保险金请求权的人。投保人可以为被保险人。
>
> 保险利益是指投保人或者被保险人对保险标的具有的法律上承认的利益。

▶理解与适用

保险利益又称可保利益，是指投保人或被保险人对投保标的所具有的法律上所承认的利益。它体现了投保人或被保险人与保险标的之间存在的利益关系。衡量投保人或被保险人对保险标的是否具有保险利益主要是看投保人或被保险人是否因保险标的的损害或丧失而遭受经济上的损失，即当保险标的安全时，投保人或被保险人可以从中获益；反之，当保险标的受损时，投保人或被保险人必然会遭受经济损失，则投保人或被保险人对该标的具有保险利益。保险利益原则是保险法的一项重要原则，具有区分保险与赌博、防范道德风险、限制赔偿数额和确定保险标的的功能。其不仅关涉公共利益，而且与当事人利益攸关，关系到所订立保险合同的效力以及被保险人是否能获得保险金等问题。

本条将人身保险的保险利益与财产保险的保险利益进行区分，分别进行了规定。根据该规定，有关人身保险的保险利益判断主体为投保人，判断时间点在保险合同订立时；有关财产保险的保险利益判断主体为被保险人，判断时间点在保险事故发生时。

▶条文参见

《海商法》第218条；《保险法》第31、48条

第十三条　保险合同成立与生效

> 投保人提出保险要求，经保险人同意承保，保险合同成立。保险人应当及时向投保人签发保险单或者其他保险凭证。
>
> 保险单或者其他保险凭证应当载明当事人双方约定的合同内容。当事人也可以约定采用其他书面形式载明合同内容。
>
> 依法成立的保险合同，自成立时生效。投保人和保险人可以对合同的效力约定附条件或者附期限。

▶理解与适用

［保险合同的成立］

订立保险合同是投保人与保险人的双方法律行为，保险合同的订立过程，是投保人和保险人意思表示趋于一致的过程，

11

在双方意思表示一致的基础上，双方最终达成协议，保险合同才能成立。订立保险合同与其他合同一样要经过要约和承诺两个步骤，一方要约，另一方承诺，保险合同即告成立。根据我国《民法典》的有关规定，要约是希望与他人订立合同的意思表示，该意思表示应当符合下列条件：（1）内容具体确定；（2）表明经受要约人承诺，要约人即受该意思表示约束。承诺是受要约人同意要约的意思表示。承诺的内容应当与要约的内容一致。承诺生效时合同成立。

[保险合同的生效]

保险合同的成立并不等于生效，这两者的区分已经很明确地规定在了本条的第3款中："依法成立的保险合同，自成立时生效。投保人和保险人可以对合同的效力约定附条件或者附期限。"一般来说，合同成立即生效，然而，根据合同的原理，成立的合同并不必然生效，有的可以推迟生效，有的甚至根本就不能发生效力。合同的成立和生效是不同的概念，首先，成立是保险合同本身的一个事实判断，即对合同这样一个法律关系的存在与否作出一个判断。而生效则是一个法律上的价值判断，如果成立的保险合同违反了《民法典》第一编第六章第三节或者第三编第一分编等有关规定或符合《保险法》规定的其他无效要件，例如在人身保险合同中，投保人在投保时对被保险人的人身并不享有保险利益，此时，即使成立的合同，也会因法律的价值判断要件的不符合而归于无效。当然，同时符合合同的成立要件和生效要件的保险合同，根据第3款前段的规定，自然发生效力，即合同成立时即生效。

一般来说，保险合同成立即生效，然而，在附条件或者附期限的保险合同中，合同并不必然成立即生效，而要等待条件成就或期限届满时，合同才发生效力。本条第3款后段就对此作出了规定。

[保险合同的形式]

根据本条第1款，投保人提出保险要求，经保险人同意承保，保险合同成立。保险合同的成立，并不要求以书面或保险单的形式出现，这说明，保险合同是一个非要式合同。保险单或书面的保险合同并不是合同成立的标准，只要投保人作出要约，经保险人承诺，即可认为合同成立。而本条同时规定，需要保险人开具保险单或其他的保险凭证。一般来说，作为保险合同的保险凭证有如下几种：

1. 保险单。简称"保单"，这种保险凭证形式，是由《保险法》直接规定的，可见这种形式的重要性。在实践中，绝大多数的保险合同也是以保险单的形式出现的。

2. 其他凭证。除了保险单，还有其他几种可以证明保险合同存在的形式，不过它们都是保险单简化或变化的形态，实际上和保险单的作用是一致的，与保险单具有同等效力。

3. 投保单。投保单是投保人向保险人发出的订立保险合同要约的书面凭证和申请材料。

4. 暂保单。暂保单是指在保险人承保之前，保险代理人或其他保险分支机构向投保人开具的，证明已经完成所有的订立保险合同的手续，只待保险人承保，保险合同即告成立的保险凭证形式。暂保单和保险单具有同等效力，但是只能以30天为限，暂保单在出具30日后，自动丧失效力。

▶典型案例指引

上海某物流有限公司诉某财产保险股份有限公司上海分公司等财产保险合同纠纷案（《最高人民法院公报》2023年第8期）

案件适用要点：判断保险合同当事人最终合意形成的真实意思表示，应当结合投保单、保险单或其他保险凭证、保险条款等保险合同的组成内容综合判断。依法订入合同并已产生效力的合同内容，对保险合同各方当事人均有法律约束力。当事人仅以缔约过程中未形成最终合意的单方意思表示主张其保险合同权利的，人民法院不予支持。

▶条文参见

《民法典》第三编第一分编第二、三章;《海商法》第221条;《保险法解释(一)》第1—5条;《保险法解释(二)》第3、4条

第十四条 保险合同效力

保险合同成立后,投保人按照约定交付保险费,保险人按照约定的时间开始承担保险责任。

▶理解与适用

[保险费]

保险费是指投保人在保险期间内所必须缴纳的费用。保险费是保险公司维持保险基金来源的基础,没有保险费,保险赔偿便无从谈起。保险费在保险合同中必须说明,用以确定双方当事人之间的责任。

保险费可以采用各种各样的支付方式。既可以采用现金支付的方式,亦可以采用转账支付的方式;既可以一次性付款,同样也可以采用分期付款的方式。总之,双方当事人之间可以就支付方式作出约定。

[保险责任]

保险责任是指保险人在保险事故发生后所应该承担的责任。在保险合同中,保险责任,俗称"险种",险种不同,保险人和投保人所承担的义务也是不同的。保险责任是必须约定的条款。保险责任决定了保险人和投保人、被保险人的权利义务。根据合同中保险责任的规定,保险人可以确定其对哪些事故必须承担责任,哪些事故并非保险合同中约定的事故。而投保人也基于保险合同的规定,缴纳保费,承担义务。

同时,在保险合同中,投保人与保险人之间可以约定免责条款。即在某些特定条件下,即使发生保险合同约定的事故,保险人也可以主张免责。

▶典型案例指引

陆某某诉某人寿保险股份有限公司太仓支公司保险合同纠纷案（《最高人民法院公报》2013年第11期）

案件适用要点：人寿保险合同未约定具体的保费缴纳方式，投保人与保险人之间长期以来形成了较为固定的保费缴纳方式的，应视为双方成就了特定的交易习惯。保险公司单方改变交易习惯，违反最大诚信原则，致使投保人未能及时缴纳保费的，不应据此认定保单失效，保险公司无权中止合同效力并解除保险合同。

第十五条 保险合同解除

> 除本法另有规定或者保险合同另有约定外，保险合同成立后，投保人可以解除合同，保险人不得解除合同。

▶理解与适用

按照本条的规定，除本法另有规定或者保险合同另有约定外，保险合同成立后，保险人不得解除保险合同。只有在发生本法规定的情形或者保险合同另有约定外，保险人才有权解除保险合同：（1）投保人故意隐瞒事实，不履行如实告知义务的，或者因重大过失未履行如实告知义务，足以影响保险人决定是否同意承保或者提高保险费率的，保险人有权解除保险合同。（2）被保险人或者受益人在未发生保险事故的情况下，谎称发生了保险事故，向保险人提出赔偿或者给付保险金的请求的，保险人有权解除保险合同，并不退还保险费。（3）投保人、被保险人故意制造保险事故的，保险人有权解除保险合同，不承担赔偿或者给付保险金的责任。（4）投保人、被保险人未按照约定履行其对保险标的的安全应尽的责任的，保险人有权要求增加保险费或者解除合同。（5）在合同有效期内，保险标的危险程度显著增加的，被保险人按照合同约定应当及时通知保险人，保险人有权要求增加保险费或者解除合同。（6）保险标的发生部分损失的，保险人履行赔偿责任后，除合同约定以外，保险人可以解除合同。（7）投保人申报的被保险人年龄不真实，并且其真实年龄不符合合同约定的年龄限制的，保险人可以解除合同。（8）人身保险合同分期支付保险费的，合同效力中止超过二年的，保险人有权解除合同。

▶条文参见

《民法典》第562—566条；《保险法》第16、27、32、37、49—52、58条；《海商法》第226—228条

第十六条 投保人如实告知义务

订立保险合同，保险人就保险标的或者被保险人的有关情况提出询问的，投保人应当如实告知。

投保人故意或者因重大过失未履行前款规定的如实告知义务，足以影响保险人决定是否同意承保或者提高保险费率的，保险人有权解除合同。

前款规定的合同解除权，自保险人知道有解除事由之日起，超过三十日不行使而消灭。自合同成立之日起超过二年的，保险人不得解除合同；发生保险事故的，保险人应当承担赔偿或者给付保险金的责任。

投保人故意不履行如实告知义务的，保险人对于合同解除前发生的保险事故，不承担赔偿或者给付保险金的责任，并不退还保险费。

投保人因重大过失未履行如实告知义务，对保险事故的发生有严重影响的，保险人对于合同解除前发生的保险事故，不承担赔偿或者给付保险金的责任，但应当退还保险费。

保险人在合同订立时已经知道投保人未如实告知的情况的，保险人不得解除合同；发生保险事故的，保险人应当承担赔偿或者给付保险金的责任。

保险事故是指保险合同约定的保险责任范围内的事故。

▶理解与适用

[如实告知义务]

投保人在订立保险合同时负有如实告知义务。告知是投保人在订立保险合同时对保险人的询问所作的说明或者陈述,包括对事实的陈述、对将来事件或行为的陈述以及对他人陈述的转述。如实告知要求投保人的陈述应当全面、真实、客观,不得隐瞒或故意不回答,也不得编造虚假情况欺骗保险人。投保人不仅应当告知其现时已经知道的情况,而且对于其尚未知道却应当知道的情况,也负有告知义务。如果投保人因重大过失而未知道,也构成对如实告知义务的违反。

根据本条规定,在投保人故意或者因重大过失未履行如实告知义务,足以影响保险人决定是否同意承保或者提高保险费率的情况下,保险人有解除保险合同的权利。在投保人故意不履行如实告知义务的情况下,保险人对于合同解除前发生的保险事故,不承担赔偿或者给付保险金的责任,并不退还保险费。

同时,本条也规定了对于保险人行使合同解除权的限制。比如,适用三十天的除斥期间,且自合同成立之日起超过二年的,保险人不得解除合同,发生保险事故的,保险人应当承担赔偿或者给付保险金的责任。除斥期间,是指法律预定某种权利于存续期间届满当然消灭的期间。除斥期间的规定有利于督促保险人及时行使自己的权利,也可防止有些保险人知道解除的事由后,采取"静观其变"的态度,即如果发生了保险事故,就采取解除合同的方式保护自己的利益;如果不发生保险事故,就获得了收取保险费的利益。

[保险事故]

本条第7款是对保险事故定义的规定。按照这一款规定,保险事故是指保险合同约定的保险责任范围内的事故,也就是造成保险人承担保险责任的事故。例如,财产保险中的火灾,海上货物运输险中的触礁、沉没等,人身保险中的意外伤害、死亡、疾病等。投保人要求保险人承保的事故项目在保险合同中必须一一列明，从而确定保险人的责任范围。需要指出的是，并不是任何事故均可成为保险人承保的事故，只有具备一定条件的事故才可成为保险事故。构成保险事故应具备以下要件：一是事故须有发生的可能，否则保险人不能承保；二是事故的发生须不确定，这又分三种情况，即事故发生与否不确定，发生虽确定但发生的时间不确定，或者发生及发生的时间大体确定，但其发生的程度不确定；三是事故的发生须属将来，也就是说其发生须在保险合同订立以后，才可作为保险事故。

▶典型案例指引

田某、冉某诉某保险公司人身保险合同纠纷案（《最高人民法院公报》2014年第2期）

案件适用要点：保险人未在法定期间内解除合同，丧失保险合同解除权。保险人以投保人违反如实告知义务为由拒绝赔偿的，人民法院不予支持。

▶条文参见

《海商法》第222—224条；《保险法解释（二）》第5—8条

第十七条　保险人说明义务

订立保险合同，采用保险人提供的格式条款的，保险人向投保人提供的投保单应当附格式条款，保险人应当向投保人说明合同的内容。

对保险合同中免除保险人责任的条款，保险人在订立合同时应当在投保单、保险单或者其他保险凭证上作出足以引起投保人注意的提示，并对该条款的内容以书面或者口头形式向投保人作出明确说明；未作提示或者明确说明的，该条款不产生效力。

▶理解与适用

[免责条款]

所谓免责条款，是指保险合同中载明的保险人不负赔偿或者给付保险金责任的范围的条款。其范围一般包括：战争或者军事行动所造成的损失；保险标的自身的自然损耗；被保险人故意行为造成的事故；其他不属于保险责任范围的损失；等等。保险合同中有关于保险人责任免除条款的，保险人在订立保险合同时应当向投保人明确说明。如果订立保险合同时保险人未向投保人明确地说明保险人在何种情况下免责，那么保险合同中关于保险人免责的条款将不产生法律效力。

保险合同中的免责条款就是保险公司不承担责任的条款。可以分成这样几个层次：第一，不属于合同约定的保险责任范畴。无论是否发生保险事故，保险人均不承担保险责任，也可以认为是法定免责条款。第二，合同约定不由保险人承担责任的条款。实际上，这类条款是指保险人在一定条件下不承担保险责任，也是保险人为了自身利益而与投保人协商确定的保险人可以不承担责任的条款。第三，特别免责条款。在一般情况下，保险人应当承担保险责任，不应轻易免责，但在一些特殊条件下保险人是可以免责的。例如，被保险人的过错或投保人隐瞒真相和重大事实导致保险人错误保险，或者发生人力所不能抗拒的自然灾害、战争等，或者为降低保险人的风险约定了特殊的免责条款。在保险合同中，就不承担责任的免责条款，保险人一般会用一些特别的声明性的条款引起投保人的重视，并会向投保人作出特别的说明。

保险合同属于专业性很强的合同，应以具有普通正常理性的公民所能理解和认识为前提。保险术语，特别是涉及医疗事故、重大疾病保险方面，除非是医学专业人士，普通人一般难以正确认识和掌握。因此，为体现人性化和公平原则，特别是体现保险防灾救灾，减少、抚平损失的精神，更加需要合同各方正确把握合同意图，体现真实意思表示，避免产生欺诈。

▶典型案例指引

1. 段某某诉某某财产保险股份有限公司南京市分公司保险合同纠纷案（《最高人民法院公报》2011年第3期）

案件适用要点：根据《保险法》的规定，订立保险合同，保险人应当向投保人说明保险合同的条款内容。保险合同中规定有关于保险人责任免除条款的，保险人在订立保险合同时应当向投保人明确说明，未明确说明的，该条款不产生效力。据此，保险人有义务在订立保险合同时向投保人就责任免除条款作出明确说明，前述义务是法定义务，也是特别告知义务。如果保险合同当事人对保险人是否履行该项告知义务发生争议，保险人应当提供其对有关免责条款内容作出明确解释的相关证据，否则该免责条款不产生效力。

2. 韩某某等诉某某人寿保险股份有限公司江苏分公司保险合同纠纷案（《最高人民法院公报》2010年第5期）

案件适用要点：保险人或其委托的代理人出售"自助式保险卡"未尽说明义务，又未对相关事项向投保人提出询问，自行代替投保人激活保险卡形成数据电文形式的电子保险单，在保险合同生效后，保险人以电子保险单内容不准确，投保人违反如实告知义务为由主张解除保险合同的，人民法院不予支持。

3. 吴某诉某保险公司财产保险合同纠纷案（《最高人民法院公报》2014年第2期）

案件适用要点：保险人提供的格式合同文本中的责任免除条款、免赔率条款、比例赔付条款，可以认定为《保险法》第17条第2款规定的"免除保险人责任的条款"，保险人应当尽到提示和明确说明义务。

▶条文参见

《民法典》第496、498条；《海商法》第222、223条；《保险法解释（二）》第9—13、17条；《最高人民法院研究室关于对〈保险法〉第十七条规定的"明确说明"应如何理解的问题的答复》

第十八条　保险合同内容

保险合同应当包括下列事项：
（一）保险人的名称和住所；
（二）投保人、被保险人的姓名或者名称、住所，以及人身保险的受益人的姓名或者名称、住所；
（三）保险标的；
（四）保险责任和责任免除；
（五）保险期间和保险责任开始时间；
（六）保险金额；
（七）保险费以及支付办法；
（八）保险金赔偿或者给付办法；
（九）违约责任和争议处理；
（十）订立合同的年、月、日。
投保人和保险人可以约定与保险有关的其他事项。
受益人是指人身保险合同中由被保险人或者投保人指定的享有保险金请求权的人。投保人、被保险人可以为受益人。
保险金额是指保险人承担赔偿或者给付保险金责任的最高限额。

▶理解与适用

[受益人]

受益人是指人身保险合同中由被保险人或者投保人指定的享有保险金请求权的人。受益人具有如下法律地位和特征：第一，受益人应当由被保险人或者投保人在投保时指定，并在保险合同中载明。第二，受益人是享有保险金请求权的人，如果发生给付纠纷，受益人可以独立行使诉讼权利，请求得到给付。第三，受益人无偿享受保险利益，受益人不负交付保险费的义务，保险人也无权向受益人追索保险费。第四，受益人权利的行使时间必须在保险事故发生后，如果受益人在保险事故发生前死亡，受益权随之消灭；如果受益人为骗取保险金而杀害被保险人，其受益权即被剥夺。

[保险标的]

保险标的，是指作为保险对象的财产及其有关利益或者人的寿命和身体，它既是确定危险程度和保险利益的重要依据，也是决定保险种类、确定保险金额和选定保险费率的依据。订立保险合同时，保险标的必须明确记载于保险合同中，这样一方面可以认定投保人是否具有保险利益，另一方面可以确定保险人对哪些承保对象承担保险责任。

[保险责任]

保险责任，是指保险人按照合同约定，对于可能发生的事故因其发生所造成的财产损失，或者当被保险人死亡、伤残、疾病或者达到合同约定的年龄、期限时承担的赔偿或者给付保险金的责任。在保险合同中，保险责任条款具体规定了保险人所承担的风险范围，保险种类不同，保险责任也不相同。

[保险期间]

保险期间是指保险合同的有效期限，即保险合同从生效到终止的期间。保险期间是保险合同不可缺少的条款，在保险期间内，投保人按照约定交付保险费，保险人则按照约定承担保险责任。保险期间的起始时间多数情况下与保险责任的开始时间是一致的，但也有不一致的情况存在。

[保险金额]

保险金额是指保险人承担赔偿或者给付保险金责任的最高限额。保险金额既是计算保险费的依据，也是保险合同双方当事人享有权利、承担义务的重要依据，需要在保险合同中载明。

[保险费]

保险费是指投保人为获得保险保障，向保险人支付的费用。保险费是根据保险金额与保险费率计算出来的，缴纳保险费是投保人应尽的义务，因此需要在保险合同中载明。

▶条文参见

《保险法解释（二）》第 14 条

第十九条 无效格式条款

采用保险人提供的格式条款订立的保险合同中的下列条款无效：

（一）免除保险人依法应承担的义务或者加重投保人、被保险人责任的；

（二）排除投保人、被保险人或者受益人依法享有的权利的。

▶理解与适用

本条是 2009 年保险法修改新增加的条文，是对格式条款无效的规定。

格式条款是当事人为了重复使用而预先拟定，并在订立合同时未与对方协商的条款。使用格式条款的好处是简捷、省时、方便、降低交易成本，但其弊端是格式条款的提供者极有可能凭借自己的优势地位损害合同相对方的利益，这一点在消费者作为合同相对方的时候特别突出，必须在立法上予以限制。

▶条文参见

《民法典》第 497 条

第二十条 保险合同变更

投保人和保险人可以协商变更合同内容。

变更保险合同的，应当由保险人在保险单或者其他保险凭证上批注或者附贴批单，或者由投保人和保险人订立变更的书面协议。

▶理解与适用

保险合同内容的变更即体现双方权利义务关系的合同条款

变更，可分为两种情况：一是投保人根据需要而变更合同的某些条款，如延长或者缩短保险期，增加或者减少保险费等。二是当情况发生变化，依照法律规定，必须变更保险合同的内容时，投保人需及时通知保险人更改合同的某些条款。实践中保险合同内容的变更是经常的，如财产保险中，标的种类、数量、存放地点、占用性质、危险程度、危险责任、保险期限、保险金额、保险费缴纳办法等内容变化；人身保险中，被保险人职业的变化，保险金额的增减、缴费方法的变更等，都可能引起保险合同的变更。

保险合同内容的变更会影响保险合同当事人的权益及保险风险的大小，因此，保险合同的变更应当采用法定形式，经过一定的法律程序方可实施。依照本条第2款的规定，变更保险合同的，应当由保险人在保险单或者其他保险凭证上批注或者附贴批单，或者由投保人和保险人订立变更的书面协议。这也就是说，变更保险合同的法定形式有两种：一是由保险人在原保险单或者其他保险凭证上批注或者附贴批单；二是由投保人和保险人订立变更的书面协议。其中批单是变更保险合同时使用的一种保险单证，上面列明变更的条款内容，一般附贴在原保单或保险凭证之上，批单需由保险人签署。

▶条文参见

《民法典》第543条；《海商法》第229、230条

第二十一条　通知义务

> 投保人、被保险人或者受益人知道保险事故发生后，应当及时通知保险人。故意或者因重大过失未及时通知，致使保险事故的性质、原因、损失程度等难以确定的，保险人对无法确定的部分，不承担赔偿或者给付保险金的责任，但保险人通过其他途径已经及时知道或者应当及时知道保险事故发生的除外。

第二十二条　协助义务

保险事故发生后，按照保险合同请求保险人赔偿或者给付保险金时，投保人、被保险人或者受益人应当向保险人提供其所能提供的与确认保险事故的性质、原因、损失程度等有关的证明和资料。

保险人按照合同的约定，认为有关的证明和资料不完整的，应当及时一次性通知投保人、被保险人或者受益人补充提供。

▶理解与适用

[有关的证明和资料]

这里所讲的"有关的证明和资料"主要是指：（1）保险单或者保险凭证的正本；（2）已支付保险费的凭证；（3）账册、收据、发票、装箱单、运输合同等有关保险财产的原始单据；（4）身份证、工作证、户口簿或者其他有关人身保险的被保险人姓名、年龄、职业等情况的证明材料；（5）确认保险事故的性质、原因、损失程度等的证明和资料，如调查检验报告、出险证明书、损害鉴定、被保险人死亡证明或者丧失劳动能力程度鉴定、责任案件的结论性意见等；（6）索赔清单，如受损财产清单、各种费用清单、其他要求保险人给付的详细清单等。

▶条文参见

《保险法解释（二）》第18条

第二十三条　理赔

保险人收到被保险人或者受益人的赔偿或者给付保险金的请求后，应当及时作出核定；情形复杂的，应当在三十日内作出核定，但合同另有约定的除外。保险人应当将核定结果通知被保险人或者受益人；对属于保险责任的，在与被保险人或者受益人达成赔偿或者给付保险金的协议后十日内，履行赔偿或者给付保险金义务。保险合同对赔偿或者给付保险金的期限有约定的，保险人应当按照约定履行赔偿或者给付保险金义务。

保险人未及时履行前款规定义务的，除支付保险金外，应当赔偿被保险人或者受益人因此受到的损失。

任何单位和个人不得非法干预保险人履行赔偿或者给付保险金的义务，也不得限制被保险人或者受益人取得保险金的权利。

▶理解与适用

未依法投保强制保险的机动车发生交通事故造成损害，投保义务人和交通事故责任人不是同一人，被侵权人合并请求投保义务人和交通事故责任人承担侵权责任的，交通事故责任人承担侵权人应承担的全部责任；投保义务人在机动车强制保险责任限额范围内与交通事故责任人共同承担责任，但责任主体实际支付的赔偿费用总和不应超出被侵权人应受偿的损失数额。投保义务人先行支付赔偿费用后，就超出机动车强制保险责任限额范围部分向交通事故责任人追偿的，人民法院应予支持。

机动车驾驶人离开本车后，因未采取制动措施等自身过错受到本车碰撞、碾压造成损害，机动车驾驶人请求承保本车机动车强制保险的保险人在强制保险责任限额范围内，以及承保本车机动车商业第三者责任保险的保险人按照保险合同的约定赔偿的，人民法院不予支持，但可以依据机动车车上人员责任保险的有关约定支持相应的赔偿请求。

▶典型案例指引

刘某某诉某财产保险公司保险合同纠纷案（《最高人民法院公报》2013年第8期）

案件适用要点：保险事故发生后，保险公司作为专业理赔机构，基于专业经验及对保险合同的理解，其明知或应知保险事故属于赔偿范围，而在无法律和合同依据的情况下，故意隐瞒被保险人可以获得保险赔偿的重要事实，对被保险人进行诱导，在此基础上双方达成销案协议的，应认定被保险人作出了不真实的意思表示，保险公司的行为违背诚信原则构成保险合同欺诈。被保险人请求撤销该销案协议的，人民法院应予支持。

第二十四条　拒绝赔付通知

保险人依照本法第二十三条的规定作出核定后，对不属于保险责任的，应当自作出核定之日起三日内向被保险人或者受益人发出拒绝赔偿或者拒绝给付保险金通知书，并说明理由。

第二十五条　先行赔付

保险人自收到赔偿或者给付保险金的请求和有关证明、资料之日起六十日内，对其赔偿或者给付保险金的数额不能确定的，应当根据已有证明和资料可以确定的数额先予支付；保险人最终确定赔偿或者给付保险金的数额后，应当支付相应的差额。

第二十六条　诉讼时效

人寿保险以外的其他保险的被保险人或者受益人，向保险人请求赔偿或者给付保险金的诉讼时效期间为二年，自其知道或者应当知道保险事故发生之日起计算。

人寿保险的被保险人或者受益人向保险人请求给付保险金的诉讼时效期间为五年，自其知道或者应当知道保险事故发生之日起计算。

▶理解与适用

所谓保险金请求权诉讼时效，也就是索赔时效，是指投保人或者被保险人在保险标的因保险事故而遭受损失后，依照保险合同的有关规定，请求保险人给予经济补偿或者给付保险金的权利行使期限。

▶条文参见

《保险法解释（四）》第18条

第二十七条　保险欺诈

未发生保险事故，被保险人或者受益人谎称发生了保险事故，向保险人提出赔偿或者给付保险金请求的，保险人有权解除合同，并不退还保险费。

投保人、被保险人故意制造保险事故的，保险人有权解除合同，不承担赔偿或者给付保险金的责任；除本法第四十三条规定外，不退还保险费。

保险事故发生后，投保人、被保险人或者受益人以伪造、变造的有关证明、资料或者其他证据，编造虚假的事故原因或者夸大损失程度的，保险人对其虚报的部分不承担赔偿或者给付保险金的责任。

投保人、被保险人或者受益人有前三款规定行为之一，致使保险人支付保险金或者支出费用的，应当退回或者赔偿。

▶理解与适用

为保护保险人的合法权益，防止保险欺诈，本条规定严格禁止投保人、被保险人、受益人进行保险欺诈。根据本条规定，投保人、被保险人、受益人进行保险欺诈主要有三种情形：

（1）在未发生保险事故的情况下谎称发生了保险事故。在这种情形下，当事人通常会伪造事故现场，编造事故原因，伪造有关证明文件和资料等，以骗取保险人的信任，非法取得保险金。

（2）故意制造保险事故。如有的以死亡为给付保险金条件的保险合同的投保人，为了获取保险金而杀害被保险人或者造成被保险人伤残、染病；有的财产保险合同的被保险人纵火烧毁保险财产；等等。在这种情形下，虽然确实发生了被保险人死亡、伤残或者保险财产损失等事故，但这种事故是投保人、被保险人图谋获取保险金而故意制造的，因此这种事故不属于保险合同约定的保险事故。投保人、被保险人故意制造保险事故的行为，显然是一种保险欺诈行为。

（3）保险事故发生后，投保人、被保险人或者受益人以伪造、变造的有关证明、资料或者其他证据，编造虚假的事故原因或者夸大损失程度。这种情形是指确实有保险事故发生，但投保人、被保险人或者受益人并不是根据保险事故实际所造成的人身伤残情况或者财产损失情况提出赔付保险金的请求，而是弄虚作假，伪造证据，夸大人身损害程度或者财产损失程度，企图得到超额的赔付。

▶条文参见

《刑法》第198条

第二十八条　再保险

保险人将其承担的保险业务，以分保形式部分转移给其他保险人的，为再保险。

应再保险接受人的要求，再保险分出人应当将其自负责任及原保险的有关情况书面告知再保险接受人。

▶理解与适用

再保险，又称第二次保险，也叫分保，是指保险人在原保险合同的基础上，通过订立合同，将其承担的保险业务，以承保形式，部分转移给其他保险人。进行再保险，可以分散保险人的风险，有利于其控制损失，稳定经营。再保险是在原保险合同的基础上建立的。在再保险关系中，直接接受保险业务的保险人称为原保险人，也叫再保险分出人；接受分出保险责任的保险人称为再保险接受人，也叫再保险人。再保险的权利义务关系是由再保险分出人与再保险接受人通过订立再保险合同确立的。再保险合同的存在虽然是以原保险合同的存在为前提，但两者在法律上是各自独立存在的合同，所以再保险的权利义务关系与原保险的权利义务关系，是相互独立的法律关系，不能混淆。

▶条文参见

《再保险业务管理规定》；《企业会计准则第26号——再保险合同》

第二十九条 再保险与原保险的独立性

> 再保险接受人不得向原保险的投保人要求支付保险费。
>
> 原保险的被保险人或者受益人不得向再保险接受人提出赔偿或者给付保险金的请求。
>
> 再保险分出人不得以再保险接受人未履行再保险责任为由，拒绝履行或者迟延履行其原保险责任。

▶理解与适用

原保险责任是原保险人对原保险合同中的被保险人、受益人承担的保障责任，原保险人必须按照原保险合同的约定履行赔偿或者给付保险金的责任。在原保险合同的订立和履行过程中，再保险接受人既不与原保险的被保险人、受益人发生直接关系，又不是原保险人承担保险责任的前提条件，因此，本条第3款规定，原保险人即再保险分出人不得以再保险接受人未履行再保险责任为由，拒绝履行或者迟延履行其原保险责任。

▶条文参见

《企业会计准则第25号——保险合同》

第三十条 争议条款解释

> 采用保险人提供的格式条款订立的保险合同，保险人与投保人、被保险人或者受益人对合同条款有争议的，应当按照通常理解予以解释。对合同条款有两种以上解释的，人民法院或者仲裁机构应当作出有利于被保险人和受益人的解释。

▶理解与适用

实践中，除少数保险合同外，多数保险合同采取保险人提供的格式条款订立。由于保险的专业性很强，对于投保人、被保险人、受益人来讲，一些术语、名词很难理解，一旦发生纠纷，保险人处于明显的优势地位。为了保护投保人、被保险人、受益人的合法权益，本法第17条规定保险人应当向投保人说明合同的内容，并对合同中免除保险人责任的条款作出说明，否则，该条款不生效力。同时，依照我国合同相关法律规定对格式条款的解释原则，本条规定了对采用格式条款订立的保险合同的解释原则：（1）保险人与投保人、被保险人或者受益人对合同条款有争议的，应当按照通常理解予以解释。所谓"通常理解"是指既不采纳保险人的解释，也不采纳投保人、被保险人、受益人的解释，而是按照一般人的理解来解释。（2）如果对合同条款有两种以上解释的，人民法院或者仲裁机构应当作出有利于被保险人和受益人的解释。

▶典型案例指引

海南丰海粮油工业有限公司诉中国人民财产保险股份有限公司海南省分公司海上货物运输保险合同纠纷案（最高人民法院指导案例52号）

案件适用要点：海上货物运输保险合同中的"一切险"，除包括平安险和水渍险的各项责任外，还包括被保险货物在运输途中由于外来原因所致的全部或部分损失。在被保险人不存在故意或者过失的情况下，相关保险合同中除外责任条款所列明情形之外的其他原因，造成被保险货物损失的，可以认定属于导致被保险货物损失的"外来原因"，保险人应当承担运输途中由该外来原因所致的一切损失。

第二节　人身保险合同

第三十一条　人身保险利益

投保人对下列人员具有保险利益：
（一）本人；
（二）配偶、子女、父母；
（三）前项以外与投保人有抚养、赡养或者扶养关系的家庭其他成员、近亲属；
（四）与投保人有劳动关系的劳动者。
除前款规定外，被保险人同意投保人为其订立合同的，视为投保人对被保险人具有保险利益。
订立合同时，投保人对被保险人不具有保险利益的，合同无效。

▶条文参见

《保险法解释（二）》第2条；《保险法解释（三）》第3、4条

第三十二条　申报年龄不真实的处理

投保人申报的被保险人年龄不真实，并且其真实年龄不符合合同约定的年龄限制的，保险人可以解除合同，并按照合同约定退还保险单的现金价值。保险人行使合同解除权，适用本法第十六条第三款、第六款的规定。
投保人申报的被保险人年龄不真实，致使投保人支付的保险费少于应付保险费的，保险人有权更正并要求投保人补交保险费，或者在给付保险金时按照实付保险费与应付保险费的比例支付。
投保人申报的被保险人年龄不真实，致使投保人支付的保险费多于应付保险费的，保险人应当将多收的保险费退还投保人。

▶理解与适用

保险公司根据人身保险的特点,按照概率计算,确定了承保年龄的最高上限,对超过这一年限的,不予承保。同时,保险公司要以被保险人的年龄为参照值,根据生命表等计算出死亡概率,确定被保险人在不同年龄段投保时应缴纳的保险费的费率。因此,人身保险合同中被保险人的年龄对保险人决定是否承保、确定保险费率的高低有重大影响。

第三十三条 死亡保险的限制

投保人不得为无民事行为能力人投保以死亡为给付保险金条件的人身保险,保险人也不得承保。

父母为其未成年子女投保的人身保险,不受前款规定限制。但是,因被保险人死亡给付的保险金总和不得超过国务院保险监督管理机构规定的限额。

▶理解与适用

死亡保险合同,是指以被保险人的死亡为保险事故,在事故发生时由保险人给付保险金的保险。死亡保险的被保险人不得是无民事行为能力人,在父母为未成年子女投保的情况下,死亡保险的被保险人可以是无民事行为能力人,但是保险金额总和不得超过规定的限额。

▶条文参见

《中国保监会关于父母为其未成年子女投保以死亡为给付保险金条件人身保险有关问题的通知》

第三十四条 死亡保险合同的效力

以死亡为给付保险金条件的合同,未经被保险人同意并认可保险金额的,合同无效。

按照以死亡为给付保险金条件的合同所签发的保险单,未经被保险人书面同意,不得转让或者质押。

父母为其未成年子女投保的人身保险,不受本条第一款规定限制。

▶条文参见

《保险法解释(三)》第1、2、6条

第三十五条 保险费的支付

投保人可以按照合同约定向保险人一次支付全部保险费或者分期支付保险费。

▶条文参见

《保险法解释(三)》第7条

第三十六条 逾期支付当期保险费的后果

合同约定分期支付保险费,投保人支付首期保险费后,除合同另有约定外,投保人自保险人催告之日起超过三十日未支付当期保险费,或者超过约定的期限六十日未支付当期保险费的,合同效力中止,或者由保险人按照合同约定的条件减少保险金额。

被保险人在前款规定期限内发生保险事故的,保险人应当按照合同约定给付保险金,但可以扣减欠交的保险费。

▶理解与适用

人身保险合同中约定分期支付保险费的合同,一般是长达几年或者几十年的长期合同。因此,合同双方必须在合同中订明分期支付保险费的具体办法,比如支付保险费的周期、每期支付的时间和数额等。投保人应当严格按照合同的约定如期支付保险费。如果投保人不能按期支付保险费,就会影响合同的效力。因为保险合同是双务合同,投保人依照合同约定按时缴纳保险费,保险人按照合同约定承担保险责任。本条对投保人支付首期保险费后，超过合同约定期限支付当期保险费的法律后果规定如下：

（1）合同效力中止。即投保人自保险人催告之日起超过三十日未支付当期保险费，或者超过约定的期限六十日未支付当期保险费的，合同效力中止。"合同效力中止"是指合同暂时失去效力，当满足一定条件后，合同效力还可以恢复，与"合同效力终止"不同。根据本条规定，投保人未按照合同约定期限支付当期保险费，合同效力并不立即中止，而是在一定期限内继续有效，这一期限被称为宽限期。即投保人只要在宽限期届满前支付当期保险费，保险合同就继续有效。否则，将导致合同效力中止。本条规定宽限期，是为了避免在合同生效后，因投保人一时不能按照合同约定的期限支付当期保险费而影响合同的效力，实际上是适当延长了投保人的交费期限。同时，这一规定也有利于保险人，保险人因此可以稳定保费来源。本条对宽限期的具体规定是：投保人自保险人催告之日起三十日内，或者在合同规定的交费日起六十日内。需要说明的是，如果保险合同对效力中止问题作了约定，应当适用合同的约定，不适用本条的规定。

（2）由保险人按照合同约定的条件减少保险金额。即宽限期届满后投保人仍未缴纳保险费的，保险人用减少保险金额的办法来折抵投保人未交的保险费。因为保险金额的大小与缴纳保险费的多少是成正比的。因此，本条规定保险人可以减少保险金额以折抵投保人未按规定缴纳的保险费，从而继续维持合同的效力。根据本条规定，如果采用这种办法，保险人应当按照合同约定的条件减少保险金额，而不能随意减少。

（3）如前所述，在宽限期内保险合同的效力依然存在。因此，本条第2款规定，对在此期间发生保险事故的，保险人应当按照合同约定给付保险金。由于投保人未缴纳这一期间的保险费，本着公平的原则，本条第2款规定，保险人在给付保险金时可以扣减欠交的保险费。

▶条文参见

《保险法解释（三）》第8条

第三十七条　合同效力的恢复

合同效力依照本法第三十六条规定中止的，经保险人与投保人协商并达成协议，在投保人补交保险费后，合同效力恢复。但是，自合同效力中止之日起满二年双方未达成协议的，保险人有权解除合同。

保险人依照前款规定解除合同的，应当按照合同约定退还保险单的现金价值。

▶理解与适用

本条为复效条款。所谓保险合同复效，是指保险合同的效力中止以后重新恢复其效力。在人身保险合同中，投保人因不能如期支付保险费而导致合同效力中止后，既可以重新投保成立新的保险合同，也可以在一定条件下，要求恢复原保险合同的效力。

第三十八条　禁止通过诉讼要求支付保险费

保险人对人寿保险的保险费，不得用诉讼方式要求投保人支付。

第三十九条　受益人的确定

人身保险的受益人由被保险人或者投保人指定。

投保人指定受益人时须经被保险人同意。投保人为与其有劳动关系的劳动者投保人身保险，不得指定被保险人及其近亲属以外的人为受益人。

被保险人为无民事行为能力人或者限制民事行为能力人的，可以由其监护人指定受益人。

▶理解与适用

人身保险的受益人，是指人身保险合同中由被保险人或者投保人指定的享有保险金请求权的人。至于什么人可以被指定为受益人，本条未作任何限制，即被保险人或者投保人可以任意指定受益人，包括投保人或者被保险人自己，都可以作为受益人。

▶条文参见

《保险法解释（三）》第9条

第四十条　受益顺序及份额

被保险人或者投保人可以指定一人或者数人为受益人。

受益人为数人的，被保险人或者投保人可以确定受益顺序和受益份额；未确定受益份额的，受益人按照相等份额享有受益权。

▶条文参见

《保险法解释（三）》第12、13条

第四十一条　受益人变更

被保险人或者投保人可以变更受益人并书面通知保险人。保险人收到变更受益人的书面通知后，应当在保险单或者其他保险凭证上批注或者附贴批单。

投保人变更受益人时须经被保险人同意。

▶条文参见

《保险法解释（三）》第10、11条

第四十二条　保险金作为遗产情形

被保险人死亡后，有下列情形之一的，保险金作为被保险人的遗产，由保险人依照《中华人民共和国继承法》的规定履行给付保险金的义务：

（一）没有指定受益人，或者受益人指定不明无法确定的；

(二)受益人先于被保险人死亡,没有其他受益人的;
　　(三)受益人依法丧失受益权或者放弃受益权,没有其他受益人的。
　　受益人与被保险人在同一事件中死亡,且不能确定死亡先后顺序的,推定受益人死亡在先。

▶理解与适用

　　受益人是享有保险金请求权的人。因此,被保险人死亡后,保险人应当依照合同的约定将保险金给付受益人。本条对在因各种原因而没有受益人的情况下,该保险金如何处理作了规定。

　　首先,本条规定了哪些情况属于没有受益人。具体包括:(1)没有指定受益人的。根据本法规定,投保人、被保险人可以指定受益人。投保人指定受益人的,应当经被保险人同意。没有指定受益人,主要是指被保险人生前未指定,投保人指定后被保险人生前未同意等情形。(2)受益人先于被保险人死亡,没有其他受益人的。(3)受益人依法丧失受益权或者放弃受益权,没有其他受益人的。受益人依法丧失受益权是指本法规定的受益人故意造成被保险人死亡或者伤残,或者故意杀害被保险人未遂的情况。受益人主动放弃受益权是受益人在享有受益权的前提下主动放弃这种权利。受益权作为一种民事权利,受益人可以放弃。

　　其次,本条对没有受益人的情况下如何处理保险金作了规定。即将保险金作为被保险人的遗产,由保险人依照我国继承法律的规定,向被保险人的继承人履行给付保险金的义务。因为根据本法规定,被保险人是指其人身受保险合同保障,享有保险金请求权的人;被保险人可以指定受益人;投保人指定受益人必须经被保险人同意;被保险人可以为受益人。鉴于此,本条规定,在没有受益人时,保险金作为被保险人的遗产。

▶条文参见

《保险法解释（三）》第14、15条；《民法典》第六编

第四十三条　受益权丧失

投保人故意造成被保险人死亡、伤残或者疾病的，保险人不承担给付保险金的责任。投保人已交足二年以上保险费的，保险人应当按照合同约定向其他权利人退还保险单的现金价值。

受益人故意造成被保险人死亡、伤残、疾病的，或者故意杀害被保险人未遂的，该受益人丧失受益权。

▶条文参见

《保险法解释（三）》第16条

第四十四条　被保险人自杀的处理

以被保险人死亡为给付保险金条件的合同，自合同成立或者合同效力恢复之日起二年内，被保险人自杀的，保险人不承担给付保险金的责任，但被保险人自杀时为无民事行为能力人的除外。

保险人依照前款规定不承担给付保险金责任的，应当按照合同约定退还保险单的现金价值。

▶理解与适用

对于"自杀"的认定通常需要考虑两个因素：一是要求自杀者有主观的意愿，其行为是建立在故意的动机之上的。二是自杀者的行为造成了死亡的客观事实。实践中通常认为，无民事行为能力人的主观意愿不能被认定为符合第一个条件。因为无民事行为能力人不能为自己的行为负责，不符合"故意"的条件。

▶条文参见

《保险法解释（三）》第21条

第四十五条　免于赔付情形

> 因被保险人故意犯罪或者抗拒依法采取的刑事强制措施导致其伤残或者死亡的，保险人不承担给付保险金的责任。投保人已交足二年以上保险费的，保险人应当按照合同约定退还保险单的现金价值。

▶理解与适用

所谓故意犯罪，是指明知自己的行为会发生危害社会的结果，并且希望或者放任这种结果发生，因而构成犯罪的情形。

刑事强制措施是指公安机关、人民检察院、人民法院为了有效地同犯罪作斗争，并保障诉讼活动的顺利进行，依法对犯罪嫌疑人、被告人及现行犯所采取的暂时限制或剥夺其人身自由的各种诉讼方法和手段的总称。依据《刑事诉讼法》的规定，刑事强制措施有：拘传、取保候审、监视居住、拘留、逮捕。

▶条文参见

《保险法解释（三）》第22、23条

第四十六条　人身保险代位求偿权的禁止

> 被保险人因第三者的行为而发生死亡、伤残或者疾病等保险事故的，保险人向被保险人或者受益人给付保险金后，不享有向第三者追偿的权利，但被保险人或者受益人仍有权向第三者请求赔偿。

▶理解与适用

本条在规定保险人向被保险人或者受益人给付保险金后，不得享有向第三者追偿的权利的同时，又规定被保险人或者受益人仍有权向第三者请求赔偿。因为人的生命或者身体是无价的，不能以金钱来衡量。所以，人身保险不适用财产保险的补偿原则，即使被保险人或者受益人从保险人处获得保险赔偿，也不妨碍其依法向侵权人请求赔偿。当第三者给被保险人造成死亡、伤残或者疾病时，应依法承担相应的民事责任，进行损害赔偿。人身保险是一种给付性的保险，而不是赔偿性的保险。不能因为保险人已向被保险人或者受益人支付了保险金，而剥夺被保险人或者受益人向第三者请求追偿的权利。被保险人或者受益人享有侵权赔偿请求权和保险金请求权两项权利，能够更好地保护被保险人或者受益人的权利。

第四十七条 人身保险合同解除

> 投保人解除合同的，保险人应当自收到解除合同通知之日起三十日内，按照合同约定退还保险单的现金价值。

▶条文参见

《保险法解释（三）》第16、17条

第三节 财产保险合同

第四十八条 财产保险利益

> 保险事故发生时，被保险人对保险标的不具有保险利益的，不得向保险人请求赔偿保险金。

▶理解与适用

依据本条规定，财产保险的被保险人在保险事故发生时，对保险标的不具有保险利益的，由于其并没有因为保险事故的发生而产生经济利益的损失，因此保险人不承担赔偿保险金的责任，被保险人不得按照保险合同的约定向保险人请求赔偿。同时，根据保险事故对保险标的造成损害的不同，对保险合同可以有以下几种处理方式：第一，保险标的因保险事故的发生而灭失的。因为合同标的不存在，保险合同自然终止。第二，保险标的部分损坏、没有灭失的。因为保险标的仍然存在，保险合同继续有效，如果以后再发生保险事故，且当时被保险人对保险标的具有保险利益的，保险人仍应按照保险合同的约定向被保险人承担赔偿保险金的责任。当然，投保人也可以要求解除保险合同，保险人应依照本法第54条中的规定，将已收取的保险费按照合同约定扣除自保险责任开始之日起至合同解除之日止应收的部分后，退还投保人。

▶条文参见

《保险法解释（四）》第1条

第四十九条　保险标的转让

保险标的转让的，保险标的的受让人承继被保险人的权利和义务。

保险标的转让的，被保险人或者受让人应当及时通知保险人，但货物运输保险合同和另有约定的合同除外。

因保险标的转让导致危险程度显著增加的，保险人自收到前款规定的通知之日起三十日内，可以按照合同约定增加保险费或者解除合同。保险人解除合同的，应当将已收取的保险费，按照合同约定扣除自保险责任开始之日起至合同解除之日止应收的部分后，退还投保人。

被保险人、受让人未履行本条第二款规定的通知义务的，因转让导致保险标的的危险程度显著增加而发生的保险事故，保险人不承担赔偿保险金的责任。

▶理解与适用

所谓保险标的的转让，是指合同中被保险的财产及其有关利益的转让，既包括这些保险财产及其有关利益的所有权发生转让，如买卖、让与、继承等，也包括使用权、经营管理权、抵押权等的转移。

▶条文参见

《保险法解释（四）》第2、4、5条

第五十条　不得解除合同的情形

货物运输保险合同和运输工具航程保险合同，保险责任开始后，合同当事人不得解除合同。

▶条文参见

《海商法》第227、228条

第五十一条　维护保险标的安全义务

被保险人应当遵守国家有关消防、安全、生产操作、劳动保护等方面的规定，维护保险标的的安全。

保险人可以按照合同约定对保险标的的安全状况进行检查，及时向投保人、被保险人提出消除不安全因素和隐患的书面建议。

投保人、被保险人未按照约定履行其对保险标的的安全应尽责任的，保险人有权要求增加保险费或者解除合同。

保险人为维护保险标的的安全，经被保险人同意，可以采取安全预防措施。

第五十二条　危险程度显著增加的通知义务

在合同有效期内，保险标的的危险程度显著增加的，被保险人应当按照合同约定及时通知保险人，保险人可以按照合同约定增加保险费或者解除合同。保险人解除合同的，应当将已收取的保险费，按照合同约定扣除自保险责任开始之日起至合同解除之日止应收的部分后，退还投保人。

被保险人未履行前款规定的通知义务的，因保险标的的危险程度显著增加而发生的保险事故，保险人不承担赔偿保险金的责任。

▶理解与适用

保险标的危险程度增加,是指保险责任范围内的灾害事故发生的可能性增加,而且这种危险程度的增加的情形是合同当事人在订立合同时没有预料到的。保险合同订立和履行过程中,保险标的的情况可能会发生变化,如果发生保险事故的可能性增加,则视为危险程度增加。保险标的危险程度增加主要有三个方面的原因:一是投保人或被保险人变更保险标的用途所致;二是保险标的自身发生意外引起物理、化学反应;三是保险标的周围环境发生变化。由于保险标的的危险程度显著增加直接关系到保险人的利益,所以不管由哪种原因造成的保险标的危险程度显著增加,被保险人在知悉后,都应当及时通知保险人。通知的具体时间、方式和范围可以由保险合同约定,被保险人应当按照合同约定履行危险通知义务。

▶典型案例指引

郑某诉某财产保险(中国)有限公司财产保险合同纠纷案(《最高人民法院公报》2022年第5期)

案件适用要点: 被保险人将约定用途为"非营业个人"的被保险车辆出租给他人,并允许承租人通过网络向不特定用户转租,系以获取租金收益为目的的商业性使用,改变了保险标的的用途,且超出保险合同订立时保险人预见或应当预见的保险合同的承保范围,属于《保险法》第52条危险程度显著增加的情形。

▶条文参见

《保险法解释(四)》第4条

第五十三条 降低保险费

有下列情形之一的,除合同另有约定外,保险人应当降低保险费,并按日计算退还相应的保险费:

（一）据以确定保险费率的有关情况发生变化，保险标的的危险程度明显减少的；

（二）保险标的的保险价值明显减少的。

第五十四条　保费退还

保险责任开始前，投保人要求解除合同的，应当按照合同约定向保险人支付手续费，保险人应当退还保险费。保险责任开始后，投保人要求解除合同的，保险人应当将已收取的保险费，按照合同约定扣除自保险责任开始之日起至合同解除之日止应收的部分后，退还投保人。

第五十五条　保险价值与保险金额的确定

投保人和保险人约定保险标的的保险价值并在合同中载明的，保险标的发生损失时，以约定的保险价值为赔偿计算标准。

投保人和保险人未约定保险标的的保险价值的，保险标的发生损失时，以保险事故发生时保险标的的实际价值为赔偿计算标准。

保险金额不得超过保险价值。超过保险价值的，超过部分无效，保险人应当退还相应的保险费。

保险金额低于保险价值的，除合同另有约定外，保险人按照保险金额与保险价值的比例承担赔偿保险金的责任。

▶理解与适用

保险价值，是确定保险金额从而确定保险人所承担赔偿责任的依据，确定保险价值对于履行财产保险合同具有重要意义。按照保险法的规定，确定保险价值有两种方法。

其一，保险价值由投保人和保险人在订立合同时约定，并在合同中明确作出记载。合同当事人通常根据保险财产在订立合同时的市场价格估定其保险价值，有些不能以市场价格估定的，就由双方当事人约定其价值。事先约定保险价值的合同为定值保险合同，采用这种保险合同的保险，是定值保险。属于定值保险的，发生保险责任范围内的损失时，不论所保财产当时的实际价值是多少，保险人都要按保险合同上载明的保险价值计算赔偿金额。保险标的发生损失时，以约定的保险价值为赔偿计算标准。

其二，保险价值可以在保险事故发生时，按照当时保险标的的实际价值确定。在保险事故已经发生，需要确定保险赔偿金额时，才去确定保险价值的保险，是不定值保险，采取不定值保险方式订立的合同为不定值保险合同。对于不定值保险的保险价值，投保人与保险人在订立保险合同时并不加以确定，因此，不定值保险合同中只记载保险金额，不记载保险价值，以保险事故发生时保险标的的实际价值为赔偿计算标准。

在财产保险合同中，保险金额十分重要，它是保险人承担赔偿或者给付保险金责任的最高限额，也是投保人缴付保险费的依据。保险金额与保险价值的关系非常紧密，根据保险法的规定，二者的基本法律关系是，保险价值是确定保险金额的依据，保险金额可以低于保险价值，不得高于保险价值，保险金额超过保险价值的，超过的部分无效。具体讲，在财产保险合同中，保险金额与保险价值的关系可以有三种状态：一是保险金额与保险价值相等。这是足额保险，在这种保险中，如果保险标的发生保险事故而受到损失，被保险人可以得到与实际损失价值相等的保险金赔偿。二是保险金额超过保险价值。这是超额保险，这种状态主要是由于投保人和保险人对保险财产的实际价值未能准确掌握，或者保险合同订立后保险财产的实际价值下降，或者是投保人故意虚报保险财产价值等原因而形成的。于超额保险，不管是什么原因造成的，保险金额超过保险价值的部分，都是无效的，被保险人不得获得超额的经济补偿。三是保险金额低于保险价值。这是不足额保险，在这种保险中，保险人按照保险财产的实际损失承担赔偿责任，最高不超过保险金额。

第五十六条 重复保险

重复保险的投保人应当将重复保险的有关情况通知各保险人。

重复保险的各保险人赔偿保险金的总和不得超过保险价值。除合同另有约定外，各保险人按照其保险金额与保险金额总和的比例承担赔偿保险金的责任。

重复保险的投保人可以就保险金额总和超过保险价值的部分，请求各保险人按比例返还保险费。

重复保险是指投保人对同一保险标的、同一保险利益、同一保险事故分别与两个以上保险人订立保险合同，且保险金额总和超过保险价值的保险。

▶理解与适用

重复保险是指投保人对同一保险标的、同一保险利益、同一保险事故分别与两个以上保险人订立保险合同，且保险金额总和超过保险价值的保险。

根据重复保险赔偿的基本原则，在发生保险事故时，各个保险人可以按两种方式承担赔偿责任。

一是按比例分摊赔偿责任。这就是将各保险人承保的保险金额的总和计算出来，再计算每个保险人承保的保险金额占各个保险人承保的保险金额总和的比例，每个保险人分别按照各自的比例分摊损失赔偿金额。

二是按照合同约定的方式承担赔偿责任。重复保险的赔偿方式可以由各个保险人在保险合同中约定。不管是各个保险人共同约定，还是由投保人在订立保险合同时与各保险人分别约定，只要有合同约定，保险人就应当按照合同约定的方式承担赔偿责任。

▶典型案例指引

甲财产保险股份有限公司中山市分公司诉乙财产保险股份有限公司东莞分公司等财产保险合同纠纷案（《最高人民法院公报》2023年第9期）

案件适用要点：重复保险下，已赔付保险人享有分摊请求权的，可以就实际支付保险赔偿金额超出自己份额的部分，在其他保险人未履行的份额范围内向其追偿。已赔付保险人行使分摊请求权，相应地享有被保险人的权利。其他保险人对被保险人的抗辩，可以向已赔付保险人主张。

财产保险合同约定合同以外第三人为被保险人，保险人未证明第三人在合理期限内拒绝，第三人请求保险人承担保险合同约定的赔偿责任的，人民法院应予支持。

▶条文参见

《保险法解释（二）》第1条

第五十七条　防止或减少损失责任

保险事故发生时，被保险人应当尽力采取必要的措施，防止或者减少损失。

保险事故发生后，被保险人为防止或者减少保险标的的损失所支付的必要的、合理的费用，由保险人承担；保险人所承担的费用数额在保险标的损失赔偿金额以外另行计算，最高不超过保险金额的数额。

▶理解与适用

被保险人为防止或者减少保险财产损失而采取施救、保护、整理等措施，必然要有一定的费用支出。由于被保险人的财产已经投保，从某种意义上说，被保险人的这些费用是为保险人的利益而支出的。因此，《保险法》规定，被保险人为防止或者减少保险标的的损失所支付的必要的、合理的费用，应当由保险人来承担。这些费用在实践中一般包括两个部分：一是保险事故发生时，为抢救财产或者防止灾害蔓延而采取必要措施造成的损失，如房屋发生火灾，为防止火势蔓延，将房屋周围的附属建筑物拆除，所造成的损失就应由保险人赔偿；二是抢救、保护和整理保险标的所支出的合理费用，如抢救的人工费、材料费等。

▶条文参见

《保险法解释（四）》第6条

第五十八条 保险标的部分损失后的合同解除

保险标的发生部分损失的，自保险人赔偿之日起三十日内，投保人可以解除合同；除合同另有约定外，保险人也可以解除合同，但应当提前十五日通知投保人。

合同解除的，保险人应当将保险标的未受损失部分的保险费，按照合同约定扣除自保险责任开始之日起至合同解除之日止应收的部分后，退还投保人。

第五十九条 保险标的残值权利归属

保险事故发生后，保险人已支付了全部保险金额，并且保险金额等于保险价值的，受损保险标的的全部权利归于保险人；保险金额低于保险价值的，保险人按照保险金额与保险价值的比例取得受损保险标的的部分权利。

第六十条 代位求偿权

因第三者对保险标的的损害而造成保险事故的，保险人自向被保险人赔偿保险金之日起，在赔偿金额范围内代位行使被保险人对第三者请求赔偿的权利。

前款规定的保险事故发生后，被保险人已经从第三者取得损害赔偿的，保险人赔偿保险金时，可以相应扣减被保险人从第三者已取得的赔偿金额。

> 保险人依照本条第一款规定行使代位请求赔偿的权利，不影响被保险人就未取得赔偿的部分向第三者请求赔偿的权利。

▶ 理解与适用

本条是对保险人行使代位求偿权的规定。代位求偿权，是指在财产保险中，第三者责任导致保险损失，保险人按照合同的约定履行赔偿责任后，依法取得对保险标的的损失负有责任的第三者请求赔偿的权利。

▶ 典型案例指引

1. 中国平安财产保险股份有限公司江苏分公司诉江苏镇江安装集团有限公司保险人代位求偿权纠纷案（最高人民法院指导案例74号）

案件适用要点：因第三者的违约行为给被保险人的保险标的造成损害的，可以认定为属于《保险法》第60条第1款规定的"第三者对保险标的的损害"的情形。保险人由此依法向第三者行使代位求偿权的，人民法院应予支持。

2. 华泰财产保险有限公司北京分公司诉李志贵、天安财产保险股份有限公司河北省分公司张家口支公司保险人代位求偿权纠纷案（最高人民法院指导案例25号）

案件适用要点：因第三者对保险标的的损害造成保险事故，保险人向被保险人赔偿保险金后，代位行使被保险人对第三者请求赔偿的权利而提起诉讼的，应当根据保险人所代位的被保险人与第三者之间的法律关系，而不应当根据保险合同法律关系确定管辖法院。第三者侵害被保险人合法权益的，由侵权行为地或者被告住所地法院管辖。

▶ 条文参见

《保险法解释（二）》第16、19条；《保险法解释（四）》第7—13条

第六十一条 放弃行使代位求偿权的法律后果

保险事故发生后,保险人未赔偿保险金之前,被保险人放弃对第三者请求赔偿的权利的,保险人不承担赔偿保险金的责任。

保险人向被保险人赔偿保险金后,被保险人未经保险人同意放弃对第三者请求赔偿的权利的,该行为无效。

被保险人故意或者因重大过失致使保险人不能行使代位请求赔偿的权利的,保险人可以扣减或者要求返还相应的保险金。

第六十二条 代位求偿权行使限制

除被保险人的家庭成员或者其组成人员故意造成本法第六十条第一款规定的保险事故外,保险人不得对被保险人的家庭成员或者其组成人员行使代位请求赔偿的权利。

▶理解与适用

被保险人的家庭成员,是指作为自然人的被保险人,其配偶、子女、父母以及与被保险人有抚养、赡养或者扶养关系的人。被保险人的组成人员,是指作为法人和其他组织的被保险人的内部工作人员。一般情况下,被保险人的家庭成员或者其组成人员对保险标的具有与被保险人共同的利益。如家庭财产遭受损失,不仅被保险人的利益受损害,所有家庭成员的生活及工作都会受到影响;企业财产遭受损失,企业的生产和效益以及职工的利益也会受影响。因此,被保险人的家庭成员或者其组成人员通常不会故意造成保险标的的损失,一旦他们造成保险事故,实际上是给自己带来损失。在这种情况下,法律不必再追究他们的责任。因此,对于过失造成保险标的损失的被保险人的家庭成员或者其组成人员,保险人不得行使代位求偿权。

第六十三条　协助行使代位求偿权

保险人向第三者行使代位请求赔偿的权利时，被保险人应当向保险人提供必要的文件和所知道的有关情况。

▶条文参见

《保险法解释（四）》第 11 条

第六十四条　勘险费用承担

保险人、被保险人为查明和确定保险事故的性质、原因和保险标的的损失程度所支付的必要的、合理的费用，由保险人承担。

第六十五条　责任保险

保险人对责任保险的被保险人给第三者造成的损害，可以依照法律的规定或者合同的约定，直接向该第三者赔偿保险金。

责任保险的被保险人给第三者造成损害，被保险人对第三者应负的赔偿责任确定的，根据被保险人的请求，保险人应当直接向该第三者赔偿保险金。被保险人怠于请求的，第三者有权就其应获赔偿部分直接向保险人请求赔偿保险金。

责任保险的被保险人给第三者造成损害，被保险人未向该第三者赔偿的，保险人不得向被保险人赔偿保险金。

责任保险是指以被保险人对第三者依法应负的赔偿责任为保险标的的保险。

▶理解与适用

责任保险，又称为第三者责任保险，是被保险人对第三者负损害赔偿责任时，由保险人承担其赔偿责任的一种保险。订立责任保险合同的目的，实际上是由保险人担负被保险人对第三者的损害赔偿责任。

责任保险的保险标的，是被保险人在法律上应该承担的损害赔偿责任，既可以是侵权责任，也可以是违约责任。如汽车司机因交通肇事而负的民事责任，卖主因产品质量不合格造成第三人的财产和人身损害而负的民事责任等。这与以某一具体的物质形态的财产为标的的保险有所不同。但是，由于发生民事赔偿责任，就需要向受损害的第三者支付金钱或者实物作为赔偿，所以，这种保险实际上是以被保险人的全部财产为保险标的的一种保险，也应属于财产保险的范畴。

▶典型案例指引

仇某亮等诉某财产保险股份有限公司灌云支公司等意外伤害保险合同纠纷案（《最高人民法院公报》2017年第7期）

案件适用要点：学校的教学环境、活动设施必须符合安全性要求，以保障学生生命健康不受损害。若因可归责于学校的原因导致学生生命健康权受损，按照投保的校园方责任险应由学校承担赔偿责任的，应当依据保险合同约定由保险公司代为赔偿。学校以免除己方责任为条件与家长签订人道主义援助补偿协议，应主要认定其所具有的补偿性，而非免除保险公司的赔偿责任，在学校怠于请求保险赔偿时，不应依据该协议剥夺受害人的保险索赔权。

▶条文参见

《保险法解释（四）》第14—20条

第六十六条 责任保险相应费用承担

责任保险的被保险人因给第三者造成损害的保险事故而被提起仲裁或者诉讼的，被保险人支付的仲裁或者诉讼费用以及其他必要的、合理的费用，除合同另有约定外，由保险人承担。

第三章 保险公司

第六十七条 设立须经批准

设立保险公司应当经国务院保险监督管理机构批准。

国务院保险监督管理机构审查保险公司的设立申请时,应当考虑保险业的发展和公平竞争的需要。

▶条文参见

《公司法》第29条;《行政许可法》第11条;《保险公司管理规定》第2、3条

第六十八条 设立条件

设立保险公司应当具备下列条件:

(一)主要股东具有持续盈利能力,信誉良好,最近三年内无重大违法违规记录,净资产不低于人民币二亿元;

(二)有符合本法和《中华人民共和国公司法》规定的章程;

(三)有符合本法规定的注册资本;

(四)有具备任职专业知识和业务工作经验的董事、监事和高级管理人员;

(五)有健全的组织机构和管理制度;

(六)有符合要求的营业场所和与经营业务有关的其他设施;

(七)法律、行政法规和国务院保险监督管理机构规定的其他条件。

第六十九条 注册资本

设立保险公司，其注册资本的最低限额为人民币二亿元。

国务院保险监督管理机构根据保险公司的业务范围、经营规模，可以调整其注册资本的最低限额，但不得低于本条第一款规定的限额。

保险公司的注册资本必须为实缴货币资本。

第七十条 申请文件、资料

申请设立保险公司，应当向国务院保险监督管理机构提出书面申请，并提交下列材料：

（一）设立申请书，申请书应当载明拟设立的保险公司的名称、注册资本、业务范围等；

（二）可行性研究报告；

（三）筹建方案；

（四）投资人的营业执照或者其他背景资料，经会计师事务所审计的上一年度财务会计报告；

（五）投资人认可的筹备组负责人和拟任董事长、经理名单及本人认可证明；

（六）国务院保险监督管理机构规定的其他材料。

第七十一条 批准决定

国务院保险监督管理机构应当对设立保险公司的申请进行审查，自受理之日起六个月内作出批准或者不批准筹建的决定，并书面通知申请人。决定不批准的，应当书面说明理由。

第七十二条 筹建期限和要求

申请人应当自收到批准筹建通知之日起一年内完成筹建工作；筹建期间不得从事保险经营活动。

第七十三条　开业申请及其审批

筹建工作完成后，申请人具备本法第六十八条规定的设立条件的，可以向国务院保险监督管理机构提出开业申请。

国务院保险监督管理机构应当自受理开业申请之日起六十日内，作出批准或者不批准开业的决定。决定批准的，颁发经营保险业务许可证；决定不批准的，应当书面通知申请人并说明理由。

▶条文参见

《银行保险机构许可证管理办法》

第七十四条　设立分支机构

保险公司在中华人民共和国境内设立分支机构，应当经保险监督管理机构批准。

保险公司分支机构不具有法人资格，其民事责任由保险公司承担。

▶条文参见

《保险公司管理规定》

第七十五条　设立分支机构提交的材料

保险公司申请设立分支机构，应当向保险监督管理机构提出书面申请，并提交下列材料：

（一）设立申请书；

（二）拟设机构三年业务发展规划和市场分析材料；

（三）拟任高级管理人员的简历及相关证明材料；

（四）国务院保险监督管理机构规定的其他材料。

第七十六条 审批保险公司设立分支机构申请的期限

保险监督管理机构应当对保险公司设立分支机构的申请进行审查，自受理之日起六十日内作出批准或者不批准的决定。决定批准的，颁发分支机构经营保险业务许可证；决定不批准的，应当书面通知申请人并说明理由。

第七十七条 工商登记

经批准设立的保险公司及其分支机构，凭经营保险业务许可证向工商行政管理机关办理登记，领取营业执照。

第七十八条 经营保险业务许可证的登记

保险公司及其分支机构自取得经营保险业务许可证之日起六个月内，无正当理由未向工商行政管理机关办理登记的，其经营保险业务许可证失效。

第七十九条 境外机构设立审批

保险公司在中华人民共和国境外设立子公司、分支机构，应当经国务院保险监督管理机构批准。

第八十条 外国保险机构驻华代表机构设立的批准

外国保险机构在中华人民共和国境内设立代表机构，应当经国务院保险监督管理机构批准。代表机构不得从事保险经营活动。

第八十一条 董事、监事和高级管理人员任职规定

保险公司的董事、监事和高级管理人员，应当品行良好，熟悉与保险相关的法律、行政法规，具有履行职责所需的经营管理能力，并在任职前取得保险监督管理机构核准的任职资格。

保险公司高级管理人员的范围由国务院保险监督管理机构规定。

▶条文参见

《保险公司董事、监事和高级管理人员任职资格管理规定》

第八十二条 董事、监事、高级管理人员的任职禁止

有《中华人民共和国公司法》第一百四十六条①规定的情形或者下列情形之一的，不得担任保险公司的董事、监事、高级管理人员：

（一）因违法行为或者违纪行为被金融监督管理机构取消任职资格的金融机构的董事、监事、高级管理人员，自被取消任职资格之日起未逾五年的；

（二）因违法行为或者违纪行为被吊销执业资格的律师、注册会计师或者资产评估机构、验证机构等机构的专业人员，自被吊销执业资格之日起未逾五年的。

▶理解与适用

《公司法》第178条规定，有下列情形之一的，不得担任公司的董事、监事、高级管理人员：（1）无民事行为能力或者限制民事行为能力；（2）因贪污、贿赂、侵占财产、挪用财产或者破坏社会主义市场经济秩序，被判处刑罚，或者因犯罪被剥夺政治权利，执行期满未逾五年，被宣告缓刑的，自缓刑考验期满之日起未逾二年；（3）担任破产清算的公司、企业的董事或者厂长、经理，对该公司、企业的破产负有个人责任的，自该公司、企业破产清算完结之日起未逾三年；（4）担任因违法被吊销营业执照、责令关闭的公司、企业的法定代表人，并负有个人责任的，自该公司、企业被吊销营业执照、责令关闭

---

① 2023年《公司法》修订后，该条调整为第178条。

之日起未逾三年；（5）个人因所负数额较大债务到期未清偿被人民法院列为失信被执行人。违反前述规定选举、委派董事、监事或者聘任高级管理人员的，该选举、委派或者聘任无效。董事、监事、高级管理人员在任职期间出现前述所列情形的，公司应当解除其职务。

第八十三条　董事、监事、高级管理人员的责任

保险公司的董事、监事、高级管理人员执行公司职务时违反法律、行政法规或者公司章程的规定，给公司造成损失的，应当承担赔偿责任。

第八十四条　变更事项批准

保险公司有下列情形之一的，应当经保险监督管理机构批准：

（一）变更名称；
（二）变更注册资本；
（三）变更公司或者分支机构的营业场所；
（四）撤销分支机构；
（五）公司分立或者合并；
（六）修改公司章程；
（七）变更出资额占有限责任公司资本总额百分之五以上的股东，或者变更持有股份有限公司股份百分之五以上的股东；
（八）国务院保险监督管理机构规定的其他情形。

第八十五条　精算报告制度和合规报告制度

保险公司应当聘用专业人员，建立精算报告制度和合规报告制度。

▶理解与适用

保险精算制度，是指保险公司通过专业的、科学的数学计

算手段,核定保险产品的保险费率及责任准备金的制度。

第八十六条 如实报送重要文件

保险公司应当按照保险监督管理机构的规定,报送有关报告、报表、文件和资料。

保险公司的偿付能力报告、财务会计报告、精算报告、合规报告及其他有关报告、报表、文件和资料必须如实记录保险业务事项,不得有虚假记载、误导性陈述和重大遗漏。

▶理解与适用

保险公司的偿付能力是指保险公司在承保之后,如遇有保险事故,其承担赔偿或者给付保险金的能力。保险公司只有具备了所必需的最低偿付能力,即在保险经营中能够履行其赔付保险金的义务,才可以依法存在和经营。

第八十七条 账簿、原始凭证和有关资料的保管

保险公司应当按照国务院保险监督管理机构的规定妥善保管业务经营活动的完整账簿、原始凭证和有关资料。

前款规定的账簿、原始凭证和有关资料的保管期限,自保险合同终止之日起计算,保险期间在一年以下的不得少于五年,保险期间超过一年的不得少于十年。

第八十八条 聘请或解聘中介服务机构

保险公司聘请或者解聘会计师事务所、资产评估机构、资信评级机构等中介服务机构,应当向保险监督管理机构报告;解聘会计师事务所、资产评估机构、资信评级机构等中介服务机构,应当说明理由。

第八十九条　解散和清算

保险公司因分立、合并需要解散，或者股东会、股东大会决议解散，或者公司章程规定的解散事由出现，经国务院保险监督管理机构批准后解散。

经营有人寿保险业务的保险公司，除因分立、合并或者被依法撤销外，不得解散。

保险公司解散，应当依法成立清算组进行清算。

第九十条　重整、和解和破产清算

保险公司有《中华人民共和国企业破产法》第二条规定情形的，经国务院保险监督管理机构同意，保险公司或者其债权人可以依法向人民法院申请重整、和解或者破产清算；国务院保险监督管理机构也可以依法向人民法院申请对该保险公司进行重整或者破产清算。

▶ 条文参见

《企业破产法》第2、7、70—106条

第九十一条　破产财产清偿顺序

破产财产在优先清偿破产费用和共益债务后，按照下列顺序清偿：

（一）所欠职工工资和医疗、伤残补助、抚恤费用，所欠应当划入职工个人账户的基本养老保险、基本医疗保险费用，以及法律、行政法规规定应当支付给职工的补偿金；

（二）赔偿或者给付保险金；

（三）保险公司欠缴的除第（一）项规定以外的社会保险费用和所欠税款；

（四）普通破产债权。

破产财产不足以清偿同一顺序的清偿要求的，按照比例分配。

　　破产保险公司的董事、监事和高级管理人员的工资，按照该公司职工的平均工资计算。

▶理解与适用

　　破产财产优先支付破产费用和共益债务后，尚有剩余的，才能依照法定的顺序进行清偿。依本条的规定，受破产财产清偿的请求权分为四个顺位：第一顺位请求权为保险公司所欠职工工资和劳动保险费用请求权；第二顺位请求权为被保险人或受益人对保险公司享有的赔偿或者给付保险金请求权；第三顺位为保险公司所欠税款请求权；第四顺位为对保险公司享有的一般债权。如果破产财产不足以清偿同一顺位的保险公司债务的，则按照比例清偿。

▶条文参见

　　《企业破产法》第113条

第九十二条　人寿保险业务的转让

　　经营有人寿保险业务的保险公司被依法撤销或者被依法宣告破产的，其持有的人寿保险合同及责任准备金，必须转让给其他经营有人寿保险业务的保险公司；不能同其他保险公司达成转让协议的，由国务院保险监督管理机构指定经营有人寿保险业务的保险公司接受转让。

　　转让或者由国务院保险监督管理机构指定接受转让前款规定的人寿保险合同及责任准备金的，应当维护被保险人、受益人的合法权益。

第九十三条　经营保险业务许可证的注销

保险公司依法终止其业务活动，应当注销其经营保险业务许可证。

第九十四条　适用公司法的规定

保险公司，除本法另有规定外，适用《中华人民共和国公司法》的规定。

第四章　保险经营规则

第九十五条　业务范围

保险公司的业务范围：

（一）人身保险业务，包括人寿保险、健康保险、意外伤害保险等保险业务；

（二）财产保险业务，包括财产损失保险、责任保险、信用保险、保证保险等保险业务；

（三）国务院保险监督管理机构批准的与保险有关的其他业务。

保险人不得兼营人身保险业务和财产保险业务。但是，经营财产保险业务的保险公司经国务院保险监督管理机构批准，可以经营短期健康保险业务和意外伤害保险业务。

保险公司应当在国务院保险监督管理机构依法批准的业务范围内从事保险经营活动。

▶理解与适用

财产保险业务，是指保险公司以财产及其有关利益为保险对象的业务。这里的财产既包括有形的财产，也包括无形的财产，前者如房屋、汽车、商品等，后者如财产权利、财产责任、预期收益等。财产保险业务，以财产及其利益作为保险对象，由投保人交付保险费，形成保险基金，当保险财产及其利益在保险事故中遭受损失时，由保险公司赔偿保险金。财产保险业务作为保险业务的两大基本类别之一，还可以进行细分，如：

（1）财产损失保险业务。财产损失保险业务是指保险公司以有形财产为保险标的而从事的保险业务。其特点在于，投保人按照约定向保险公司支付保险费，在被保险财产发生保险事故而受到损失时，保险公司按照约定向被保险人给付保险赔偿金。

（2）责任保险业务。责任保险业务是指保险公司以被保险人依法应当对第三人承担的赔偿责任为保险标的而从事的保险业务。其特点在于，投保人按照约定向保险公司支付保险费，在被保险人应当向第三人承担赔偿责任时，由保险公司按照约定向被保险人给付保险赔偿金。

（3）信用保险业务。信用保险业务是指保险公司对被保险人的信用或者履约能力提供担保而从事的保险业务。其特点在于，投保人按照约定向保险公司支付保险费，在被保险人不能偿付其支付款项的义务时，由保险公司按照约定对被保险人承担赔偿责任。

人身保险业务，是以人的寿命和身体为保险对象的保险业务，在本条划分为人寿保险、健康保险以及意外伤害保险等人身保险业务。

（1）人寿保险业务。保险公司以被保险人在保险期限内死亡、残废或者在保险期限届满时仍生存作为给付保险金条件而从事的保险业务。人寿保险业务又可以具体划分为死亡保险、生存保险、生死两全保险、简易人身保险、年金保险业务等。人寿保险的保险标的为被保险人的寿命，或者为被保险人的死亡或残废，或者为被保险人的生存，或者为被保险人的死亡和生存二者。开展人寿保险业务的期间一般较长，保险公司承担的给付保险金的责任期间相应较长，保险公司应当留存足够的人寿保险准备金。

（2）健康保险业务。健康保险业务又称为疾病保险业务。保险公司对被保险人在保险期限内发生疾病、分娩或由此引起的残废、死亡承担给付保险金责任而开展的保险业务。健康保险业务为综合性保险业务，保险公司不仅承保被保险人的疾病和因疾病致残的风险，而且承保被保险人因病死亡的风险。

（3）意外伤害保险业务。意外伤害保险业务是保险公司对被保险人遭受的意外伤害或者因意外伤害致残、死亡承担给付保险金责任而开展的保险业务。意外伤害保险业务，可以具体分为一般意外伤害保险、旅客意外伤害保险和职业伤害保险三大类业务。意外伤害保险可以作为财产综合险中的附加险，同时也具备短期险的特征。

第九十六条　再保险业务

经国务院保险监督管理机构批准，保险公司可以经营本法第九十五条规定的保险业务的下列再保险业务：

（一）分出保险；

（二）分入保险。

▶条文参见

《再保险公司设立规定》；《再保险业务管理规定》

第九十七条　保证金

保险公司应当按照其注册资本总额的百分之二十提取保证金，存入国务院保险监督管理机构指定的银行，除公司清算时用于清偿债务外，不得动用。

▶理解与适用

保证金，是指保险公司设立后，应当依法提取并向保险监督管理机构指定的金融机构缴存的、用于担保保险公司的偿付能力的资金。

▶条文参见

《保险公司资本保证金管理办法》

第九十八条　责任准备金

保险公司应当根据保障被保险人利益、保证偿付能力的原则，提取各项责任准备金。

保险公司提取和结转责任准备金的具体办法，由国务院保险监督管理机构制定。

▶理解与适用

保险责任准备金，是指保险公司为保证其如约履行保险赔偿或给付义务而提取的、与其所承担的保险责任相对应的基金。保险责任准备金包括未决赔款准备金、已发生未报告赔款准备金、未到期责任准备金、长期责任准备金、寿险责任准备金、长期健康险责任准备金等。保险公司提存的各项保险责任准备金必须真实、充足。

第九十九条　公积金

保险公司应当依法提取公积金。

第一百条　保险保障基金

保险公司应当缴纳保险保障基金。

保险保障基金应当集中管理，并在下列情形下统筹使用：

（一）在保险公司被撤销或者被宣告破产时，向投保人、被保险人或者受益人提供救济；

（二）在保险公司被撤销或者被宣告破产时，向依法接受其人寿保险合同的保险公司提供救济；

（三）国务院规定的其他情形。

保险保障基金筹集、管理和使用的具体办法，由国务院制定。

▶理解与适用

保险保障基金,即保险行业风险基金,是指根据法律规定,由保险公司缴纳形成,在保险公司被撤销、被宣告破产或在保险业遇到重大危机的特定情况下,用于向投保方或者保单受让公司等提供救济的法定基金。它与未到期责任准备金和未决赔款准备金不同。未到期责任准备金和未决赔款准备金是保险组织的负债,用于正常情况下的赔款,而保险保障基金则属于保险组织的资本,主要是应付巨大灾害事故的特大赔款,只有在当年业务收入和其他准备金不足以赔付时方能运用。

▶条文参见

《保险保障基金管理办法》

第一百零一条 最低偿付能力

保险公司应当具有与其业务规模和风险程度相适应的最低偿付能力。保险公司的认可资产减去认可负债的差额不得低于国务院保险监督管理机构规定的数额;低于规定数额的,应当按照国务院保险监督管理机构的要求采取相应措施达到规定的数额。

▶理解与适用

保险公司的偿付能力,是指保险公司对被保险人、受益人履行合同约定的赔偿或者给付保险金责任的能力。保险公司必须具备充足的偿付能力,才能及时、足额地赔偿或者给付保险金,保障投保人、被保险人、受益人的利益,维持自身的稳健经营,促进社会的安定团结。对保险公司偿付能力的监管涉及公司经营的方方面面,包括资本和盈余要求,定价和产品,准备金,再保险,投资方向和比例,关联交易和公司管理等。保险监管机构通过对保险公司偿付能力的有效监管,了解保险公司的财务状况,及时提醒偿付能力不足的保险公司采取积极有效的措施，以恢复偿付能力的充足性，切实保障投保人、被保险人、受益人的合法权益。

第一百零二条　当年自留保险费

经营财产保险业务的保险公司当年自留保险费，不得超过其实有资本金加公积金总和的四倍。

第一百零三条　最大损失责任的赔付要求

保险公司对每一危险单位，即对一次保险事故可能造成的最大损失范围所承担的责任，不得超过其实有资本金加公积金总和的百分之十；超过的部分应当办理再保险。

保险公司对危险单位的划分应当符合国务院保险监督管理机构的规定。

▶理解与适用

危险单位，是指一次保险事故可能造成的最大损失范围所承担的责任。危险单位确定或计算办法，既可按投保单位划定为一个危险单位，如一只船，包括船中货物和船体本身为投保单位，视作一个危险单位；亦可以将一个具体标的视为一个危险单位，如上例，我们可以视船体本身为一个危险单位，可以视船中货物为另一个危险单位。

第一百零四条　危险单位划分方法和巨灾风险安排方案

保险公司对危险单位的划分方法和巨灾风险安排方案，应当报国务院保险监督管理机构备案。

第一百零五条　办理再保险的原则

保险公司应当按照国务院保险监督管理机构的规定办理再保险，并审慎选择再保险接受人。

第一百零六条 资金运用的原则和形式

保险公司的资金运用必须稳健,遵循安全性原则。

保险公司的资金运用限于下列形式:

(一)银行存款;

(二)买卖债券、股票、证券投资基金份额等有价证券;

(三)投资不动产;

(四)国务院规定的其他资金运用形式。

保险公司资金运用的具体管理办法,由国务院保险监督管理机构依照前两款的规定制定。

▶条文参见

《保险资金境外投资管理暂行办法》;《保险资金间接投资基础设施项目管理办法》;《中国保监会关于保险资金股票投资有关问题的通知》;《保险机构投资者股票投资管理暂行办法》;《保险公司管理规定》

第一百零七条 保险资产管理公司

经国务院保险监督管理机构会同国务院证券监督管理机构批准,保险公司可以设立保险资产管理公司。

保险资产管理公司从事证券投资活动,应当遵守《中华人民共和国证券法》等法律、行政法规的规定。

保险资产管理公司的管理办法,由国务院保险监督管理机构会同国务院有关部门制定。

第一百零八条 关联交易管理和信息披露制度

保险公司应当按照国务院保险监督管理机构的规定,建立对关联交易的管理和信息披露制度。

▶条文参见

《保险公司信息披露管理办法》

第一百零九条 关联交易的限制

保险公司的控股股东、实际控制人、董事、监事、高级管理人员不得利用关联交易损害公司的利益。

第一百一十条 重大事项披露

保险公司应当按照国务院保险监督管理机构的规定，真实、准确、完整地披露财务会计报告、风险管理状况、保险产品经营情况等重大事项。

第一百一十一条 保险销售人员任职资格

保险公司从事保险销售的人员应当品行良好，具有保险销售所需的专业能力。保险销售人员的行为规范和管理办法，由国务院保险监督管理机构规定。

第一百一十二条 保险代理人登记制度

保险公司应当建立保险代理人登记管理制度，加强对保险代理人的培训和管理，不得唆使、诱导保险代理人进行违背诚信义务的活动。

第一百一十三条 依法使用经营保险业务许可证

保险公司及其分支机构应当依法使用经营保险业务许可证，不得转让、出租、出借经营保险业务许可证。

第一百一十四条 公平合理拟订保险条款和保险费率并及时履行义务

保险公司应当按照国务院保险监督管理机构的规定，公平、合理拟订保险条款和保险费率，不得损害投保人、被保险人和受益人的合法权益。

保险公司应当按照合同约定和本法规定，及时履行赔偿或者给付保险金义务。

第一百一十五条　公平竞争原则

保险公司开展业务，应当遵循公平竞争的原则，不得从事不正当竞争。

第一百一十六条　保险业务行为禁止

保险公司及其工作人员在保险业务活动中不得有下列行为：

（一）欺骗投保人、被保险人或者受益人；

（二）对投保人隐瞒与保险合同有关的重要情况；

（三）阻碍投保人履行本法规定的如实告知义务，或者诱导其不履行本法规定的如实告知义务；

（四）给予或者承诺给予投保人、被保险人、受益人保险合同约定以外的保险费回扣或者其他利益；

（五）拒不依法履行保险合同约定的赔偿或者给付保险金义务；

（六）故意编造未曾发生的保险事故、虚构保险合同或者故意夸大已经发生的保险事故的损失程度进行虚假理赔，骗取保险金或者牟取其他不正当利益；

（七）挪用、截留、侵占保险费；

（八）委托未取得合法资格的机构从事保险销售活动；

（九）利用开展保险业务为其他机构或者个人牟取不正当利益；

（十）利用保险代理人、保险经纪人或者保险评估机构，从事以虚构保险中介业务或者编造退保等方式套取费用等违法活动；

（十一）以捏造、散布虚假事实等方式损害竞争对手的商业信誉，或者以其他不正当竞争行为扰乱保险市场秩序；

(十二）泄露在业务活动中知悉的投保人、被保险人的商业秘密；

（十三）违反法律、行政法规和国务院保险监督管理机构规定的其他行为。

第五章　保险代理人和保险经纪人

第一百一十七条　保险代理人

保险代理人是根据保险人的委托，向保险人收取佣金，并在保险人授权的范围内代为办理保险业务的机构或者个人。

保险代理机构包括专门从事保险代理业务的保险专业代理机构和兼营保险代理业务的保险兼业代理机构。

▶理解与适用

保险代理人，是指根据保险人的委托，在保险人授权的范围内代为办理保险业务，并依法向保险人收取佣金的单位或个人。保险代理人可以是单位，也可以是个人。保险代理人主要分为三大类：第一类是专业保险代理机构，是指经保险监督管理机构批准设立并办理工商登记的，根据保险人的委托，在保险人授权的范围内专门办理保险业务的企业；第二类是兼营保险代理机构，是指经保险监督管理机构核准，接受保险人的委托，在从事自身业务的同时，为保险人代办保险业务的企业；第三类是个人保险代理人，是指接受保险人委托，代为办理保险业务的自然人。无论是保险代理机构，还是个人保险代理人，都应当具备保险监督管理机构规定的资格条件，并取得保险监督管理机构颁发的经营保险代理业务许可证，向工商行政管理机关办理登记，领取营业执照。

第一百一十八条 保险经纪人

保险经纪人是基于投保人的利益,为投保人与保险人订立保险合同提供中介服务,并依法收取佣金的机构。

▶理解与适用

保险经纪人与保险代理人有以下区别:

1. 保险经纪人是基于投保人的利益,与保险人或其代理人洽定保险合同,而保险代理人则是根据保险人的委托而代为办理保险业务。

2. 保险经纪人虽然一般也像保险代理人一样,向保险人收取佣金,但有的时候也可以向委托人收取佣金,如经纪人为其提供风险咨询、充当风险管理顾问等。

3. 保险经纪人收取佣金的行为,对保险人无约束力,被保险人不能以此为由主张保险合同业已成立。但是在投保人或被保险人授权的情况下,其在授权范围内所为的行为则对投保人或被保险人有约束力。而保险代理人收取保险费后,即使实际尚未交付给保险人,在法律上也视为保险人已收到。

4. 保险经纪人的业务范围要比保险代理人广,如其也可受被保险人的委托,为被保险人提供防灾、防损或风险评估、风险管理咨询服务等,也可以代理被保险人进行损失的勘察和理赔。

第一百一十九条 保险代理机构、保险经纪人的资格条件及从业许可

保险代理机构、保险经纪人应当具备国务院保险监督管理机构规定的条件,取得保险监督管理机构颁发的经营保险代理业务许可证、保险经纪业务许可证。

第一百二十条 以公司形式设立的保险专业代理机构、保险经纪人的注册资本

以公司形式设立保险专业代理机构、保险经纪人，其注册资本最低限额适用《中华人民共和国公司法》的规定。

国务院保险监督管理机构根据保险专业代理机构、保险经纪人的业务范围和经营规模，可以调整其注册资本的最低限额，但不得低于《中华人民共和国公司法》规定的限额。

保险专业代理机构、保险经纪人的注册资本或者出资额必须为实缴货币资本。

第一百二十一条 保险专业代理机构、保险经纪人的高级管理人员的经营管理能力与任职资格

保险专业代理机构、保险经纪人的高级管理人员，应当品行良好，熟悉保险法律、行政法规，具有履行职责所需的经营管理能力，并在任职前取得保险监督管理机构核准的任职资格。

第一百二十二条 个人保险代理人、保险代理机构的代理从业人员、保险经纪人的经纪从业人员的任职能力

个人保险代理人、保险代理机构的代理从业人员、保险经纪人的经纪从业人员，应当品行良好，具有从事保险代理业务或者保险经纪业务所需的专业能力。

第一百二十三条 经营场所与账簿记载

保险代理机构、保险经纪人应当有自己的经营场所，设立专门账簿记载保险代理业务、经纪业务的收支情况。

第一百二十四条　保险代理机构、保险经纪人缴存保证金或者投保职业责任保险

保险代理机构、保险经纪人应当按照国务院保险监督管理机构的规定缴存保证金或者投保职业责任保险。

第一百二十五条　个人保险代理人代为办理人寿保险业务接受委托的限制

个人保险代理人在代为办理人寿保险业务时，不得同时接受两个以上保险人的委托。

第一百二十六条　保险业务委托代理协议

保险人委托保险代理人代为办理保险业务，应当与保险代理人签订委托代理协议，依法约定双方的权利和义务。

第一百二十七条　保险代理责任承担

保险代理人根据保险人的授权代为办理保险业务的行为，由保险人承担责任。

保险代理人没有代理权、超越代理权或者代理权终止后以保险人名义订立合同，使投保人有理由相信其有代理权的，该代理行为有效。保险人可以依法追究越权的保险代理人的责任。

▶理解与适用

这里所说的"有理由相信"，是指投保人不知道或者不应当知道保险代理人超越了代理权，而且投保人尽了必要的注意义务，即投保人不存在疏忽大意的过失。同时，根据我国合同相关法律规定，除超越代理权这种情形外，保险代理人没有代理权或者代理权终止后以保险人的名义订立保险合同，投保人有理由相信保险代理人有代理权的，该代理行为也有效，由此产生的保险责任由保险人承担。当然，保险代理人应当对自己

超越代理权的行为承担相应的责任。如果保险代理人超越职权的行为造成保险人多承担了责任,或者给保险人造成了其他损害,保险人可以就该损害要求保险代理人予以赔偿。此为表见代理制度在保险代理中的体现。

▶典型案例指引

刘某诉汪某某、朱某某、某保险盐城中心支公司交通事故人身损害赔偿纠纷案(《最高人民法院公报》2012年第3期)

案件适用要点:投保人通过保险公司设立的营销部购买机动车第三者责任险,营销部营销人员为侵吞保费,将自己伪造的、内容和形式与真保单一致的假保单填写后,加盖伪造的保险公司业务专用章,通过营销部的销售员在该营销部内销售并交付投保人。作为不知情的善意投保人有理由相信其购买的保险是真实的,保单的内容也并不违反有关法律的规定,营销部的行为在民法上应当视为保险公司的行为。因此,虽然投保人持有的保单是假的,但并不能据此免除保险公司根据保险合同依法应当承担的民事责任。

第一百二十八条 保险经纪人的赔偿责任

保险经纪人因过错给投保人、被保险人造成损失的,依法承担赔偿责任。

第一百二十九条 保险事故的评估和鉴定

保险活动当事人可以委托保险公估机构等依法设立的独立评估机构或者具有相关专业知识的人员,对保险事故进行评估和鉴定。

接受委托对保险事故进行评估和鉴定的机构和人员,应当依法、独立、客观、公正地进行评估和鉴定,任何单位和个人不得干涉。

前款规定的机构和人员,因故意或者过失给保险人或者被保险人造成损失的,依法承担赔偿责任。

▶理解与适用

接受保险人或者被保险人的委托，办理保险事故的勘验、鉴定、评估以及赔款理算的中介机构或者个人，通常被称为保险公估人。

保险公估人对其过错行为应当依法承担赔偿责任。保险公估人承担过错赔偿责任应当具备下列条件：（1）保险公估人必须具有主观上的过错。过错指的是保险公估人在从事保险事故评估、鉴定业务中的一种主观状态，包括故意和过失两个方面。故意指的是保险公估人知道或者应当知道其行为会给保险人或者被保险人造成损害，而希望或者放任这种损害后果的发生。过失指的是保险公估人对其行为会给保险人或者被保险人造成损害的后果应当预见而没有预见，或者虽然已经预见但轻信该后果能够避免。（2）保险公估人的过错行为给保险人或者被保险人造成了损失。这种损失在保险评估、鉴定业务中一般是经济上的损失，包括直接损失和间接损失。直接损失是指保险人或者被保险人现有财产和利益的减少。间接损失是指保险人或者被保险人应当得到或者能够得到的利益而没有得到。（3）保险人或者被保险人的损失与保险公估人的过错行为之间存在因果关系。因果关系是一定的事实与一定的行为之间存在客观的、必然的联系。如果保险人、被保险人的损失不是由于保险公估人的过错行为造成的，保险公估人就不存在承担赔偿责任的问题。

▶条文参见

《保险公估人监管规定》

第一百三十条　保险佣金的支付

保险佣金只限于向保险代理人、保险经纪人支付，不得向其他人支付。

第一百三十一条 保险代理人、保险经纪人及其从业人员的禁止行为

保险代理人、保险经纪人及其从业人员在办理保险业务活动中不得有下列行为：

（一）欺骗保险人、投保人、被保险人或者受益人；

（二）隐瞒与保险合同有关的重要情况；

（三）阻碍投保人履行本法规定的如实告知义务，或者诱导其不履行本法规定的如实告知义务；

（四）给予或者承诺给予投保人、被保险人或者受益人保险合同约定以外的利益；

（五）利用行政权力、职务或者职业便利以及其他不正当手段强迫、引诱或者限制投保人订立保险合同；

（六）伪造、擅自变更保险合同，或者为保险合同当事人提供虚假证明材料；

（七）挪用、截留、侵占保险费或者保险金；

（八）利用业务便利为其他机构或者个人牟取不正当利益；

（九）串通投保人、被保险人或者受益人，骗取保险金；

（十）泄露在业务活动中知悉的保险人、投保人、被保险人的商业秘密。

第一百三十二条 准用条款

本法第八十六条第一款、第一百一十三条的规定，适用于保险代理机构和保险经纪人。

第六章 保险业监督管理

第一百三十三条 保险监督管理机构职责

保险监督管理机构依照本法和国务院规定的职责，遵循依法、公开、公正的原则，对保险业实施监督管理，维护保险市场秩序，保护投保人、被保险人和受益人的合法权益。

第一百三十四条 国务院保险监督管理机构立法权限

国务院保险监督管理机构依照法律、行政法规制定并发布有关保险业监督管理的规章。

第一百三十五条 保险条款与保险费率的审批与备案

关系社会公众利益的保险险种、依法实行强制保险的险种和新开发的人寿保险险种等的保险条款和保险费率，应当报国务院保险监督管理机构批准。国务院保险监督管理机构审批时，应当遵循保护社会公众利益和防止不正当竞争的原则。其他保险险种的保险条款和保险费率，应当报保险监督管理机构备案。

保险条款和保险费率审批、备案的具体办法，由国务院保险监督管理机构依照前款规定制定。

▶理解与适用

强制保险险种，又称法定保险，是指保险标的或者保险对象的范围直接由法律、法规规定，对于规定范围内的保险标的或者对象必须向保险人投保的保险。

▶条文参见

《财产保险公司保险条款和保险费率管理办法》

第一百三十六条　对违法、违规保险条款和费率采取的措施

保险公司使用的保险条款和保险费率违反法律、行政法规或者国务院保险监督管理机构的有关规定的，由保险监督管理机构责令停止使用，限期修改；情节严重的，可以在一定期限内禁止申报新的保险条款和保险费率。

第一百三十七条　对保险公司偿付能力的监控

国务院保险监督管理机构应当建立健全保险公司偿付能力监管体系，对保险公司的偿付能力实施监控。

第一百三十八条　对偿付能力不足的保险公司采取的措施

对偿付能力不足的保险公司，国务院保险监督管理机构应当将其列为重点监管对象，并可以根据具体情况采取下列措施：

（一）责令增加资本金、办理再保险；
（二）限制业务范围；
（三）限制向股东分红；
（四）限制固定资产购置或者经营费用规模；
（五）限制资金运用的形式、比例；
（六）限制增设分支机构；
（七）责令拍卖不良资产、转让保险业务；
（八）限制董事、监事、高级管理人员的薪酬水平；
（九）限制商业性广告；
（十）责令停止接受新业务。

第一百三十九条　责令保险公司改正违法行为

保险公司未依照本法规定提取或者结转各项责任准备金，或者未依照本法规定办理再保险，或者严重违反本法关于资金运用的规定的，由保险监督管理机构责令限期改正，并可以责令调整负责人及有关管理人员。

第一百四十条 保险公司整顿

保险监督管理机构依照本法第一百三十九条的规定作出限期改正的决定后，保险公司逾期未改正的，国务院保险监督管理机构可以决定选派保险专业人员和指定该保险公司的有关人员组成整顿组，对公司进行整顿。

整顿决定应当载明被整顿公司的名称、整顿理由、整顿组成员和整顿期限，并予以公告。

第一百四十一条 整顿组职权

整顿组有权监督被整顿保险公司的日常业务。被整顿公司的负责人及有关管理人员应当在整顿组的监督下行使职权。

第一百四十二条 被整顿保险公司的业务运作

整顿过程中，被整顿保险公司的原有业务继续进行。但是，国务院保险监督管理机构可以责令被整顿公司停止部分原有业务、停止接受新业务，调整资金运用。

第一百四十三条 保险公司结束整顿

被整顿保险公司经整顿已纠正其违反本法规定的行为，恢复正常经营状况的，由整顿组提出报告，经国务院保险监督管理机构批准，结束整顿，并由国务院保险监督管理机构予以公告。

第一百四十四条 保险公司接管

保险公司有下列情形之一的，国务院保险监督管理机构可以对其实行接管：

（一）公司的偿付能力严重不足的；

（二）违反本法规定，损害社会公共利益，可能严重危及或者已经严重危及公司的偿付能力的。

被接管的保险公司的债权债务关系不因接管而变化。

▶理解与适用

　　保险公司的接管，是指由保险监督管理机构指派接管组织直接介入保险公司的日常经营管理，并由接管组织负责保险公司的全部经营活动的监管活动。对保险公司实施接管是一种比较严厉的行政监管措施。

第一百四十五条　国务院保险监督管理机构决定并公告接管组的组成和接管的实施办法

　　接管组的组成和接管的实施办法，由国务院保险监督管理机构决定，并予以公告。

第一百四十六条　接管保险公司期限

　　接管期限届满，国务院保险监督管理机构可以决定延长接管期限，但接管期限最长不得超过二年。

第一百四十七条　终止接管

　　接管期限届满，被接管的保险公司已恢复正常经营能力的，由国务院保险监督管理机构决定终止接管，并予以公告。

第一百四十八条　被整顿、被接管的保险公司的重整或破产清算

　　被整顿、被接管的保险公司有《中华人民共和国企业破产法》第二条规定情形的，国务院保险监督管理机构可以依法向人民法院申请对该保险公司进行重整或者破产清算。

第一百四十九条 保险公司的撤销及清算

保险公司因违法经营被依法吊销经营保险业务许可证的，或者偿付能力低于国务院保险监督管理机构规定标准，不予撤销将严重危害保险市场秩序、损害公共利益的，由国务院保险监督管理机构予以撤销并公告，依法及时组织清算组进行清算。

第一百五十条 提供信息资料

国务院保险监督管理机构有权要求保险公司股东、实际控制人在指定的期限内提供有关信息和资料。

第一百五十一条 股东利用关联交易严重损害公司利益，危及公司偿付能力的处理措施

保险公司的股东利用关联交易严重损害公司利益，危及公司偿付能力的，由国务院保险监督管理机构责令改正。在按照要求改正前，国务院保险监督管理机构可以限制其股东权利；拒不改正的，可以责令其转让所持的保险公司股权。

第一百五十二条 保险公司业务活动和风险管理重大事项说明

保险监督管理机构根据履行监督管理职责的需要，可以与保险公司董事、监事和高级管理人员进行监督管理谈话，要求其就公司的业务活动和风险管理的重大事项作出说明。

第一百五十三条 保险公司被整顿、接管、撤销清算期间及出现重大风险时对董事、监事、高级管理人员和其他责任人员采取的措施

保险公司在整顿、接管、撤销清算期间，或者出现重大风险时，国务院保险监督管理机构可以对该公司直接负责的董事、监事、高级管理人员和其他直接责任人员采取以下措施：

（一）通知出境管理机关依法阻止其出境；
（二）申请司法机关禁止其转移、转让或者以其他方式处分财产，或者在财产上设定其他权利。

第一百五十四条 保险监督管理机构的履职措施及程序

保险监督管理机构依法履行职责，可以采取下列措施：

（一）对保险公司、保险代理人、保险经纪人、保险资产管理公司、外国保险机构的代表机构进行现场检查；

（二）进入涉嫌违法行为发生场所调查取证；

（三）询问当事人及与被调查事件有关的单位和个人，要求其对与被调查事件有关的事项作出说明；

（四）查阅、复制与被调查事件有关的财产权登记等资料；

（五）查阅、复制保险公司、保险代理人、保险经纪人、保险资产管理公司、外国保险机构的代表机构以及与被调查事件有关的单位和个人的财务会计资料及其他相关文件和资料；对可能被转移、隐匿或者毁损的文件和资料予以封存；

（六）查询涉嫌违法经营的保险公司、保险代理人、保险经纪人、保险资产管理公司、外国保险机构的代表机构以及与涉嫌违法事项有关的单位和个人的银行账户；

（七）对有证据证明已经或者可能转移、隐匿违法资金等涉案财产或者隐匿、伪造、毁损重要证据的，经保险监督管理机构主要负责人批准，申请人民法院予以冻结或者查封。

保险监督管理机构采取前款第（一）项、第（二）项、第（五）项措施的，应当经保险监督管理机构负责人批准；采取第（六）项措施的，应当经国务院保险监督管理机构负责人批准。

保险监督管理机构依法进行监督检查或者调查，其监督检查、调查的人员不得少于二人，并应当出示合法证件和监督检查、调查通知书；监督检查、调查的人员少于二人或者未出示合法证件和监督检查、调查通知书的，被检查、调查的单位和个人有权拒绝。

第一百五十五条 配合检查、调查

保险监督管理机构依法履行职责，被检查、调查的单位和个人应当配合。

第一百五十六条 保险监督管理机构工作人员行为准则

保险监督管理机构工作人员应当忠于职守，依法办事，公正廉洁，不得利用职务便利牟取不正当利益，不得泄露所知悉的有关单位和个人的商业秘密。

第一百五十七条 金融监督管理机构监督管理信息共享机制

国务院保险监督管理机构应当与中国人民银行、国务院其他金融监督管理机构建立监督管理信息共享机制。

保险监督管理机构依法履行职责，进行监督检查、调查时，有关部门应当予以配合。

第七章 法律责任

第一百五十八条 擅自设立保险公司、保险资产管理公司或非法经营商业保险业务的法律责任

违反本法规定，擅自设立保险公司、保险资产管理公司或者非法经营商业保险业务的，由保险监督管理机构予以取缔，没收违法所得，并处违法所得一倍以上五倍以下的罚款；没有违法所得或者违法所得不足二十万元的，处二十万元以上一百万元以下的罚款。

第一百五十九条　擅自设立保险代理机构、保险经纪人或者未取得许可从事保险业务的法律责任

违反本法规定，擅自设立保险专业代理机构、保险经纪人，或者未取得经营保险代理业务许可证、保险经纪业务许可证从事保险代理业务、保险经纪业务的，由保险监督管理机构予以取缔，没收违法所得，并处违法所得一倍以上五倍以下的罚款；没有违法所得或者违法所得不足五万元的，处五万元以上三十万元以下的罚款。

第一百六十条　保险公司超出业务范围经营的法律责任

保险公司违反本法规定，超出批准的业务范围经营的，由保险监督管理机构责令限期改正，没收违法所得，并处违法所得一倍以上五倍以下的罚款；没有违法所得或者违法所得不足十万元的，处十万元以上五十万元以下的罚款。逾期不改正或者造成严重后果的，责令停业整顿或者吊销业务许可证。

第一百六十一条　保险公司在保险业务活动中从事禁止性行为的法律责任

保险公司有本法第一百一十六条规定行为之一的，由保险监督管理机构责令改正，处五万元以上三十万元以下的罚款；情节严重的，限制其业务范围、责令停止接受新业务或者吊销业务许可证。

第一百六十二条　保险公司未经批准变更公司登记事项的法律责任

保险公司违反本法第八十四条规定的，由保险监督管理机构责令改正，处一万元以上十万元以下的罚款。

第一百六十三条 超额承保及为无民事行为能力人承保以死亡为给付保险金条件的保险的法律责任

保险公司违反本法规定,有下列行为之一的,由保险监督管理机构责令改正,处五万元以上三十万元以下的罚款:

(一)超额承保,情节严重的;
(二)为无民事行为能力人承保以死亡为给付保险金条件的保险的。

第一百六十四条 违反保险业务规则和保险组织机构管理规定的法律责任

违反本法规定,有下列行为之一的,由保险监督管理机构责令改正,处五万元以上三十万元以下的罚款;情节严重的,可以限制其业务范围、责令停止接受新业务或者吊销业务许可证:

(一)未按照规定提存保证金或者违反规定动用保证金的;
(二)未按照规定提取或者结转各项责任准备金的;
(三)未按照规定缴纳保险保障基金或者提取公积金的;
(四)未按照规定办理再保险的;
(五)未按照规定运用保险公司资金的;
(六)未经批准设立分支机构的;
(七)未按照规定申请批准保险条款、保险费率的。

第一百六十五条 保险代理机构、保险经纪人违反诚信原则办理保险业务的法律责任

保险代理机构、保险经纪人有本法第一百三十一条规定行为之一的,由保险监督管理机构责令改正,处五万元以上三十万元以下的罚款;情节严重的,吊销业务许可证。

第一百六十六条 不按规定缴存保证金或者投保职业责任保险、设立收支账簿的法律责任

保险代理机构、保险经纪人违反本法规定，有下列行为之一的，由保险监督管理机构责令改正，处二万元以上十万元以下的罚款；情节严重的，责令停业整顿或者吊销业务许可证：

（一）未按照规定缴存保证金或者投保职业责任保险的；
（二）未按照规定设立专门账簿记载业务收支情况的。

第一百六十七条 违法聘任不具有任职资格的人员的法律责任

违反本法规定，聘任不具有任职资格的人员的，由保险监督管理机构责令改正，处二万元以上十万元以下的罚款。

第一百六十八条 违法转让、出租、出借业务许可证的法律责任

违反本法规定，转让、出租、出借业务许可证的，由保险监督管理机构处一万元以上十万元以下的罚款；情节严重的，责令停业整顿或者吊销业务许可证。

第一百六十九条 不按规定披露保险业务相关信息的法律责任

违反本法规定，有下列行为之一的，由保险监督管理机构责令限期改正；逾期不改正的，处一万元以上十万元以下的罚款：

（一）未按照规定报送或者保管报告、报表、文件、资料的，或者未按照规定提供有关信息、资料的；
（二）未按照规定报送保险条款、保险费率备案的；
（三）未按照规定披露信息的。

第一百七十条 提供保险业务相关信息不实、拒绝或者妨碍监督检查、不按规定使用保险条款或保险费率的法律责任

违反本法规定,有下列行为之一的,由保险监督管理机构责令改正,处十万元以上五十万元以下的罚款;情节严重的,可以限制其业务范围、责令停止接受新业务或者吊销业务许可证:

(一) 编制或者提供虚假的报告、报表、文件、资料的;
(二) 拒绝或者妨碍依法监督检查的;
(三) 未按照规定使用经批准或者备案的保险条款、保险费率的。

第一百七十一条 董事、监事、高级管理人员的法律责任

保险公司、保险资产管理公司、保险专业代理机构、保险经纪人违反本法规定的,保险监督管理机构除分别依照本法第一百六十条至第一百七十条的规定对该单位给予处罚外,对其直接负责的主管人员和其他直接责任人员给予警告,并处一万元以上十万元以下的罚款;情节严重的,撤销任职资格。

第一百七十二条 个人保险代理人的法律责任

个人保险代理人违反本法规定的,由保险监督管理机构给予警告,可以并处二万元以下的罚款;情节严重的,处二万元以上十万元以下的罚款。

第一百七十三条 外国保险机构违法从事保险活动的法律责任

外国保险机构未经国务院保险监督管理机构批准,擅自在中华人民共和国境内设立代表机构的,由国务院保险监督管理机构予以取缔,处五万元以上三十万元以下的罚款。

外国保险机构在中华人民共和国境内设立的代表机构从事保险经营活动的，由保险监督管理机构责令改正，没收违法所得，并处违法所得一倍以上五倍以下的罚款；没有违法所得或者违法所得不足二十万元的，处二十万元以上一百万元以下的罚款；对其首席代表可以责令撤换；情节严重的，撤销其代表机构。

第一百七十四条　投保人、被保险人或受益人进行保险诈骗活动的法律责任

投保人、被保险人或者受益人有下列行为之一，进行保险诈骗活动，尚不构成犯罪的，依法给予行政处罚：

（一）投保人故意虚构保险标的，骗取保险金的；

（二）编造未曾发生的保险事故，或者编造虚假的事故原因或者夸大损失程度，骗取保险金的；

（三）故意造成保险事故，骗取保险金的。

保险事故的鉴定人、评估人、证明人故意提供虚假的证明文件，为投保人、被保险人或者受益人进行保险诈骗提供条件的，依照前款规定给予处罚。

第一百七十五条　侵权民事责任的规定

违反本法规定，给他人造成损害的，依法承担民事责任。

▶理解与适用

由于违反保险法规定，给他人造成损害的情况比较复杂，法律不可能将所有的违法行为一一列举出来，因此，本条只原则规定，违反保险法，"给他人造成损害的，依法承担民事责任"。这样规定有三个好处：一是可以避免法律条文过于烦琐；二是可以防止挂一漏万；三是可以给受到损害的当事人提供全面保护。

第一百七十六条　拒绝、阻碍监督检查、调查的行政责任

拒绝、阻碍保险监督管理机构及其工作人员依法行使监督检查、调查职权，未使用暴力、威胁方法的，依法给予治安管理处罚。

第一百七十七条　禁止从业的规定

违反法律、行政法规的规定，情节严重的，国务院保险监督管理机构可以禁止有关责任人员一定期限直至终身进入保险业。

第一百七十八条　保险监督管理人员的法律责任

保险监督管理机构从事监督管理工作的人员有下列情形之一的，依法给予处分：

（一）违反规定批准机构的设立的；
（二）违反规定进行保险条款、保险费率审批的；
（三）违反规定进行现场检查的；
（四）违反规定查询账户或者冻结资金的；
（五）泄露其知悉的有关单位和个人的商业秘密的；
（六）违反规定实施行政处罚的；
（七）滥用职权、玩忽职守的其他行为。

第一百七十九条　刑事责任的规定

违反本法规定，构成犯罪的，依法追究刑事责任。

第八章 附 则

第一百八十条 保险行业协会的规定

保险公司应当加入保险行业协会。保险代理人、保险经纪人、保险公估机构可以加入保险行业协会。

保险行业协会是保险业的自律性组织,是社会团体法人。

第一百八十一条 其他保险组织的商业保险业务适用本法

保险公司以外的其他依法设立的保险组织经营的商业保险业务,适用本法。

第一百八十二条 海上保险的法律适用

海上保险适用《中华人民共和国海商法》的有关规定;《中华人民共和国海商法》未规定的,适用本法的有关规定。

▶理解与适用

海商法设专章对海上保险予以规范。主要内容包括:海上保险责任范围,海上保险合同的主要条款,保险标的及其保险价值的计算,海上保险合同的订立、解除和转让,被保险人的义务与保险人的责任,保险标的的损失和委付,保险赔偿的支付等。海商法的上述规范相对于保险法来讲属于对海上保险的特别规定,应当适用。但是海商法并没有也不可能解决海上保险的所有问题,海上保险依然属于商业保险范畴。因此,保险法作为商业保险的基本法,其有关从事商业保险活动应遵循的基本原则和规范应当适用于海上保险。此外,海商法未作规定的有关事项,如对保险业的监督管理及法律责任等,依照本条规定,应当适用保险法的有关规定。

第一百八十三条　合资保险公司、外资保险公司法律适用规定

中外合资保险公司、外资独资保险公司、外国保险公司分公司适用本法规定；法律、行政法规另有规定的，适用其规定。

第一百八十四条　农业保险的规定

国家支持发展为农业生产服务的保险事业。农业保险由法律、行政法规另行规定。

强制保险，法律、行政法规另有规定的，适用其规定。

▶理解与适用

农业保险，是指保险机构根据农业保险合同，对被保险人在种植业、林业、畜牧业和渔业生产中因保险标的遭受约定的自然灾害、意外事故、疫病、疾病等保险事故所造成的财产损失，承担赔偿保险金责任的保险活动。

▶条文参见

《机动车交通事故责任强制保险条例》

第一百八十五条　施行日期

本法自 2009 年 10 月 1 日起施行。

实用核心法规

综 合

最高人民法院关于适用《中华人民共和国保险法》若干问题的解释（一）

(2009年9月14日最高人民法院审判委员会第1473次会议通过 2009年9月21日最高人民法院公告公布 自2009年10月1日起施行 法释〔2009〕12号)

为正确审理保险合同纠纷案件，切实维护当事人的合法权益，现就人民法院适用2009年2月28日第十一届全国人大常委会第七次会议修订的《中华人民共和国保险法》（以下简称保险法）的有关问题规定如下：

第一条 【新旧法适用的原则】保险法施行后成立的保险合同发生的纠纷，适用保险法的规定。保险法施行前成立的保险合同发生的纠纷，除本解释另有规定外，适用当时的法律规定；当时的法律没有规定的，参照适用保险法的有关规定。

认定保险合同是否成立，适用合同订立时的法律。

▶理解与适用

本条确定的是新旧法适用的基本原则，将合同成立作为保险法新旧法适用的原则区分时点。本条规定新法施行前成立的保险合同原则上适用旧法。同时根据保险合同的特殊性，本解释第二条至第五条规定了可以适用新法的情形，这些规定多数属于不溯及既往的情形。溯及既往的两种情形包括：第二条关于合同效力的规定；第四条关于以投保人未履行如实告知义务或申报被保险人年龄不真实为由主张解除合同适用新法的规定。

第二条　【认定合同效力的法律适用原则】对于保险法施行前成立的保险合同，适用当时的法律认定无效而适用保险法认定有效的，适用保险法的规定。

第三条　【现行保险法的适用规则一】保险合同成立于保险法施行前而保险标的转让、保险事故、理赔、代位求偿等行为或事件，发生于保险法施行后的，适用保险法的规定。

第四条　【现行保险法的适用规则二】保险合同成立于保险法施行前，保险法施行后，保险人以投保人未履行如实告知义务或者申报被保险人年龄不真实为由，主张解除合同的，适用保险法的规定。

第五条　【期间起算的特别规定】保险法施行前成立的保险合同，下列情形下的期间自2009年10月1日起计算：

（一）保险法施行前，保险人收到赔偿或者给付保险金的请求，保险法施行后，适用保险法第二十三条规定的三十日的；

（二）保险法施行前，保险人知道解除事由，保险法施行后，按照保险法第十六条、第三十二条的规定行使解除权，适用保险法第十六条规定的三十日的；

（三）保险法施行后，保险人按照保险法第十六条第二款的规定请求解除合同，适用保险法第十六条规定的二年的；

（四）保险法施行前，保险人收到保险标的转让通知，保险法施行后，以保险标的转让导致危险程度显著增加为由请求按照合同约定增加保险费或者解除合同，适用保险法第四十九条规定的三十日的。

第六条　【排除适用的情形】保险法施行前已经终审的案件，当事人申请再审或者按照审判监督程序提起再审的案件，不适用保险法的规定。

最高人民法院关于适用《中华人民共和国保险法》若干问题的解释（二）

（2013年5月6日最高人民法院审判委员会第1577次会议通过 根据2020年12月23日最高人民法院审判委员会第1823次会议通过的《最高人民法院关于修改〈最高人民法院关于破产企业国有划拨土地使用权应否列入破产财产等问题的批复〉等二十九件商事类司法解释的决定》修正 2020年12月29日最高人民法院公告公布 自2021年1月1日起施行 法释〔2020〕18号）

为正确审理保险合同纠纷案件，切实维护当事人的合法权益，根据《中华人民共和国民法典》《中华人民共和国保险法》《中华人民共和国民事诉讼法》等法律规定，结合审判实践，就保险法中关于保险合同一般规定部分有关法律适用问题解释如下：

第一条 【被保险人在其保险利益范围内主张赔偿】财产保险中，不同投保人就同一保险标的分别投保，保险事故发生后，被保险人在其保险利益范围内依据保险合同主张保险赔偿的，人民法院应予支持。

▶理解与适用

财产保险合同的被保险人对保险标的是否具有保险利益直接决定被保险人是否能够请求赔偿保险金。实践中，财产的使用人、租赁人、承运人等非财产所有权人有转移风险的需求，可能向保险公司投保，有些保险公司虽给予承保，但却在保险事故发生时以被保险人不是财产所有权人、不具有保险利益为由拒赔，有违诚实信用，不符合保险消费者的合理期待。为此，本条规定，不同投保人可以就同一保险标的分别投保，承认财产的使用人、租赁人、承运人等主体对保险标的也具有保险利益，防止保险人滥用保险利益原则拒绝承担保险责任。当然，任何人都不得通过保险合同获得超过损失的赔偿，故被保险人只能在其保险利益范围内依据保险合同主张保险赔偿。

第二条 【无保险利益导致人身保险合同无效可退还部分保险费】人身保险中，因投保人对被保险人不具有保险利益导致保险合同无效，投保人主张保险人退还扣减相应手续费后的保险费的，人民法院应予支持。

第三条 【代签名和代填保险单证的处理】投保人或者投保人的代理人订立保险合同时没有亲自签字或者盖章，而由保险人或者保险人的代理人代为签字或者盖章的，对投保人不生效。但投保人已经交纳保险费的，视为其对代签字或者盖章行为的追认。

保险人或者保险人的代理人代为填写保险单证后经投保人签字或者盖章确认的，代为填写的内容视为投保人的真实意思表示。但有证据证明保险人或者保险人的代理人存在保险法第一百一十六条、第一百三十一条相关规定情形的除外。

▶理解与适用

在一些保险合同的订立过程中，投保人可能没有亲自在投保单上签字，而是由保险业务员代为签名，由此引发了很多纠纷。为维护保险市场秩序，规范市场主体行为，本条第一款明确规定，投保人或者投保人的代理人订立保险合同时没有亲自签字或者盖章，而由保险人或者保险人的代理人代为签字或者盖章的，对投保人不生效。但投保人已经交纳保险费的，视为其对代签字或者盖章行为的追认。该规定旨在倡导投保人亲自签章，并对自己的行为负责，以此保护投保人利益。

本条第二款对于保险人或其代理人代投保人填写保险单证的行为后果作出规定，保险人或其代理人代为填写保险单证比如投保单所附风险询问表，并经投保人签字或盖章确认的，代为填写的内容视为投保人的真实意思表示。但如果保险人或其代理人存在《保险法》规定的保险误导行为的，则不予认可，防止误导及欺诈行为的产生。

▶典型案例指引

王某诉某人寿保险股份有限公司人身保险合同纠纷案（《最高人

民法院公报》2014年第2期)

案件适用要点：投保人在订立保险合同时应当亲自签章。保险业务员代为签字，但投保人已经交纳保险费的，视为其对代签字行为的追认。

第四条 【收取保费后作出承保意思表示前发生保险事故的处理】保险人接受了投保人提交的投保单并收取了保险费，尚未作出是否承保的意思表示，发生保险事故，被保险人或者受益人请求保险人按照保险合同承担赔偿或者给付保险金责任，符合承保条件的，人民法院应予支持；不符合承保条件的，保险人不承担保险责任，但应当退还已经收取的保险费。

保险人主张不符合承保条件的，应承担举证责任。

第五条 【"应当如实告知"的内容】保险合同订立时，投保人明知的与保险标的或者被保险人有关的情况，属于保险法第十六条第一款规定的投保人"应当如实告知"的内容。

▶理解与适用

本条将投保人告知范围限于其明知内容，防止无限扩大投保人告知内容的范围。

第六条 【投保人告知义务的履行】投保人的告知义务限于保险人询问的范围和内容。当事人对询问范围及内容有争议的，保险人负举证责任。

保险人以投保人违反了对投保单询问表中所列概括性条款的如实告知义务为由请求解除合同的，人民法院不予支持。但该概括性条款有具体内容的除外。

第七条 【弃权规则】保险人在保险合同成立后知道或者应当知道投保人未履行如实告知义务，仍然收取保险费，又依照保险法第十六条第二款的规定主张解除合同的，人民法院不予支持。

第八条 【解除保险合同与拒绝赔偿的关系】保险人未行使合同解除权，直接以存在保险法第十六条第四款、第五款规定的情形为由拒绝赔偿的，人民法院不予支持。但当事人就拒绝赔偿事宜及保险合同存续另行达成一致的情况除外。

第九条 【免除保险人责任的条款的认定】保险人提供的格式合同文本中的责任免除条款、免赔额、免赔率、比例赔付或者给付等免除或者减轻保险人责任的条款，可以认定为保险法第十七条第二款规定的"免除保险人责任的条款"。

保险人因投保人、被保险人违反法定或者约定义务，享有解除合同权利的条款，不属于保险法第十七条第二款规定的"免除保险人责任的条款"。

第十条 【禁止性规定作为免责事由的适用】保险人将法律、行政法规中的禁止性规定情形作为保险合同免责条款的免责事由，保险人对该条款作出提示后，投保人、被保险人或者受益人以保险人未履行明确说明义务为由主张该条款不成为合同内容的，人民法院不予支持。

第十一条 【提示与明确说明义务】保险合同订立时，保险人在投保单或者保险单等其他保险凭证上，对保险合同中免除保险人责任的条款，以足以引起投保人注意的文字、字体、符号或者其他明显标志作出提示的，人民法院应当认定其履行了保险法第十七条第二款规定的提示义务。

保险人对保险合同中有关免除保险人责任条款的概念、内容及其法律后果以书面或者口头形式向投保人作出常人能够理解的解释说明的，人民法院应当认定保险人履行了保险法第十七条第二款规定的明确说明义务。

第十二条 【提示与明确说明义务的形式】通过网络、电话等方式订立的保险合同，保险人以网页、音频、视频等形式对免除保险人责任条款予以提示和明确说明的，人民法院可以认定其履行了提示和明确说明义务。

▶理解与适用

本条虽允许保险人以网页、音频、视频等形式对免除保险人责任条款进行提示和明确说明，但其提示和明确说明必须达到第十一条规定的标准，否则相关免除保险人责任条款不生效。实践中，有些保险公司所设计的网络投保程序并没有主动出示格式条款，或者虽出示格式条款，但该格式条款并没有对免除保险人责任的内容采取特别标识，不能认为其履行了提示和明确说明义务。

第十三条 【明确说明义务的履行】保险人对其履行了明确说明义务负举证责任。

投保人对保险人履行了符合本解释第十一条第二款要求的明确说明义务在相关文书上签字、盖章或者以其他形式予以确认的,应当认定保险人履行了该项义务。但另有证据证明保险人未履行明确说明义务的除外。

第十四条 【保险合同记载内容不一致的处理】保险合同中记载的内容不一致的,按照下列规则认定:

(一)投保单与保险单或者其他保险凭证不一致的,以投保单为准。但不一致的情形系经保险人说明并经投保人同意的,以投保人签收的保险单或者其他保险凭证载明的内容为准;

(二)非格式条款与格式条款不一致的,以非格式条款为准;

(三)保险凭证记载的时间不同的,以形成时间在后的为准;

(四)保险凭证存在手写和打印两种方式的,以双方签字、盖章的手写部分的内容为准。

第十五条 【核定期间的起算与确定】保险法第二十三条规定的三十日核定期间,应自保险人初次收到索赔请求及投保人、被保险人或者受益人提供的有关证明和资料之日起算。

保险人主张扣除投保人、被保险人或者受益人补充提供有关证明和资料期间的,人民法院应予支持。扣除期间自保险人根据保险法第二十二条规定作出的通知到达投保人、被保险人或者受益人之日起,至投保人、被保险人或者受益人按照通知要求补充提供的有关证明和资料到达保险人之日止。

第十六条 【代位求偿权的行使与诉讼时效期间的起算】保险人应以自己的名义行使保险代位求偿权。

根据保险法第六十条第一款的规定,保险人代位求偿权的诉讼时效期间应自其取得代位求偿权之日起算。

第十七条 【非保险术语的解释】保险人在其提供的保险合同格式条款中对非保险术语所作的解释符合专业意义,或者虽不符合专业意义,但有利于投保人、被保险人或者受益人的,人民法院应予认可。

第十八条 【事故认定书的证明力】行政管理部门依据法律规

定制作的交通事故认定书、火灾事故认定书等，人民法院应当依法审查并确认其相应的证明力，但有相反证据能够推翻的除外。

第十九条　【被保险人、受益人对第三人、保险人请求权的行使】保险事故发生后，被保险人或者受益人起诉保险人，保险人以被保险人或者受益人未要求第三者承担责任为由抗辩不承担保险责任的，人民法院不予支持。

财产保险事故发生后，被保险人就其所受损失从第三者取得赔偿后的不足部分提起诉讼，请求保险人赔偿的，人民法院应予依法受理。

第二十条　【保险分支机构】保险公司依法设立并取得营业执照的分支机构属于《中华人民共和国民事诉讼法》第四十八条规定的其他组织，可以作为保险合同纠纷案件的当事人参加诉讼。

第二十一条　【新旧法适用】本解释施行后尚未终审的保险合同纠纷案件，适用本解释；本解释施行前已经终审，当事人申请再审或者按照审判监督程序决定再审的案件，不适用本解释。

最高人民法院关于适用《中华人民共和国保险法》若干问题的解释（三）

（2015年9月21日最高人民法院审判委员会第1661次会议通过　根据2020年12月23日最高人民法院审判委员会第1823次会议通过的《最高人民法院关于修改〈最高人民法院关于破产企业国有划拨土地使用权应否列入破产财产等问题的批复〉等二十九件商事类司法解释的决定》修正　2020年12月29日最高人民法院公告公布　自2021年1月1日起施行　法释〔2020〕18号）

为正确审理保险合同纠纷案件，切实维护当事人的合法权益，根据《中华人民共和国民法典》《中华人民共和国保险法》《中华人民共和国民事诉讼法》等法律规定，结合审判实践，就保险法中关于保险合同章人身保险部分有关法律适用问题解释如下：

第一条 【"被保险人同意并认可保险金额"的形式与认定】 当事人订立以死亡为给付保险金条件的合同，根据保险法第三十四条的规定，"被保险人同意并认可保险金额"可以采取书面形式、口头形式或者其他形式；可以在合同订立时作出，也可以在合同订立后追认。

有下列情形之一的，应认定为被保险人同意投保人为其订立保险合同并认可保险金额：

（一）被保险人明知他人代其签名同意而未表示异议的；

（二）被保险人同意投保人指定的受益人的；

（三）有证据足以认定被保险人同意投保人为其投保的其他情形。

▶理解与适用

对于以死亡为给付保险金条件的合同，保险法第三十四条规定，未经被保险人同意并认可保险金额，合同无效。实践中，有保险人为展业需要，在订立合同时不主动审查死亡险是否经过被保险人同意，甚至明知死亡险未经被保险人同意仍然承保、收取保险费，但在保险事故发生后，却以该合同未经被保险人同意为由主张合同无效、拒绝给付保险金。该规定成为个别保险人规避责任的工具之一，引发了不少纠纷。针对该问题，本条规定，被保险人的同意可以采取书面、口头或者其他形式作出，并对可以认定被保险人同意的几种情形进行列举，引导审理案件的法官正确认定被保险人是否同意，一方面防范可能存在的道德风险，另一方面规制保险人的不诚信拒赔行为。

第二条 【被保险人可撤销同意他人为其订立死亡险的意思表示】 被保险人以书面形式通知保险人和投保人撤销其依据保险法第三十四条第一款规定所作出的同意意思表示的，可认定为保险合同解除。

第三条 【人身保险合同纠纷中法院主动审查事项】 人民法院审理人身保险合同纠纷案件时，应主动审查投保人订立保险合同时是否具有保险利益，以及以死亡为给付保险金条件的合同是否经过被保险人同意并认可保险金额。

▶理解与适用

为防范道德风险，保险法第三十一条要求，投保人为他人订立人身保险合同必须具有保险利益；第三十四条规定，投保人为他人订立死亡险，需要经过被保险人同意并认可保险金额。以上规定目的在于防止他人图谋保险金伤害甚至杀害被保险人，关系社会公共利益，直接影响合同效力。根据民事诉讼的基本原理，对于此类影响合同效力、关系社会公共利益的事项，法院在审理案件时应主动审查。为此，本条要求各级人民法院审理人身保险合同纠纷案件时，主动审查投保人订立保险合同时是否具有保险利益，以及以死亡为给付保险金条件的合同是否经过被保险人同意并认可保险金额，目的在于强化各级人民法院防范道德风险的意识，以更好地保护被保险人。

第四条 【合同不因投保人丧失保险利益而无效】保险合同订立后，因投保人丧失对被保险人的保险利益，当事人主张保险合同无效的，人民法院不予支持。

第五条 【如实告知义务】保险合同订立时，被保险人根据保险人的要求在指定医疗服务机构进行体检，当事人主张投保人如实告知义务免除的，人民法院不予支持。

保险人知道被保险人的体检结果，仍以投保人未就相关情况履行如实告知义务为由要求解除合同的，人民法院不予支持。

第六条 【以未成年人为被保险人订立死亡险的合同效力】未成年人父母之外的其他履行监护职责的人为未成年人订立以死亡为给付保险金条件的合同，当事人主张参照保险法第三十三条第二款、第三十四条第三款的规定认定该合同有效的，人民法院不予支持，但经未成年人父母同意的除外。

第七条 【第三人代交保险费】当事人以被保险人、受益人或者他人已经代为支付保险费为由，主张投保人对应的交费义务已经履行的，人民法院应予支持。

第八条 【保险合同复效制度】保险合同效力依照保险法第三十六条规定中止，投保人提出恢复效力申请并同意补交保险费的，除被保险人的危险程度在中止期间显著增加外，保险人拒绝恢复效力的，人民法院不予支持。

保险人在收到恢复效力申请后，三十日内未明确拒绝的，应认定为同意恢复效力。

保险合同自投保人补交保险费之日恢复效力。保险人要求投保人补交相应利息的，人民法院应予支持。

▶理解与适用

人身保险合同存续期间较长。实践中，投保人可能因各方面原因未及时支付某期保险费，违反合同义务，此时有保险人可能会要求解除合同，这对已经缴纳长时间保险费的投保人而言并非有利，因此，保险法确立了保险合同的复效制度，允许投保人在逾期支付保险费之后的一定期限内补交保险费，恢复合同效力。但保险法第三十七条关于复效条件的表述为"经保险人与投保人协商并达成协议"，这意味着投保人的申请恢复效力必须征得保险人同意，否则不能复效，实际上剥夺了投保人申请复效的权利，不符合保险法设置复效制度的目的。针对该问题，本条规定，投保人提出恢复效力申请并同意补交保险费的，保险人原则上不得拒绝恢复效力，除非被保险人的危险程度在中止期间显著增加。

第九条 【受益人的指定】投保人指定受益人未经被保险人同意的，人民法院应认定指定行为无效。

当事人对保险合同约定的受益人存在争议，除投保人、被保险人在保险合同之外另有约定外，按以下情形分别处理：

（一）受益人约定为"法定"或者"法定继承人"的，以民法典规定的法定继承人为受益人；

（二）受益人仅约定为身份关系的，投保人与被保险人为同一主体时，根据保险事故发生时与被保险人的身份关系确定受益人；投保人与被保险人为不同主体时，根据保险合同成立时与被保险人的身份关系确定受益人；

（三）约定的受益人包括姓名和身份关系，保险事故发生时身份关系发生变化的，认定为未指定受益人。

▶理解与适用

对于受益人的指定，实践中一般由保险格式条款提前拟定，由投保人或者受益人进行选择。保险格式条款不够规范以及被保险人身份关系的变化,导致审判实践中如何确定受益人存在争议,本条针对实践中容易产生争议的几种情形进行规定。

1. 受益人约定为"法定"或者"法定继承人"的,实务中存在未指定受益人以及以法定继承人为受益人两种观点,鉴于这两种情形均可根据民法典关于法定继承人的规定予以确定,一般认为应以民法典规定的法定继承人为受益人。

2. 受益人仅约定为身份关系,但保险事故发生时身份关系发生变化,应以保险合同成立时的身份关系还是保险事故发生时的身份关系来判断受益人?例如,保险合同约定的受益人为"配偶"的,被保险人如在保险合同存续期间离婚并再婚,导致保险合同成立时的配偶与保险事故发生时的配偶不一致,此时应以成立时的配偶为受益人还是事故发生时的配偶为受益人,容易产生争议。此时应根据投保人与被保险人是否为同一主体区别对待,以尽可能地符合当事人的真实意思:投保人与被保险人为同一主体时,根据保险事故发生时与被保险人的身份关系确定受益人;投保人与被保险人为不同主体时,根据保险合同成立时与被保险人的身份关系确定受益人。

3. 约定的受益人包括姓名和身份关系,保险事故发生时身份关系发生变化的,应以保险合同约定的姓名还是以保险事故发生时符合身份关系的人作为受益人?例如,张三以自己为被保险人投保,约定受益人为配偶李四,后张三与李四离婚后再婚,配偶为王五,此时应以李四还是王五为受益人?保险合同所约定的身份与姓名一致是确定受益人的条件,但保险事故发生时,保险合同所约定的身份关系与约定的姓名已不一致,故应认为保险合同约定的受益人不明确,未指定受益人。

第十条 【受益人的变更】投保人或者被保险人变更受益人,当事人主张变更行为自变更意思表示发出时生效的,人民法院应予支持。

投保人或者被保险人变更受益人未通知保险人,保险人主张变更对其不发生效力的,人民法院应予支持。

投保人变更受益人未经被保险人同意的,人民法院应认定变更行为无效。

第十一条 【保险事故发生后变更受益人的限制】投保人或者被保险人在保险事故发生后变更受益人，变更后的受益人请求保险人给付保险金的，人民法院不予支持。

第十二条 【共同受益人的受益权分配】投保人或者被保险人指定数人为受益人，部分受益人在保险事故发生前死亡、放弃受益权或者依法丧失受益权的，该受益人应得的受益份额按照保险合同的约定处理；保险合同没有约定或者约定不明的，该受益人应得的受益份额按照以下情形分别处理：

（一）未约定受益顺序和受益份额的，由其他受益人平均享有；

（二）未约定受益顺序但约定受益份额的，由其他受益人按照相应比例享有；

（三）约定受益顺序但未约定受益份额的，由同顺序的其他受益人平均享有；同一顺序没有其他受益人的，由后一顺序的受益人平均享有；

（四）约定受益顺序和受益份额的，由同顺序的其他受益人按照相应比例享有；同一顺序没有其他受益人的，由后一顺序的受益人按照相应比例享有。

第十三条 【保险金请求权的转让】保险事故发生后，受益人将与本次保险事故相对应的全部或者部分保险金请求权转让给第三人，当事人主张该转让行为有效的，人民法院应予支持，但根据合同性质、当事人约定或者法律规定不得转让的除外。

第十四条 【保险金作为遗产的给付】保险金根据保险法第四十二条规定作为被保险人的遗产，被保险人的继承人要求保险人给付保险金，保险人以其已向持有保险单的被保险人的其他继承人给付保险金为由抗辩的，人民法院应予支持。

▶理解与适用

保险法第四十二条规定，被保险人死亡后没有指定受益人或者受益人放弃、丧失受益权的，保险金作为被保险人的遗产，由被保险人的继承人享有。现实生活中，被保险人的继承人可能是多人，如仅其中一个继承人持有保险单向保险人申请理赔，保险人可否直接向该继承人给付保险金？保险人在实践中通常担心给付错误而造成损失，故在无法确认被保险人究竟有多少继承人时，拒绝给付保险金，导致被保险人的继承人只能通过诉讼主张权利。鉴于此，本条规定，保险人向持有保单的被保险人的继承人给付保险金即可，提高保险金给付效率。理由在于：被保险人继承人之间的关系属于继承法上的问题，不属于保险合同法律关系的内容，其他继承人与取得保险金继承人的争议应根据我国继承法律的相关规定处理。

第十五条　【受益人与被保险人死亡先后顺序的推定】受益人与被保险人存在继承关系，在同一事件中死亡且不能确定死亡先后顺序的，人民法院应根据保险法第四十二条第二款的规定推定受益人死亡在先，并按照保险法及本解释的相关规定确定保险金归属。

第十六条　【保险现金价值的归属】保险合同解除时，投保人与被保险人、受益人为不同主体，被保险人或者受益人要求退还保险单的现金价值的，人民法院不予支持，但保险合同另有约定的除外。

投保人故意造成被保险人死亡、伤残或者疾病，保险人依照保险法第四十三条规定退还保险单的现金价值的，其他权利人按照被保险人、被保险人继承人的顺序确定。

▶理解与适用

保单现金价值，是指带有储蓄性质的人身保险单所具有的价值。从保险原理来看，保单现金价值是投保人在保险期间早期支付的超过自然保险费部分的金额的积累。本条规定，保单现金价值属于投保人，投保人丧失权利的，由被保险人及其继承人享有。

第十七条　【投保人的任意解除权】投保人解除保险合同，当事人以其解除合同未经被保险人或者受益人同意为由主张解除行为无效的，人民法院不予支持，但被保险人或者受益人已向投保人支付相当于保险单现金价值的款项并通知保险人的除外。

第十八条　【医疗费用保险】保险人给付费用补偿型的医疗费用保险金时，主张扣减被保险人从公费医疗或者社会医疗保险取得的赔偿金额的，应当证明该保险产品在厘定医疗费用保险费率时已经将公费医疗或者社会医疗保险部分相应扣除，并按照扣减后的标准收取保险费。

第十九条 【医保标准条款的效力】保险合同约定按照基本医疗保险的标准核定医疗费用，保险人以被保险人的医疗支出超出基本医疗保险范围为由拒绝给付保险金的，人民法院不予支持；保险人有证据证明被保险人支出的费用超过基本医疗保险同类医疗费用标准，要求对超出部分拒绝给付保险金的，人民法院应予支持。

第二十条 【约定医院条款的效力】保险人以被保险人未在保险合同约定的医疗服务机构接受治疗为由拒绝给付保险金的，人民法院应予支持，但被保险人因情况紧急必须立即就医的除外。

▶理解与适用

医疗保险格式条款中通常会有定点医院条款和医保标准条款，要求被保险人在定点医院就医，且所支出医疗费用不得超出基本医疗保险范围，否则保险人可以拒赔。本解释第十九条、第二十条基于对价平衡原理，认可以上条款的效力，但同时规定：被保险人因情况紧急必须在非定点医院就医的，保险人不得拒赔；被保险人支出的医疗费用超过基本医疗保险范围的，保险人仍应参照基本医疗保险同类医疗费用标准给付保险金。

第二十一条 【保险人以被保险人自杀为由拒付保险金时的举证责任】保险人以被保险人自杀为由拒绝给付保险金的，由保险人承担举证责任。

受益人或者被保险人的继承人以被保险人自杀时无民事行为能力为由抗辩的，由其承担举证责任。

第二十二条 【被保险人故意犯罪的认定】保险法第四十五条规定的"被保险人故意犯罪"的认定，应当以刑事侦查机关、检察机关和审判机关的生效法律文书或者其他结论性意见为依据。

第二十三条 【保险人以被保险人故意犯罪为由拒付保险金时的举证责任】保险人主张根据保险法第四十五条的规定不承担给付保险金责任的，应当证明被保险人的死亡、伤残结果与其实施的故意犯罪或者抗拒依法采取的刑事强制措施的行为之间存在因果关系。

被保险人在羁押、服刑期间因意外或者疾病造成伤残或者死亡，保险人主张根据保险法第四十五条的规定不承担给付保险金责任的，人民法院不予支持。

第二十四条 【宣告死亡适用死亡保险】投保人为被保险人订立以死亡为给付保险金条件的保险合同，被保险人被宣告死亡后，当事人要求保险人按照保险合同约定给付保险金的，人民法院应予支持。

被保险人被宣告死亡之日在保险责任期间之外，但有证据证明下落不明之日在保险责任期间之内，当事人要求保险人按照保险合同约定给付保险金的，人民法院应予支持。

▶理解与适用

本条明确宣告死亡属于死亡险保险事故，解决了死亡险的理赔争议。死亡险以被保险人死亡为保险事故。针对实践中宣告死亡是否属于死亡险的保险事故的争议，本条第一款规定，被保险人宣告死亡的时间在保险责任期间内的，则保险事故发生，保险公司应当按照保险合同约定给付保险金。针对被保险人下落不明之日与宣告死亡之日不一致时，应以哪个时间点作为死亡险保险事故发生时点的问题，本条第二款规定，被保险人宣告死亡时间虽不在保险责任期间之内，但如有证据证明其下落不明之日在保险责任期间之内的，保险人应当按照保险合同约定给付保险金。

第二十五条 【损失无法确定时保险金的给付】被保险人的损失系由承保事故或者非承保事故、免责事由造成难以确定，当事人请求保险人给付保险金的，人民法院可以按照相应比例予以支持。

第二十六条 【生效日期及新旧法适用】本解释自 2015 年 12 月 1 日起施行。本解释施行后尚未终审的保险合同纠纷案件，适用本解释；本解释施行前已经终审，当事人申请再审或者按照审判监督程序决定再审的案件，不适用本解释。

最高人民法院关于适用《中华人民共和国保险法》若干问题的解释（四）

（2018年5月14日最高人民法院审判委员会第1738次会议通过 根据2020年12月23日最高人民法院审判委员会第1823次会议通过的《最高人民法院关于修改〈最高人民法院关于破产企业国有划拨土地使用权应否列入破产财产等问题的批复〉等二十九件商事类司法解释的决定》修正 2020年12月29日最高人民法院公告公布 自2021年1月1日起施行 法释〔2020〕18号）

为正确审理保险合同纠纷案件，切实维护当事人的合法权益，根据《中华人民共和国民法典》《中华人民共和国保险法》《中华人民共和国民事诉讼法》等法律规定，结合审判实践，就保险法中财产保险合同部分有关法律适用问题解释如下：

第一条 【保险标的已交付未登记时的权利行使】 保险标的已交付受让人，但尚未依法办理所有权变更登记，承担保险标的毁损灭失风险的受让人，依照保险法第四十八条、第四十九条的规定主张行使被保险人权利的，人民法院应予支持。

▶理解与适用

本条根据保险利益原则，规定保险标的已交付受让人，但尚未依法办理变更登记时，发生保险事故的，承担标的物毁损、灭失风险的受让人，有权主张保险金。需要注意的是，如果依照法律规定或者合同约定，标的物毁损、灭失的风险仍然由转让人承担的，则转让人有权主张保险金。

第二条 【保险标的转让时免责条款的适用】 保险人已向投保人履行了保险法规定的提示和明确说明义务，保险标的受让人以保险标的转让后保险人未向其提示或者明确说明为由，主张免除保险人责任的条款不成为合同内容的，人民法院不予支持。

第三条 【被保险人死亡时其权利义务的承继】被保险人死亡，继承保险标的的当事人主张承继被保险人的权利和义务的，人民法院应予支持。

第四条 【危险程度显著增加的认定】人民法院认定保险标的是否构成保险法第四十九条、第五十二条规定的"危险程度显著增加"时，应当综合考虑以下因素：

（一）保险标的用途的改变；
（二）保险标的使用范围的改变；
（三）保险标的所处环境的变化；
（四）保险标的因改装等原因引起的变化；
（五）保险标的使用人或者管理人的改变；
（六）危险程度增加持续的时间；
（七）其他可能导致危险程度显著增加的因素。

保险标的危险程度虽然增加，但增加的危险属于保险合同订立时保险人预见或者应当预见的保险合同承保范围的，不构成危险程度显著增加。

▶理解与适用

保险法第四十九条和第五十二条，均涉及对危险程度显著增加的认定。实务中，由于险种多样，情况复杂，对危险程度显著增加的认定，成为审判实践中的难点问题。本条第一款列举与危险增加相关的常见因素，为法官提供裁判指引，由法官根据案件具体情况，综合判断是否构成危险程度显著增加。同时第二款规定，增加的危险属于保险合同订立时保险人预见或者应当预见的保险合同承保范围的，不构成危险程度显著增加。

第五条 【保险标的转让空档期的保险责任承担】被保险人、受让人依法及时向保险人发出保险标的转让通知后，保险人作出答复前，发生保险事故，被保险人或者受让人主张保险人按照保险合同承担赔偿保险金的责任的，人民法院应予支持。

第六条 【防止或减少损失费用的给付】保险事故发生后，被保险人依照保险法第五十七条的规定，请求保险人承担为防止或者减少保险标的的损失所支付的必要、合理费用，保险人以被保险人采取的措施未产生实际效果为由抗辩的，人民法院不予支持。

▶理解与适用

　　保险法第五十七条规定了保险事故发生时，被保险人应当采取措施防止或者减少损失的义务，但司法实践中，保险人往往以施救措施未产生实际效果为由予以抗辩。针对这一问题，本条规定，保险人以该措施未产生实际效果为由抗辩的，不予支持，旨在引导、鼓励被保险人在保险事故发生后及时采取施救、减损措施，最大限度减少损失，以实现彼此利益的最大化。

　　第七条　【代位求偿权的行使基础】保险人依照保险法第六十条的规定，主张代位行使被保险人因第三者侵权或者违约等享有的请求赔偿的权利的，人民法院应予支持。

　　第八条　【保险人对投保人行使求偿权情形】投保人和被保险人为不同主体，因投保人对保险标的的损害而造成保险事故，保险人依法主张代位行使被保险人对投保人请求赔偿的权利的，人民法院应予支持，但法律另有规定或者保险合同另有约定的除外。

　　第九条　【被保险人预先放弃赔偿权利的情形】在保险人以第三者为被告提起的代位求偿权之诉中，第三者以被保险人在保险合同订立前已放弃对其请求赔偿的权利为由进行抗辩，人民法院认定上述放弃行为合法有效，保险人就相应部分主张行使代位求偿权的，人民法院不予支持。

　　保险合同订立时，保险人就是否存在上述放弃情形提出询问，投保人未如实告知，导致保险人不能代位行使请求赔偿的权利，保险人请求返还相应保险金的，人民法院应予支持，但保险人知道或者应当知道上述情形仍同意承保的除外。

▶理解与适用

　　保险法对于保险事故发生后，被保险人放弃对第三者请求赔偿权利的法律后果作了规定，但对保险合同订立前被保险人预先放弃赔偿权利的问题未予明确。为统一司法尺度，本条遵循保险人依据代位制度取得的权利不能大于被保险人权利的原则，规定如果被保险人的预先放弃行为有效，则保险人不得再向第三者行使代位求偿权。法院在审理此类案件时，要注意审查被保险人放弃行为的效力。如果无效，第三者则不得以此为由对抗保险人的代位求偿权。

本条同时对被保险人预先放弃赔偿请求权，造成保险人不能行使代位求偿权的法律后果作出规定。预先放弃赔偿请求权，属于对合同订立具有重大影响的事实，保险合同订立时，保险人就此提出询问的，投保人应当如实告知，投保人未如实告知，导致保险人不能行使代位求偿权的，保险人有权请求被保险人返还相应保险金，但保险人知道或应当知道存在该情形仍同意承保的除外。解释秉持最大诚信原则和公平原则，通过设计合理的规则，力求达到各方主体之间的利益平衡。

第十条　【重复赔偿时保险人权利的救济】因第三者对保险标的的损害而造成保险事故，保险人获得代位请求赔偿的权利的情况未通知第三者或者通知到达第三者前，第三者在被保险人已经从保险人处获赔的范围内又向被保险人作出赔偿，保险人主张代位行使被保险人对第三者请求赔偿的权利的，人民法院不予支持。保险人就相应保险金主张被保险人返还的，人民法院应予支持。

保险人获得代位请求赔偿的权利的情况已经通知到第三者，第三者又向被保险人作出赔偿，保险人主张代位行使请求赔偿的权利，第三者以其已经向被保险人赔偿为由抗辩的，人民法院不予支持。

第十一条　【保险人无法行使代位求偿权时权利的救济】被保险人因故意或者重大过失未履行保险法第六十三条规定的义务，致使保险人未能行使或者未能全部行使代位请求赔偿的权利，保险人主张在其损失范围内扣减或者返还相应保险金的，人民法院应予支持。

第十二条　【以第三者为被告的代位求偿权之诉的管辖】保险人以造成保险事故的第三者为被告提起代位求偿权之诉的，以被保险人与第三者之间的法律关系确定管辖法院。

第十三条　【代位求偿权的诉讼程序规定】保险人提起代位偿权之诉时，被保险人已经向第三者提起诉讼的，人民法院可以依

113

法合并审理。

保险人行使代位求偿权时，被保险人已经向第三者提起诉讼，保险人向受理该案的人民法院申请变更当事人，代位行使被保险人对第三者请求赔偿的权利，被保险人同意的，人民法院应予准许；被保险人不同意的，保险人可以作为共同原告参加诉讼。

第十四条　【被保险人请求保险人直接向第三者赔偿保险金的情形】具有下列情形之一的，被保险人可以依照保险法第六十五条第二款的规定请求保险人直接向第三者赔偿保险金：

（一）被保险人对第三者所负的赔偿责任经人民法院生效裁判、仲裁裁决确认；

（二）被保险人对第三者所负的赔偿责任经被保险人与第三者协商一致；

（三）被保险人对第三者应负的赔偿责任能够确定的其他情形。

前款规定的情形下，保险人主张按照保险合同确定保险赔偿责任的，人民法院应予支持。

第十五条　【被保险人怠于请求的认定】被保险人对第三者应负的赔偿责任确定后，被保险人不履行赔偿责任，且第三者以保险人为被告或者以保险人与被保险人为共同被告提起诉讼时，被保险人尚未向保险人提出直接向第三者赔偿保险金的请求的，可以认定为属于保险法第六十五条第二款规定的"被保险人怠于请求"的情形。

第十六条　【责任保险的被保险人因共同侵权承担连带责任的情形】责任保险的被保险人因共同侵权依法承担连带责任，保险人以该连带责任超出被保险人应承担的责任份额为由，拒绝赔付保险金的，人民法院不予支持。保险人承担保险责任后，主张就超出被保险人责任份额的部分向其他连带责任人追偿的，人民法院应予支持。

▶理解与适用

实践中，存在被保险人与他人构成共同侵权，依法应当承担连带责任的情况，本解释综合考量立法目的及法律规定原旨，规定保险人先承担连带责任再向其他责任人追偿。这里需要注意的是，保险人就连带责任承担的赔偿数额，不应超出保险合同约定的赔偿限额。这一规定能够分散被保险人的责任风险，填补被保险人的损失，也有利于第三者获得及时、充分的救济。

第十七条　【被保险人对第三者的赔偿责任已经确认并进入执行后保险人的保险责任】责任保险的被保险人对第三者所负的赔偿责任已经生效判决确认并已进入执行程序，但未获得清偿或者未获得全部清偿，第三者依法请求保险人赔偿保险金，保险人以前述生效判决已进入执行程序为由抗辩的，人民法院不予支持。

第十八条　【商业责任险诉讼时效期间的起算】商业责任险的被保险人向保险人请求赔偿保险金的诉讼时效期间，自被保险人对第三者应负的赔偿责任确定之日起计算。

第十九条　【责任保险的保险人和解参与权】责任保险的被保险人与第三者就被保险人的赔偿责任达成和解协议且经保险人认可，被保险人主张保险人在保险合同范围内依据和解协议承担保险责任的，人民法院应予支持。

被保险人与第三者就被保险人的赔偿责任达成和解协议，未经保险人认可，保险人主张对保险责任范围以及赔偿数额重新予以核定的，人民法院应予支持。

第二十条　【责任保险的保险人不得以向被保险人赔偿保险金对抗第三者的赔偿要求】责任保险的保险人在被保险人向第三者赔偿之前向被保险人赔偿保险金，第三者依照保险法第六十五条第二款的规定行使保险金请求权时，保险人以其已向被保险人赔偿为由拒绝赔偿保险金的，人民法院不予支持。保险人向第三者赔偿后，请求被保险人返还相应保险金的，人民法院应予支持。

第二十一条　【生效日期及新旧法适用】本解释自2018年9月1日起施行。

本解释施行后人民法院正在审理的一审、二审案件，适用本解释；本解释施行前已经终审，当事人申请再审或者按照审判监督程序决定再审的案件，不适用本解释。

中华人民共和国民法典（节录）

(2020年5月28日第十三届全国人民代表大会第三次会议通过 2020年5月28日中华人民共和国主席令第45号公布 自2021年1月1日起施行)

第一编 总 则

……

第二章 自 然 人

第一节 民事权利能力和民事行为能力

第十三条 【自然人民事权利能力的起止时间】自然人从出生时起到死亡时止，具有民事权利能力，依法享有民事权利，承担民事义务。

第十四条 【民事权利能力平等】自然人的民事权利能力一律平等。

第十五条 【出生和死亡时间的认定】自然人的出生时间和死亡时间，以出生证明、死亡证明记载的时间为准；没有出生证明、死亡证明的，以户籍登记或者其他有效身份登记记载的时间为准。有其他证据足以推翻以上记载时间的，以该证据证明的时间为准。

第十六条 【胎儿利益保护】涉及遗产继承、接受赠与等胎儿利益保护的，胎儿视为具有民事权利能力。但是，胎儿娩出时为死体的，其民事权利能力自始不存在。

第十七条 【成年时间】十八周岁以上的自然人为成年人。不满十八周岁的自然人为未成年人。

第十八条 【完全民事行为能力人】成年人为完全民事行为能

力人，可以独立实施民事法律行为。

十六周岁以上的未成年人，以自己的劳动收入为主要生活来源的，视为完全民事行为能力人。

第十九条　【限制民事行为能力的未成年人】八周岁以上的未成年人为限制民事行为能力人，实施民事法律行为由其法定代理人代理或者经其法定代理人同意、追认；但是，可以独立实施纯获利益的民事法律行为或者与其年龄、智力相适应的民事法律行为。

第二十条　【无民事行为能力的未成年人】不满八周岁的未成年人为无民事行为能力人，由其法定代理人代理实施民事法律行为。

第二十一条　【无民事行为能力的成年人】不能辨认自己行为的成年人为无民事行为能力人，由其法定代理人代理实施民事法律行为。

八周岁以上的未成年人不能辨认自己行为的，适用前款规定。

第二十二条　【限制民事行为能力的成年人】不能完全辨认自己行为的成年人为限制民事行为能力人，实施民事法律行为由其法定代理人代理或者经其法定代理人同意、追认；但是，可以独立实施纯获利益的民事法律行为或者与其智力、精神健康状况相适应的民事法律行为。

第二十三条　【非完全民事行为能力人的法定代理人】无民事行为能力人、限制民事行为能力人的监护人是其法定代理人。

第二十四条　【民事行为能力的认定及恢复】不能辨认或者不能完全辨认自己行为的成年人，其利害关系人或者有关组织，可以向人民法院申请认定该成年人为无民事行为能力人或者限制民事行为能力人。

被人民法院认定为无民事行为能力人或者限制民事行为能力人的，经本人、利害关系人或者有关组织申请，人民法院可以根据其智力、精神健康恢复的状况，认定该成年人恢复为限制民事行为能力人或者完全民事行为能力人。

本条规定的有关组织包括：居民委员会、村民委员会、学校、医疗机构、妇女联合会、残疾人联合会、依法设立的老年人组织、民政部门等。

第二十五条　【自然人的住所】自然人以户籍登记或者其他有

效身份登记记载的居所为住所；经常居所与住所不一致的，经常居所视为住所。

......

第六章 民事法律行为

第一节 一般规定

第一百三十三条 【民事法律行为的定义】民事法律行为是民事主体通过意思表示设立、变更、终止民事法律关系的行为。

第一百三十四条 【民事法律行为的成立】民事法律行为可以基于双方或者多方的意思表示一致成立，也可以基于单方的意思表示成立。

法人、非法人组织依照法律或者章程规定的议事方式和表决程序作出决议的，该决议行为成立。

第一百三十五条 【民事法律行为的形式】民事法律行为可以采用书面形式、口头形式或者其他形式；法律、行政法规规定或者当事人约定采用特定形式的，应当采用特定形式。

第一百三十六条 【民事法律行为的生效】民事法律行为自成立时生效，但是法律另有规定或者当事人另有约定的除外。

行为人非依法律规定或者未经对方同意，不得擅自变更或者解除民事法律行为。

第二节 意思表示

第一百三十七条 【有相对人的意思表示的生效时间】以对话方式作出的意思表示，相对人知道其内容时生效。

以非对话方式作出的意思表示，到达相对人时生效。以非对话方式作出的采用数据电文形式的意思表示，相对人指定特定系统接收数据电文的，该数据电文进入该特定系统时生效；未指定特定系统的，相对人知道或者应当知道该数据电文进入其系统时生效。当事人对采用数据电文形式的意思表示的生效时间另有约定的，按照其约定。

第一百三十八条　【无相对人的意思表示的生效时间】无相对人的意思表示，表示完成时生效。法律另有规定的，依照其规定。

第一百三十九条　【公告的意思表示的生效时间】以公告方式作出的意思表示，公告发布时生效。

第一百四十条　【意思表示的方式】行为人可以明示或者默示作出意思表示。

沉默只有在有法律规定、当事人约定或者符合当事人之间的交易习惯时，才可以视为意思表示。

第一百四十一条　【意思表示的撤回】行为人可以撤回意思表示。撤回意思表示的通知应当在意思表示到达相对人前或者与意思表示同时到达相对人。

第一百四十二条　【意思表示的解释】有相对人的意思表示的解释，应当按照所使用的词句，结合相关条款、行为的性质和目的、习惯以及诚信原则，确定意思表示的含义。

无相对人的意思表示的解释，不能完全拘泥于所使用的词句，而应当结合相关条款、行为的性质和目的、习惯以及诚信原则，确定行为人的真实意思。

第三节　民事法律行为的效力

第一百四十三条　【民事法律行为的有效条件】具备下列条件的民事法律行为有效：

（一）行为人具有相应的民事行为能力；

（二）意思表示真实；

（三）不违反法律、行政法规的强制性规定，不违背公序良俗。

第一百四十四条　【无民事行为能力人实施的民事法律行为】无民事行为能力人实施的民事法律行为无效。

第一百四十五条　【限制民事行为能力人实施的民事法律行为】限制民事行为能力人实施的纯获利益的民事法律行为或者与其年龄、智力、精神健康状况相适应的民事法律行为有效；实施的其他民事法律行为经法定代理人同意或者追认后有效。

相对人可以催告法定代理人自收到通知之日起三十日内予以追

认。法定代理人未作表示的，视为拒绝追认。民事法律行为被追认前，善意相对人有撤销的权利。撤销应当以通知的方式作出。

第一百四十六条　【虚假表示与隐藏行为效力】行为人与相对人以虚假的意思表示实施的民事法律行为无效。

以虚假的意思表示隐藏的民事法律行为的效力，依照有关法律规定处理。

第一百四十七条　【重大误解】基于重大误解实施的民事法律行为，行为人有权请求人民法院或者仲裁机构予以撤销。

第一百四十八条　【欺诈】一方以欺诈手段，使对方在违背真实意思的情况下实施的民事法律行为，受欺诈方有权请求人民法院或者仲裁机构予以撤销。

第一百四十九条　【第三人欺诈】第三人实施欺诈行为，使一方在违背真实意思的情况下实施的民事法律行为，对方知道或者应当知道该欺诈行为的，受欺诈方有权请求人民法院或者仲裁机构予以撤销。

第一百五十条　【胁迫】一方或者第三人以胁迫手段，使对方在违背真实意思的情况下实施的民事法律行为，受胁迫方有权请求人民法院或者仲裁机构予以撤销。

第一百五十一条　【乘人之危导致的显失公平】一方利用对方处于危困状态、缺乏判断能力等情形，致使民事法律行为成立时显失公平的，受损害方有权请求人民法院或者仲裁机构予以撤销。

第一百五十二条　【撤销权的消灭期间】有下列情形之一的，撤销权消灭：

（一）当事人自知道或者应当知道撤销事由之日起一年内、重大误解的当事人自知道或者应当知道撤销事由之日起九十日内没有行使撤销权；

（二）当事人受胁迫，自胁迫行为终止之日起一年内没有行使撤销权；

（三）当事人知道撤销事由后明确表示或者以自己的行为表明放弃撤销权。

当事人自民事法律行为发生之日起五年内没有行使撤销权的，

撤销权消灭。

第一百五十三条 【违反强制性规定及违背公序良俗的民事法律行为的效力】违反法律、行政法规的强制性规定的民事法律行为无效。但是，该强制性规定不导致该民事法律行为无效的除外。

违背公序良俗的民事法律行为无效。

第一百五十四条 【恶意串通】行为人与相对人恶意串通，损害他人合法权益的民事法律行为无效。

第一百五十五条 【无效或者被撤销民事法律行为自始无效】无效的或者被撤销的民事法律行为自始没有法律约束力。

第一百五十六条 【民事法律行为部分无效】民事法律行为部分无效，不影响其他部分效力的，其他部分仍然有效。

第一百五十七条 【民事法律行为无效、被撤销、不生效力的法律后果】民事法律行为无效、被撤销或者确定不发生效力后，行为人因该行为取得的财产，应当予以返还；不能返还或者没有必要返还的，应当折价补偿。有过错的一方应当赔偿对方由此所受到的损失；各方都有过错的，应当各自承担相应的责任。法律另有规定的，依照其规定。

第四节 民事法律行为的附条件和附期限

第一百五十八条 【附条件的民事法律行为】民事法律行为可以附条件，但是根据其性质不得附条件的除外。附生效条件的民事法律行为，自条件成就时生效。附解除条件的民事法律行为，自条件成就时失效。

第一百五十九条 【条件成就或不成就的拟制】附条件的民事法律行为，当事人为自己的利益不正当地阻止条件成就的，视为条件已经成就；不正当地促成条件成就的，视为条件不成就。

第一百六十条 【附期限的民事法律行为】民事法律行为可以附期限，但是根据其性质不得附期限的除外。附生效期限的民事法律行为，自期限届至时生效。附终止期限的民事法律行为，自期限届满时失效。

……

第三编 合　同

第一分编 通　则

第一章　一般规定

第四百六十三条　【合同编的调整范围】本编调整因合同产生的民事关系。

第四百六十四条　【合同的定义及身份关系协议的法律适用】合同是民事主体之间设立、变更、终止民事法律关系的协议。

婚姻、收养、监护等有关身份关系的协议，适用有关该身份关系的法律规定；没有规定的，可以根据其性质参照适用本编规定。

第四百六十五条　【依法成立的合同受法律保护及合同相对性原则】依法成立的合同，受法律保护。

依法成立的合同，仅对当事人具有法律约束力，但是法律另有规定的除外。

第四百六十六条　【合同的解释规则】当事人对合同条款的理解有争议的，应当依据本法第一百四十二条第一款的规定，确定争议条款的含义。

合同文本采用两种以上文字订立并约定具有同等效力的，对各文本使用的词句推定具有相同含义。各文本使用的词句不一致的，应当根据合同的相关条款、性质、目的以及诚信原则等予以解释。

第四百六十七条　【非典型合同及特定涉外合同的法律适用】本法或者其他法律没有明文规定的合同，适用本编通则的规定，并可以参照适用本编或者其他法律最相类似合同的规定。

在中华人民共和国境内履行的中外合资经营企业合同、中外合作经营企业合同、中外合作勘探开发自然资源合同，适用中华人民共和国法律。

第四百六十八条　【非合同之债的法律适用】非因合同产生的

债权债务关系，适用有关该债权债务关系的法律规定；没有规定的，适用本编通则的有关规定，但是根据其性质不能适用的除外。

第二章　合同的订立

第四百六十九条　【合同形式】当事人订立合同，可以采用书面形式、口头形式或者其他形式。

书面形式是合同书、信件、电报、电传、传真等可以有形地表现所载内容的形式。

以电子数据交换、电子邮件等方式能够有形地表现所载内容，并可以随时调取查用的数据电文，视为书面形式。

第四百七十条　【合同主要条款及示范文本】合同的内容由当事人约定，一般包括下列条款：

（一）当事人的姓名或者名称和住所；
（二）标的；
（三）数量；
（四）质量；
（五）价款或者报酬；
（六）履行期限、地点和方式；
（七）违约责任；
（八）解决争议的方法。

当事人可以参照各类合同的示范文本订立合同。

第四百七十一条　【订立合同的方式】当事人订立合同，可以采取要约、承诺方式或者其他方式。

第四百七十二条　【要约的定义及其构成】要约是希望与他人订立合同的意思表示，该意思表示应当符合下列条件：

（一）内容具体确定；
（二）表明经受要约人承诺，要约人即受该意思表示约束。

第四百七十三条　【要约邀请】要约邀请是希望他人向自己发出要约的表示。拍卖公告、招标公告、招股说明书、债券募集办法、基金招募说明书、商业广告和宣传、寄送的价目表等为要约邀请。

商业广告和宣传的内容符合要约条件的，构成要约。

第四百七十四条 【要约的生效时间】要约生效的时间适用本法第一百三十七条的规定。

第四百七十五条 【要约的撤回】要约可以撤回。要约的撤回适用本法第一百四十一条的规定。

第四百七十六条 【要约不得撤销情形】要约可以撤销，但是有下列情形之一的除外：

（一）要约人以确定承诺期限或者其他形式明示要约不可撤销；

（二）受要约人有理由认为要约是不可撤销的，并已经为履行合同做了合理准备工作。

第四百七十七条 【要约撤销条件】撤销要约的意思表示以对话方式作出的，该意思表示的内容应当在受要约人作出承诺之前为受要约人所知道；撤销要约的意思表示以非对话方式作出的，应当在受要约人作出承诺之前到达受要约人。

第四百七十八条 【要约失效】有下列情形之一的，要约失效：

（一）要约被拒绝；

（二）要约被依法撤销；

（三）承诺期限届满，受要约人未作出承诺；

（四）受要约人对要约的内容作出实质性变更。

第四百七十九条 【承诺的定义】承诺是受要约人同意要约的意思表示。

第四百八十条 【承诺的方式】承诺应当以通知的方式作出；但是，根据交易习惯或者要约表明可以通过行为作出承诺的除外。

第四百八十一条 【承诺的期限】承诺应当在要约确定的期限内到达要约人。

要约没有确定承诺期限的，承诺应当依照下列规定到达：

（一）要约以对话方式作出的，应当即时作出承诺；

（二）要约以非对话方式作出的，承诺应当在合理期限内到达。

第四百八十二条 【承诺期限的起算】要约以信件或者电报作出的，承诺期限自信件载明的日期或者电报交发之日开始计算。信件未载明日期的，自投寄该信件的邮戳日期开始计算。要约以电话、传真、电子邮件等快速通讯方式作出的，承诺期限自要约到达受要约人时开始计算。

第四百八十三条 【合同成立时间】承诺生效时合同成立，但是法律另有规定或者当事人另有约定的除外。

第四百八十四条 【承诺生效时间】以通知方式作出的承诺，生效的时间适用本法第一百三十七条的规定。

承诺不需要通知的，根据交易习惯或者要约的要求作出承诺的行为时生效。

第四百八十五条 【承诺的撤回】承诺可以撤回。承诺的撤回适用本法第一百四十一条的规定。

第四百八十六条 【逾期承诺及效果】受要约人超过承诺期限发出承诺，或者在承诺期限内发出承诺，按照通常情形不能及时到达要约人的，为新要约；但是，要约人及时通知受要约人该承诺有效的除外。

第四百八十七条 【迟到的承诺】受要约人在承诺期限内发出承诺，按照通常情形能够及时到达要约人，但是因其他原因致使承诺到达要约人时超过承诺期限的，除要约人及时通知受要约人因承诺超过期限不接受该承诺外，该承诺有效。

第四百八十八条 【承诺对要约内容的实质性变更】承诺的内容应当与要约的内容一致。受要约人对要约的内容作出实质性变更的，为新要约。有关合同标的、数量、质量、价款或者报酬、履行期限、履行地点和方式、违约责任和解决争议方法等的变更，是对要约内容的实质性变更。

第四百八十九条 【承诺对要约内容的非实质性变更】承诺对要约的内容作出非实质性变更的，除要约人及时表示反对或者要约表明承诺不得对要约的内容作出任何变更外，该承诺有效，合同的内容以承诺的内容为准。

第四百九十条 【采用书面形式订立合同的成立时间】当事人采用合同书形式订立合同的，自当事人均签名、盖章或者按指印时合同成立。在签名、盖章或者按指印之前，当事人一方已经履行主要义务，对方接受时，该合同成立。

法律、行政法规规定或者当事人约定合同应当采用书面形式订立，当事人未采用书面形式但是一方已经履行主要义务，对方接受时，该合同成立。

第四百九十一条 【签订确认书的合同及电子合同成立时间】当事人采用信件、数据电文等形式订立合同要求签订确认书的，签订确认书时合同成立。

当事人一方通过互联网等信息网络发布的商品或者服务信息符合要约条件的，对方选择该商品或者服务并提交订单成功时合同成立，但是当事人另有约定的除外。

第四百九十二条 【合同成立的地点】承诺生效的地点为合同成立的地点。

采用数据电文形式订立合同的，收件人的主营业地为合同成立的地点；没有主营业地的，其住所地为合同成立的地点。当事人另有约定的，按照其约定。

第四百九十三条 【采用合同书订立合同的成立地点】当事人采用合同书形式订立合同的，最后签名、盖章或者按指印的地点为合同成立的地点，但是当事人另有约定的除外。

第四百九十四条 【强制缔约义务】国家根据抢险救灾、疫情防控或者其他需要下达国家订货任务、指令性任务的，有关民事主体之间应当依照有关法律、行政法规规定的权利和义务订立合同。

依照法律、行政法规的规定负有发出要约义务的当事人，应当及时发出合理的要约。

依照法律、行政法规的规定负有作出承诺义务的当事人，不得拒绝对方合理的订立合同要求。

第四百九十五条 【预约合同】当事人约定在将来一定期限内订立合同的认购书、订购书、预订书等，构成预约合同。

当事人一方不履行预约合同约定的订立合同义务的，对方可以请求其承担预约合同的违约责任。

第四百九十六条 【格式条款】格式条款是当事人为了重复使用而预先拟定，并在订立合同时未与对方协商的条款。

采用格式条款订立合同的，提供格式条款的一方应当遵循公平原则确定当事人之间的权利和义务，并采取合理的方式提示对方注意免除或者减轻其责任等与对方有重大利害关系的条款，按照对方的要求，对该条款予以说明。提供格式条款的一方未履行提示或者说明义务，致使对方没有注意或者理解与其有重大利害关系的条款的，对方可以主张该条款不成为合同的内容。

第四百九十七条　【格式条款无效的情形】有下列情形之一的，该格式条款无效：

（一）具有本法第一编第六章第三节和本法第五百零六条规定的无效情形；

（二）提供格式条款一方不合理地免除或者减轻其责任、加重对方责任、限制对方主要权利；

（三）提供格式条款一方排除对方主要权利。

第四百九十八条　【格式条款的解释方法】对格式条款的理解发生争议的，应当按照通常理解予以解释。对格式条款有两种以上解释的，应当作出不利于提供格式条款一方的解释。格式条款和非格式条款不一致的，应当采用非格式条款。

第四百九十九条　【悬赏广告】悬赏人以公开方式声明对完成特定行为的人支付报酬的，完成该行为的人可以请求其支付。

第五百条　【缔约过失责任】当事人在订立合同过程中有下列情形之一，造成对方损失的，应当承担赔偿责任：

（一）假借订立合同，恶意进行磋商；

（二）故意隐瞒与订立合同有关的重要事实或者提供虚假情况；

（三）有其他违背诚信原则的行为。

第五百零一条　【合同缔结人的保密义务】当事人在订立合同过程中知悉的商业秘密或者其他应当保密的信息，无论合同是否成立，不得泄露或者不正当地使用；泄露、不正当地使用该商业秘密或者信息，造成对方损失的，应当承担赔偿责任。

第三章　合同的效力

第五百零二条　【合同生效时间及未办理批准手续的处理规则】

依法成立的合同，自成立时生效，但是法律另有规定或者当事人另有约定的除外。

依照法律、行政法规的规定，合同应当办理批准等手续的，依照其规定。未办理批准等手续影响合同生效的，不影响合同中履行报批等义务条款以及相关条款的效力。应当办理申请批准等手续的当事人未履行义务的，对方可以请求其承担违反该义务的责任。

依照法律、行政法规的规定，合同的变更、转让、解除等情形应当办理批准等手续的，适用前款规定。

第五百零三条 【被代理人以默示方式追认无权代理】无权代理人以被代理人的名义订立合同，被代理人已经开始履行合同义务或者接受相对人履行的，视为对合同的追认。

第五百零四条 【超越权限订立合同的效力】法人的法定代表人或者非法人组织的负责人超越权限订立的合同，除相对人知道或者应当知道其超越权限外，该代表行为有效，订立的合同对法人或者非法人组织发生效力。

第五百零五条 【超越经营范围订立的合同效力】当事人超越经营范围订立的合同的效力，应当依照本法第一编第六章第三节和本编的有关规定确定，不得仅以超越经营范围确认合同无效。

第五百零六条 【免责条款无效情形】合同中的下列免责条款无效：

（一）造成对方人身损害的；
（二）因故意或者重大过失造成对方财产损失的。

第五百零七条 【争议解决条款的独立性】合同不生效、无效、被撤销或者终止的，不影响合同中有关解决争议方法的条款的效力。

第五百零八条 【合同效力适用指引】本编对合同的效力没有规定的，适用本法第一编第六章的有关规定。

第四章　合同的履行

第五百零九条 【合同履行的原则】当事人应当按照约定全面履行自己的义务。

当事人应当遵循诚信原则，根据合同的性质、目的和交易习惯履行通知、协助、保密等义务。

当事人在履行合同过程中，应当避免浪费资源、污染环境和破坏生态。

第五百一十条 【约定不明时合同内容的确定】合同生效后，当事人就质量、价款或者报酬、履行地点等内容没有约定或者约定不明确的，可以协议补充；不能达成补充协议的，按照合同相关条款或者交易习惯确定。

第五百一十一条 【质量、价款、履行地点等内容的确定】当事人就有关合同内容约定不明确，依据前条规定仍不能确定的，适用下列规定：

（一）质量要求不明确的，按照强制性国家标准履行；没有强制性国家标准的，按照推荐性国家标准履行；没有推荐性国家标准的，按照行业标准履行；没有国家标准、行业标准的，按照通常标准或者符合合同目的的特定标准履行。

（二）价款或者报酬不明确的，按照订立合同时履行地的市场价格履行；依法应当执行政府定价或者政府指导价的，依照规定履行。

（三）履行地点不明确，给付货币的，在接受货币一方所在地履行；交付不动产的，在不动产所在地履行；其他标的，在履行义务一方所在地履行。

（四）履行期限不明确的，债务人可以随时履行，债权人也可以随时请求履行，但是应当给对方必要的准备时间。

（五）履行方式不明确的，按照有利于实现合同目的的方式履行。

（六）履行费用的负担不明确的，由履行义务一方负担；因债权人原因增加的履行费用，由债权人负担。

第五百一十二条 【电子合同交付时间的认定】通过互联网等信息网络订立的电子合同的标的为交付商品并采用快递物流方式交付的，收货人的签收时间为交付时间。电子合同的标的为提供服务的，生成的电子凭证或者实物凭证中载明的时间为提供服务时间；前述凭证没有载明时间或者载明时间与实际提供服务时间不一致的，以实际提供服务的时间为准。

电子合同的标的物为采用在线传输方式交付的，合同标的物进入对方当事人指定的特定系统且能够检索识别的时间为交付时间。

电子合同当事人对交付商品或者提供服务的方式、时间另有约定的，按照其约定。

第五百一十三条　【执行政府定价或指导价的合同价格确定】 执行政府定价或者政府指导价的，在合同约定的交付期限内政府价格调整时，按照交付时的价格计价。逾期交付标的物的，遇价格上涨时，按照原价格执行；价格下降时，按照新价格执行。逾期提取标的物或者逾期付款的，遇价格上涨时，按照新价格执行；价格下降时，按照原价格执行。

第五百一十四条　【金钱之债给付货币的确定规则】 以支付金钱为内容的债，除法律另有规定或者当事人另有约定外，债权人可以请求债务人以实际履行地的法定货币履行。

第五百一十五条　【选择之债中债务人的选择权】 标的有多项而债务人只需履行其中一项的，债务人享有选择权；但是，法律另有规定、当事人另有约定或者另有交易习惯的除外。

享有选择权的当事人在约定期限内或者履行期限届满未作选择，经催告后在合理期限内仍未选择的，选择权转移至对方。

第五百一十六条　【选择权的行使】 当事人行使选择权应当及时通知对方，通知到达对方时，标的确定。标的确定后不得变更，但是经对方同意的除外。

可选择的标的发生不能履行情形的，享有选择权的当事人不得选择不能履行的标的，但是该不能履行的情形是由对方造成的除外。

第五百一十七条　【按份债权与按份债务】 债权人为二人以上，标的可分，按照份额各自享有债权的，为按份债权；债务人为二人以上，标的可分，按照份额各自负担债务的，为按份债务。

按份债权人或者按份债务人的份额难以确定的，视为份额相同。

第五百一十八条　【连带债权与连带债务】 债权人为二人以上，部分或者全部债权人均可以请求债务人履行债务的，为连带债权；债务人为二人以上，债权人可以请求部分或者全部债务人履行全部债务的，为连带债务。

连带债权或者连带债务，由法律规定或者当事人约定。

第五百一十九条 【连带债务份额的确定及追偿】连带债务人之间的份额难以确定的，视为份额相同。

实际承担债务超过自己份额的连带债务人，有权就超出部分在其他连带债务人未履行的份额范围内向其追偿，并相应地享有债权人的权利，但是不得损害债权人的利益。其他连带债务人对债权人的抗辩，可以向该债务人主张。

被追偿的连带债务人不能履行其应分担份额的，其他连带债务人应当在相应范围内按比例分担。

第五百二十条 【连带债务人之一所生事项涉他效力】部分连带债务人履行、抵销债务或者提存标的物的，其他债务人对债权人的债务在相应范围内消灭；该债务人可以依据前条规定向其他债务人追偿。

部分连带债务人的债务被债权人免除的，在该连带债务人应当承担的份额范围内，其他债务人对债权人的债务消灭。

部分连带债务人的债务与债权人的债权同归于一人的，在扣除该债务人应当承担的份额后，债权人对其他债务人的债权继续存在。

债权人对部分连带债务人的给付受领迟延的，对其他连带债务人发生效力。

第五百二十一条 【连带债权内外部关系】连带债权人之间的份额难以确定的，视为份额相同。

实际受领债权的连带债权人，应当按比例向其他连带债权人返还。

连带债权参照适用本章连带债务的有关规定。

第五百二十二条 【向第三人履行】当事人约定由债务人向第三人履行债务，债务人未向第三人履行债务或者履行债务不符合约定的，应当向债权人承担违约责任。

法律规定或者当事人约定第三人可以直接请求债务人向其履行债务，第三人未在合理期限内明确拒绝，债务人未向第三人履行债务或者履行债务不符合约定的，第三人可以请求债务人承担违约责任；债务人对债权人的抗辩，可以向第三人主张。

第五百二十三条 【第三人履行】当事人约定由第三人向债权人履行债务，第三人不履行债务或者履行债务不符合约定的，债务人应当向债权人承担违约责任。

第五百二十四条 【第三人代为履行】债务人不履行债务，第三人对履行该债务具有合法利益的，第三人有权向债权人代为履行；但是，根据债务性质、按照当事人约定或者依照法律规定只能由债务人履行的除外。

债权人接受第三人履行后，其对债务人的债权转让给第三人，但是债务人和第三人另有约定的除外。

第五百二十五条 【同时履行抗辩权】当事人互负债务，没有先后履行顺序的，应当同时履行。一方在对方履行之前有权拒绝其履行请求。一方在对方履行债务不符合约定时，有权拒绝其相应的履行请求。

第五百二十六条 【后履行抗辩权】当事人互负债务，有先后履行顺序，应当先履行债务一方未履行的，后履行一方有权拒绝其履行请求。先履行一方履行债务不符合约定的，后履行一方有权拒绝其相应的履行请求。

第五百二十七条 【不安抗辩权】应当先履行债务的当事人，有确切证据证明对方有下列情形之一的，可以中止履行：

（一）经营状况严重恶化；
（二）转移财产、抽逃资金，以逃避债务；
（三）丧失商业信誉；
（四）有丧失或者可能丧失履行债务能力的其他情形。

当事人没有确切证据中止履行的，应当承担违约责任。

第五百二十八条 【不安抗辩权的行使】当事人依据前条规定中止履行的，应当及时通知对方。对方提供适当担保的，应当恢复履行。中止履行后，对方在合理期限内未恢复履行能力且未提供适当担保的，视为以自己的行为表明不履行主要债务，中止履行的一方可以解除合同并可以请求对方承担违约责任。

第五百二十九条 【因债权人原因致债务履行困难的处理】债

权人分立、合并或者变更住所没有通知债务人，致使履行债务发生困难的，债务人可以中止履行或者将标的物提存。

第五百三十条 【债务人提前履行债务】债权人可以拒绝债务人提前履行债务，但是提前履行不损害债权人利益的除外。

债务人提前履行债务给债权人增加的费用，由债务人负担。

第五百三十一条 【债务人部分履行债务】债权人可以拒绝债务人部分履行债务，但是部分履行不损害债权人利益的除外。

债务人部分履行债务给债权人增加的费用，由债务人负担。

第五百三十二条 【当事人变化不影响合同效力】合同生效后，当事人不得因姓名、名称的变更或者法定代表人、负责人、承办人的变动而不履行合同义务。

第五百三十三条 【情势变更】合同成立后，合同的基础条件发生了当事人在订立合同时无法预见的、不属于商业风险的重大变化，继续履行合同对于当事人一方明显不公平的，受不利影响的当事人可以与对方重新协商；在合理期限内协商不成的，当事人可以请求人民法院或者仲裁机构变更或者解除合同。

人民法院或者仲裁机构应当结合案件的实际情况，根据公平原则变更或者解除合同。

第五百三十四条 【合同监督】对当事人利用合同实施危害国家利益、社会公共利益行为的，市场监督管理和其他有关行政主管部门依照法律、行政法规的规定负责监督处理。

第五章 合同的保全

第五百三十五条 【债权人代位权】因债务人怠于行使其债权或者与该债权有关的从权利，影响债权人的到期债权实现的，债权人可以向人民法院请求以自己的名义代位行使债务人对相对人的权利，但是该权利专属于债务人自身的除外。

代位权的行使范围以债权人的到期债权为限。债权人行使代位权的必要费用，由债务人负担。

相对人对债务人的抗辩，可以向债权人主张。

第五百三十六条 【保存行为】债权人的债权到期前,债务人的债权或者与该债权有关的从权利存在诉讼时效期间即将届满或者未及时申报破产债权等情形,影响债权人的债权实现的,债权人可以代位向债务人的相对人请求其向债务人履行、向破产管理人申报或者作出其他必要的行为。

第五百三十七条 【代位权行使后的法律效果】人民法院认定代位权成立的,由债务人的相对人向债权人履行义务,债权人接受履行后,债权人与债务人、债务人与相对人之间相应的权利义务终止。债务人对相对人的债权或者与该债权有关的从权利被采取保全、执行措施,或者债务人破产的,依照相关法律的规定处理。

第五百三十八条 【撤销债务人无偿行为】债务人以放弃其债权、放弃债权担保、无偿转让财产等方式无偿处分财产权益,或者恶意延长其到期债权的履行期限,影响债权人的债权实现的,债权人可以请求人民法院撤销债务人的行为。

第五百三十九条 【撤销债务人有偿行为】债务人以明显不合理的低价转让财产、以明显不合理的高价受让他人财产或者为他人的债务提供担保,影响债权人的债权实现,债务人的相对人知道或者应当知道该情形的,债权人可以请求人民法院撤销债务人的行为。

第五百四十条 【撤销权的行使范围】撤销权的行使范围以债权人的债权为限。债权人行使撤销权的必要费用,由债务人负担。

第五百四十一条 【撤销权的行使期间】撤销权自债权人知道或者应当知道撤销事由之日起一年内行使。自债务人的行为发生之日起五年内没有行使撤销权的,该撤销权消灭。

第五百四十二条 【债务人行为被撤销的法律效果】债务人影响债权人的债权实现的行为被撤销的,自始没有法律约束力。

第六章 合同的变更和转让

第五百四十三条 【协议变更合同】当事人协商一致,可以变更合同。

第五百四十四条 【合同变更不明确推定为未变更】当事人对合同变更的内容约定不明确的，推定为未变更。

第五百四十五条 【债权转让】债权人可以将债权的全部或者部分转让给第三人，但是有下列情形之一的除外：

（一）根据债权性质不得转让；

（二）按照当事人约定不得转让；

（三）依照法律规定不得转让。

当事人约定非金钱债权不得转让的，不得对抗善意第三人。当事人约定金钱债权不得转让的，不得对抗第三人。

第五百四十六条 【债权转让的通知义务】债权人转让债权，未通知债务人的，该转让对债务人不发生效力。

债权转让的通知不得撤销，但是经受让人同意的除外。

第五百四十七条 【债权转让从权利一并转让】债权人转让债权的，受让人取得与债权有关的从权利，但是该从权利专属于债权人自身的除外。

受让人取得从权利不因该从权利未办理转移登记手续或者未转移占有而受到影响。

第五百四十八条 【债权转让中债务人抗辩】债务人接到债权转让通知后，债务人对让与人的抗辩，可以向受让人主张。

第五百四十九条 【债权转让中债务人的抵销权】有下列情形之一的，债务人可以向受让人主张抵销：

（一）债务人接到债权转让通知时，债务人对让与人享有债权，且债务人的债权先于转让的债权到期或者同时到期；

（二）债务人的债权与转让的债权是基于同一合同产生。

第五百五十条 【债权转让费用的承担】因债权转让增加的履行费用，由让与人负担。

第五百五十一条 【债务转移】债务人将债务的全部或者部分转移给第三人的，应当经债权人同意。

债务人或者第三人可以催告债权人在合理期限内予以同意，债权人未作表示的，视为不同意。

第五百五十二条 【债务加入】第三人与债务人约定加入债务

并通知债权人，或者第三人向债权人表示愿意加入债务，债权人未在合理期限内明确拒绝的，债权人可以请求第三人在其愿意承担的债务范围内和债务人承担连带债务。

第五百五十三条 【债务转移时新债务人抗辩】债务人转移债务的，新债务人可以主张原债务人对债权人的抗辩；原债务人对债权人享有债权的，新债务人不得向债权人主张抵销。

第五百五十四条 【从债务随主债务转移】债务人转移债务的，新债务人应当承担与主债务有关的从债务，但是该从债务专属于原债务人自身的除外。

第五百五十五条 【合同权利义务的一并转让】当事人一方经对方同意，可以将自己在合同中的权利和义务一并转让给第三人。

第五百五十六条 【一并转让的法律适用】合同的权利和义务一并转让的，适用债权转让、债务转移的有关规定。

第七章　合同的权利义务终止

第五百五十七条 【债权债务终止的法定情形】有下列情形之一的，债权债务终止：

（一）债务已经履行；

（二）债务相互抵销；

（三）债务人依法将标的物提存；

（四）债权人免除债务；

（五）债权债务同归于一人；

（六）法律规定或者当事人约定终止的其他情形。

合同解除的，该合同的权利义务关系终止。

第五百五十八条 【后合同义务】债权债务终止后，当事人应当遵循诚信等原则，根据交易习惯履行通知、协助、保密、旧物回收等义务。

第五百五十九条 【从权利消灭】债权债务终止时，债权的从权利同时消灭，但是法律另有规定或者当事人另有约定的除外。

第五百六十条 【数项债务的清偿抵充顺序】债务人对同一债

权人负担的数项债务种类相同，债务人的给付不足以清偿全部债务的，除当事人另有约定外，由债务人在清偿时指定其履行的债务。

债务人未作指定的，应当优先履行已经到期的债务；数项债务均到期的，优先履行对债权人缺乏担保或者担保最少的债务；均无担保或者担保相等的，优先履行债务人负担较重的债务；负担相同的，按照债务到期的先后顺序履行；到期时间相同的，按照债务比例履行。

第五百六十一条　【费用、利息和主债务的清偿抵充顺序】债务人在履行主债务外还应当支付利息和实现债权的有关费用，其给付不足以清偿全部债务的，除当事人另有约定外，应当按照下列顺序履行：

（一）实现债权的有关费用；

（二）利息；

（三）主债务。

第五百六十二条　【合同的约定解除】当事人协商一致，可以解除合同。

当事人可以约定一方解除合同的事由。解除合同的事由发生时，解除权人可以解除合同。

第五百六十三条　【合同的法定解除】有下列情形之一的，当事人可以解除合同：

（一）因不可抗力致使不能实现合同目的；

（二）在履行期限届满前，当事人一方明确表示或者以自己的行为表明不履行主要债务；

（三）当事人一方迟延履行主要债务，经催告后在合理期限内仍未履行；

（四）当事人一方迟延履行债务或者有其他违约行为致使不能实现合同目的；

（五）法律规定的其他情形。

以持续履行的债务为内容的不定期合同，当事人可以随时解除合同，但是应当在合理期限之前通知对方。

第五百六十四条　【解除权行使期限】法律规定或者当事人约

定解除权行使期限，期限届满当事人不行使的，该权利消灭。

法律没有规定或者当事人没有约定解除权行使期限，自解除权人知道或者应当知道解除事由之日起一年内不行使，或者经对方催告后在合理期限内不行使的，该权利消灭。

第五百六十五条　【合同解除权的行使规则】当事人一方依法主张解除合同的，应当通知对方。合同自通知到达对方时解除；通知载明债务人在一定期限内不履行债务则合同自动解除，债务人在该期限内未履行债务的，合同自通知载明的期限届满时解除。对方对解除合同有异议的，任何一方当事人均可以请求人民法院或者仲裁机构确认解除行为的效力。

当事人一方未通知对方，直接以提起诉讼或者申请仲裁的方式依法主张解除合同，人民法院或者仲裁机构确认该主张的，合同自起诉状副本或者仲裁申请书副本送达对方时解除。

第五百六十六条　【合同解除的法律后果】合同解除后，尚未履行的，终止履行；已经履行的，根据履行情况和合同性质，当事人可以请求恢复原状或者采取其他补救措施，并有权请求赔偿损失。

合同因违约解除的，解除权人可以请求违约方承担违约责任，但是当事人另有约定的除外。

主合同解除后，担保人对债务人应当承担的民事责任仍应当承担担保责任，但是担保合同另有约定的除外。

第五百六十七条　【结算、清理条款效力的独立性】合同的权利义务关系终止，不影响合同中结算和清理条款的效力。

第五百六十八条　【法定抵销】当事人互负债务，该债务的标的物种类、品质相同的，任何一方可以将自己的债务与对方的到期债务抵销；但是，根据债务性质、按照当事人约定或者依照法律规定不得抵销的除外。

当事人主张抵销的，应当通知对方。通知自到达对方时生效。抵销不得附条件或者附期限。

第五百六十九条　【约定抵销】当事人互负债务，标的物种类、品质不相同的，经协商一致，也可以抵销。

第五百七十条　【提存的条件】有下列情形之一，难以履行债

务的,债务人可以将标的物提存:

(一)债权人无正当理由拒绝受领;

(二)债权人下落不明;

(三)债权人死亡未确定继承人、遗产管理人,或者丧失民事行为能力未确定监护人;

(四)法律规定的其他情形。

标的物不适于提存或者提存费用过高的,债务人依法可以拍卖或者变卖标的物,提存所得的价款。

第五百七十一条 【提存的成立】债务人将标的物或者将标的物依法拍卖、变卖所得价款交付提存部门时,提存成立。

提存成立的,视为债务人在其提存范围内已经交付标的物。

第五百七十二条 【提存的通知】标的物提存后,债务人应当及时通知债权人或者债权人的继承人、遗产管理人、监护人、财产代管人。

第五百七十三条 【提存期间风险、孳息和提存费用负担】标的物提存后,毁损、灭失的风险由债权人承担。提存期间,标的物的孳息归债权人所有。提存费用由债权人负担。

第五百七十四条 【提存物的领取与取回】债权人可以随时领取提存物。但是,债权人对债务人负有到期债务的,在债权人未履行债务或者提供担保之前,提存部门根据债务人的要求应当拒绝其领取提存物。

债权人领取提存物的权利,自提存之日起五年内不行使而消灭,提存物扣除提存费用后归国家所有。但是,债权人未履行对债务人的到期债务,或者债权人向提存部门书面表示放弃领取提存物权利的,债务人负担提存费用后有权取回提存物。

第五百七十五条 【债的免除】债权人免除债务人部分或者全部债务的,债权债务部分或者全部终止,但是债务人在合理期限内拒绝的除外。

第五百七十六条 【债权债务混同的处理】债权和债务同归于一人的,债权债务终止,但是损害第三人利益的除外。

第八章 违约责任

第五百七十七条 【违约责任的种类】当事人一方不履行合同义务或者履行合同义务不符合约定的,应当承担继续履行、采取补救措施或者赔偿损失等违约责任。

第五百七十八条 【预期违约责任】当事人一方明确表示或者以自己的行为表明不履行合同义务的,对方可以在履行期限届满前请求其承担违约责任。

第五百七十九条 【金钱债务的继续履行】当事人一方未支付价款、报酬、租金、利息,或者不履行其他金钱债务的,对方可以请求其支付。

第五百八十条 【非金钱债务的继续履行】当事人一方不履行非金钱债务或者履行非金钱债务不符合约定的,对方可以请求履行,但是有下列情形之一的除外:

(一) 法律上或者事实上不能履行;

(二) 债务的标的不适于强制履行或者履行费用过高;

(三) 债权人在合理期限内未请求履行。

有前款规定的除外情形之一,致使不能实现合同目的的,人民法院或者仲裁机构可以根据当事人的请求终止合同权利义务关系,但是不影响违约责任的承担。

第五百八十一条 【替代履行】当事人一方不履行债务或者履行债务不符合约定,根据债务的性质不得强制履行的,对方可以请求其负担由第三人替代履行的费用。

第五百八十二条 【瑕疵履行违约责任】履行不符合约定的,应当按照当事人的约定承担违约责任。对违约责任没有约定或者约定不明确,依据本法第五百一十条的规定仍不能确定的,受损害方根据标的的性质以及损失的大小,可以合理选择请求对方承担修理、重作、更换、退货、减少价款或者报酬等违约责任。

第五百八十三条 【违约损害赔偿责任】当事人一方不履行合同义务或者履行合同义务不符合约定的,在履行义务或者采取补救措施后，对方还有其他损失的，应当赔偿损失。

第五百八十四条 【法定的违约赔偿损失】当事人一方不履行合同义务或者履行合同义务不符合约定，造成对方损失的，损失赔偿额应当相当于因违约所造成的损失，包括合同履行后可以获得的利益；但是，不得超过违约一方订立合同时预见到或者应当预见到的因违约可能造成的损失。

第五百八十五条 【违约金的约定】当事人可以约定一方违约时应当根据违约情况向对方支付一定数额的违约金，也可以约定因违约产生的损失赔偿额的计算方法。

约定的违约金低于造成的损失的，人民法院或者仲裁机构可以根据当事人的请求予以增加；约定的违约金过分高于造成的损失的，人民法院或者仲裁机构可以根据当事人的请求予以适当减少。

当事人就迟延履行约定违约金的，违约方支付违约金后，还应当履行债务。

第五百八十六条 【定金】当事人可以约定一方向对方给付定金作为债权的担保。定金合同自实际交付定金时成立。

定金的数额由当事人约定；但是，不得超过主合同标的额的百分之二十，超过部分不产生定金的效力。实际交付的定金数额多于或者少于约定数额的，视为变更约定的定金数额。

第五百八十七条 【定金罚则】债务人履行债务的，定金应当抵作价款或者收回。给付定金的一方不履行债务或者履行债务不符合约定，致使不能实现合同目的的，无权请求返还定金；收受定金的一方不履行债务或者履行债务不符合约定，致使不能实现合同目的的，应当双倍返还定金。

第五百八十八条 【违约金与定金竞合选择权】当事人既约定违约金，又约定定金的，一方违约时，对方可以选择适用违约金或者定金条款。

定金不足以弥补一方违约造成的损失的，对方可以请求赔偿超过定金数额的损失。

第五百八十九条 【债权人受领迟延】债务人按照约定履行债务，债权人无正当理由拒绝受领的，债务人可以请求债权人赔偿增加的费用。

在债权人受领迟延期间，债务人无须支付利息。

第五百九十条 【因不可抗力不能履行合同】当事人一方因不可抗力不能履行合同的，根据不可抗力的影响，部分或者全部免除责任，但是法律另有规定的除外。因不可抗力不能履行合同的，应当及时通知对方，以减轻可能给对方造成的损失，并应当在合理期限内提供证明。

当事人迟延履行后发生不可抗力的，不免除其违约责任。

第五百九十一条 【非违约方防止损失扩大义务】当事人一方违约后，对方应当采取适当措施防止损失的扩大；没有采取适当措施致使损失扩大的，不得就扩大的损失请求赔偿。

当事人因防止损失扩大而支出的合理费用，由违约方负担。

第五百九十二条 【双方违约和与有过错规则】当事人都违反合同的，应当各自承担相应的责任。

当事人一方违约造成对方损失，对方对损失的发生有过错的，可以减少相应的损失赔偿额。

第五百九十三条 【因第三人原因造成违约情况下的责任承担】当事人一方因第三人的原因造成违约的，应当依法向对方承担违约责任。当事人一方和第三人之间的纠纷，依照法律规定或者按照约定处理。

第五百九十四条 【国际贸易合同诉讼时效和仲裁时效】因国际货物买卖合同和技术进出口合同争议提起诉讼或者申请仲裁的时效期间为四年。

……

机构管理

保险公司管理规定

（2009年9月25日中国保险监督管理委员会令2009年第1号发布 根据2015年10月19日《关于修改〈保险公司设立境外保险类机构管理办法〉等八部规章的决定》修订）

第一章 总 则

第一条 为了加强对保险公司的监督管理，维护保险市场的正常秩序，保护被保险人合法权益，促进保险业健康发展，根据《中华人民共和国保险法》（以下简称《保险法》）、《中华人民共和国公司法》（以下简称《公司法》）等法律、行政法规，制定本规定。

第二条 中国保险监督管理委员会（以下简称中国保监会）根据法律和国务院授权，对保险公司实行统一监督管理。

中国保监会的派出机构在中国保监会授权范围内依法履行监管职责。

第三条 本规定所称保险公司，是指经保险监督管理机构批准设立，并依法登记注册的商业保险公司。

本规定所称保险公司分支机构，是指经保险监督管理机构批准，保险公司依法设立的分公司、中心支公司、支公司、营业部、营销服务部以及各类专属机构。专属机构的设立和管理，由中国保监会另行规定。

本规定所称保险机构，是指保险公司及其分支机构。

第四条 本规定所称分公司，是指保险公司依法设立的以分公司命名的分支机构。

本规定所称省级分公司,是指保险公司根据中国保监会的监管要求,在各省、自治区、直辖市内负责许可申请、报告提交等相关事宜的分公司。保险公司在住所地以外的各省、自治区、直辖市已经设立分公司的,应当指定其中一家分公司作为省级分公司。

保险公司在计划单列市设立分支机构的,应当指定一家分支机构,根据中国保监会的监管要求,在计划单列市负责许可申请、报告提交等相关事宜。

省级分公司设在计划单列市的,由省级分公司同时负责前两款规定的事宜。

第五条 保险业务由依照《保险法》设立的保险公司以及法律、行政法规规定的其他保险组织经营,其他单位和个人不得经营或者变相经营保险业务。

第二章 法人机构设立

第六条 设立保险公司,应当遵循下列原则:
(一)符合法律、行政法规;
(二)有利于保险业的公平竞争和健康发展。

第七条 设立保险公司,应当向中国保监会提出筹建申请,并符合下列条件:
(一)有符合法律、行政法规和中国保监会规定条件的投资人,股权结构合理;
(二)有符合《保险法》和《公司法》规定的章程草案;
(三)投资人承诺出资或者认购股份,拟注册资本不低于人民币2亿元,且必须为实缴货币资本;
(四)具有明确的发展规划、经营策略、组织机构框架、风险控制体系;
(五)拟任董事长、总经理应当符合中国保监会规定的任职资格条件;
(六)有投资人认可的筹备组负责人;

（七）中国保监会规定的其他条件。

中国保监会根据保险公司业务范围、经营规模，可以调整保险公司注册资本的最低限额，但不得低于人民币2亿元。

第八条 申请筹建保险公司的，申请人应当提交下列材料一式三份：

（一）设立申请书，申请书应当载明拟设立保险公司的名称、拟注册资本和业务范围等；

（二）设立保险公司可行性研究报告，包括发展规划、经营策略、组织机构框架和风险控制体系等；

（三）筹建方案；

（四）保险公司章程草案；

（五）中国保监会规定投资人应当提交的有关材料；

（六）筹备组负责人、拟任董事长、总经理名单及本人认可证明；

（七）中国保监会规定的其他材料。

第九条 中国保监会应当对筹建保险公司的申请进行审查，自受理申请之日起6个月内作出批准或者不批准筹建的决定，并书面通知申请人。决定不批准的，应当书面说明理由。

第十条 中国保监会在对筹建保险公司的申请进行审查期间，应当对投资人进行风险提示。

中国保监会应当听取拟任董事长、总经理对拟设保险公司在经营管理和业务发展等方面的工作思路。

第十一条 经中国保监会批准筹建保险公司的，申请人应当自收到批准筹建通知之日起1年内完成筹建工作。筹建期间届满未完成筹建工作的，原批准筹建决定自动失效。

筹建机构在筹建期间不得从事保险经营活动。筹建期间不得变更主要投资人。

第十二条 筹建工作完成后，符合下列条件的，申请人可以向中国保监会提出开业申请：

（一）股东符合法律、行政法规和中国保监会的有关规定；

（二）有符合《保险法》和《公司法》规定的章程；

（三）注册资本最低限额为人民币2亿元，且必须为实缴货币资本；

（四）有符合中国保监会规定任职资格条件的董事、监事和高级管理人员；

（五）有健全的组织机构；

（六）建立了完善的业务、财务、合规、风险控制、资产管理、反洗钱等制度；

（七）有具体的业务发展计划和按照资产负债匹配等原则制定的中长期资产配置计划；

（八）具有合法的营业场所，安全、消防设施符合要求，营业场所、办公设备等与业务发展规划相适应，信息化建设符合中国保监会要求；

（九）法律、行政法规和中国保监会规定的其他条件。

第十三条　申请人提出开业申请，应当提交下列材料一式三份：

（一）开业申请书；

（二）创立大会决议，没有创立大会决议的，应当提交全体股东同意申请开业的文件或者决议；

（三）公司章程；

（四）股东名称及其所持股份或者出资的比例，资信良好的验资机构出具的验资证明，资本金入账原始凭证复印件；

（五）中国保监会规定股东应当提交的有关材料；

（六）拟任该公司董事、监事、高级管理人员的简历以及相关证明材料；

（七）公司部门设置以及人员基本构成；

（八）营业场所所有权或者使用权的证明文件；

（九）按照拟设地的规定提交有关消防证明；

（十）拟经营保险险种的计划书、3年经营规划、再保险计划、中长期资产配置计划，以及业务、财务、合规、风险控制、资产管理、反洗钱等主要制度；

（十一）信息化建设情况报告；

（十二）公司名称预先核准通知；

（十三）中国保监会规定提交的其他材料。

第十四条 中国保监会应当审查开业申请，进行开业验收，并自受理开业申请之日起 60 日内作出批准或者不批准开业的决定。验收合格决定批准开业的，颁发经营保险业务许可证；验收不合格决定不批准开业的，应当书面通知申请人并说明理由。

经批准开业的保险公司，应当持批准文件以及经营保险业务许可证，向工商行政管理部门办理登记注册手续，领取营业执照后方可营业。

第三章 分支机构设立

第十五条 保险公司可以根据业务发展需要申请设立分支机构。

保险公司分支机构的层级依次为分公司、中心支公司、支公司、营业部或者营销服务部。保险公司可以不逐级设立分支机构，但其在住所地以外的各省、自治区、直辖市开展业务，应当首先设立分公司。

保险公司可以不按照前款规定的层级逐级管理下级分支机构；营业部、营销服务部不得再管理其他任何分支机构。

第十六条 保险公司以 2 亿元人民币的最低资本金额设立的，在其住所地以外的每一省、自治区、直辖市首次申请设立分公司，应当增加不少于人民币 2 千万元的注册资本。

申请设立分公司，保险公司的注册资本达到前款规定的增资后额度的，可以不再增加相应的注册资本。

保险公司注册资本达到人民币 5 亿元，在偿付能力充足的情况下，设立分公司不需要增加注册资本。

第十七条 设立省级分公司，由保险公司总公司提出申请；设立其他分支机构，由保险公司总公司提出申请，或者由省级分公司持总公司批准文件提出申请。

在计划单列市申请设立分支机构，还可以由保险公司根据本规定第四条第三款指定的分支机构持总公司批准文件提出申请。

第十八条 设立分支机构，应当提出设立申请，并符合下列条件：

（一）上一年度偿付能力充足，提交申请前连续2个季度偿付能力均为充足；

（二）保险公司具备良好的公司治理结构，内控健全；

（三）申请人具备完善的分支机构管理制度；

（四）对拟设立分支机构的可行性已进行充分论证；

（五）在住所地以外的省、自治区、直辖市申请设立省级分公司以外其他分支机构的，该省级分公司已经开业；

（六）申请人最近2年内无受金融监管机构重大行政处罚的记录，不存在因涉嫌重大违法行为正在受到中国保监会立案调查的情形；

（七）申请设立省级分公司以外其他分支机构，在拟设地所在的省、自治区、直辖市内，省级分公司最近2年内无受金融监管机构重大行政处罚的记录，已设立的其他分支机构最近6个月内无受重大保险行政处罚的记录；

（八）有申请人认可的筹建负责人；

（九）中国保监会规定的其他条件。

第十九条 设立分支机构，申请人应当提交下列材料一式三份：

（一）设立申请书；

（二）申请前连续2个季度的偿付能力报告和上一年度经审计的偿付能力报告；

（三）保险公司上一年度公司治理结构报告以及申请人内控制度；

（四）分支机构设立的可行性论证报告，包括拟设机构3年业务发展规划和市场分析，设立分支机构与公司风险管理状况和内控状况相适应的说明；

（五）申请人分支机构管理制度；

（六）申请人作出的其最近2年无受金融监管机构重大行政处罚的声明；

（七）申请设立省级分公司以外其他分支机构的，提交省级分公司最近2年无受金融监管机构重大行政处罚的声明；

（八）拟设机构筹建负责人的简历以及相关证明材料；

（九）中国保监会规定提交的其他材料。

第二十条 中国保监会应当自收到完整申请材料之日起30日内对设立申请进行书面审查，对不符合本规定第十八条的，作出不予批准决定，并书面说明理由；对符合本规定第十八条的，向申请人发出筹建通知。

第二十一条 申请人应当自收到筹建通知之日起6个月内完成分支机构的筹建工作。筹建期间不计算在行政许可的期限内。

筹建期间届满未完成筹建工作的，应当根据本规定重新提出设立申请。

筹建机构在筹建期间不得从事任何保险经营活动。

第二十二条 筹建工作完成后，筹建机构具备下列条件的，申请人可以向中国保监会提交开业验收报告：

（一）具有合法的营业场所，安全、消防设施符合要求；

（二）建立了必要的组织机构和完善的业务、财务、风险控制、资产管理、反洗钱等管理制度；

（三）建立了与经营管理活动相适应的信息系统；

（四）具有符合任职条件的拟任高级管理人员或者主要负责人；

（五）对员工进行了上岗培训；

（六）筹建期间未开办保险业务；

（七）中国保监会规定的其他条件。

第二十三条 申请人提交的开业验收报告应当附下列材料一式三份：

（一）筹建工作完成情况报告；

（二）拟任高级管理人员或者主要负责人简历及有关证明；

（三）拟设机构营业场所所有权或者使用权证明；

（四）计算机设备配置、应用系统及网络建设情况报告；

（五）业务、财务、风险控制、资产管理、反洗钱等制度；

（六）机构设置和从业人员情况报告，包括员工上岗培训情况报告等；

（七）按照拟设地规定提交有关消防证明，无需进行消防验收或者备案的，提交申请人作出的已采取必要措施确保消防安全的书面承诺；

（八）中国保监会规定提交的其他材料。

第二十四条 中国保监会应当自收到完整的开业验收报告之日起 30 日内，进行开业验收，并作出批准或者不予批准的决定。验收合格批准设立的，颁发分支机构经营保险业务许可证；验收不合格不予批准设立的，应当书面通知申请人并说明理由。

第二十五条 经批准设立的保险公司分支机构，应当持批准文件以及分支机构经营保险业务许可证，向工商行政管理部门办理登记注册手续，领取营业执照后方可营业。

第四章 机构变更、解散与撤销

第二十六条 保险机构有下列情形之一的，应当经中国保监会批准：

（一）保险公司变更名称；

（二）变更注册资本；

（三）扩大业务范围；

（四）变更营业场所；

（五）保险公司分立或者合并；

（六）修改保险公司章程；

（七）变更出资额占有限责任公司资本总额 5% 以上的股东，或者变更持有股份有限公司股份 5% 以上的股东；

（八）中国保监会规定的其他情形。

第二十七条 保险机构有下列情形之一，应当自该情形发生之日起 15 日内，向中国保监会报告：

（一）变更出资额不超过有限责任公司资本总额 5% 的股东，或者变更持有股份有限公司股份不超过 5% 的股东，上市公司的股东变更除外；

（二）保险公司的股东变更名称，上市公司的股东除外；

（三）保险公司分支机构变更名称；

（四）中国保监会规定的其他情形。

第二十八条 保险公司依法解散的，应当经中国保监会批准，并报送下列材料一式三份：

（一）解散申请书；
（二）股东大会或者股东会决议；
（三）清算组织及其负责人情况和相关证明材料；
（四）清算程序；
（五）债权债务安排方案；
（六）资产分配计划和资产处分方案；
（七）中国保监会规定提交的其他材料。

第二十九条 保险公司依法解散的，应当成立清算组，清算工作由中国保监会监督指导。

保险公司依法被撤销的，由中国保监会及时组织股东、有关部门以及相关专业人员成立清算组。

第三十条 清算组应当自成立之日起 10 日内通知债权人，并于 60 日内在中国保监会指定的报纸上至少公告 3 次。

清算组应当委托资信良好的会计师事务所、律师事务所，对公司债权债务和资产进行评估。

第三十一条 保险公司撤销分支机构，应当经中国保监会批准。分支机构经营保险业务许可证自被批准撤销之日起自动失效，并应当于被批准撤销之日起 15 日内缴回。

保险公司合并、撤销分支机构的，应当进行公告，并书面通知有关投保人、被保险人或者受益人，对交付保险费、领取保险金等事宜应当充分告知。

第三十二条 保险公司依法解散或者被撤销的，其资产处分应当采取公开拍卖、协议转让或者中国保监会认可的其他方式。

第三十三条 保险公司依法解散或者被撤销的，在保险合同责任清算完毕之前，公司股东不得分配公司资产，或者从公司取得任何利益。

第三十四条 保险公司有《中华人民共和国企业破产法》第二条规定情形的，依法申请重整、和解或者破产清算。

第五章 分支机构管理

第三十五条 保险公司应当加强对分支机构的管理，督促分支机构依法合规经营，确保上级机构对管理的下级分支机构能够实施有效管控。

第三十六条 保险公司总公司应当根据本规定和发展需要制定分支机构管理制度，其省级分公司应当根据总公司的规定和当地实际情况，制定本省、自治区、直辖市分支机构管理制度。

保险公司在计划单列市设立分支机构的，应当由省级分公司或者保险公司根据本规定第四条第三款指定的分支机构制定当地分支机构管理制度。

第三十七条 分支机构管理制度至少应当包括下列内容：

（一）各级分支机构职能；

（二）各级分支机构人员、场所、设备等方面的配备要求；

（三）分支机构设立、撤销的内部决策制度；

（四）上级机构对下级分支机构的管控职责和措施。

第三十八条 保险公司分支机构应当配备必要数量的工作人员，分支机构高级管理人员或者主要负责人应当是与保险公司订立劳动合同的正式员工。

第三十九条 保险公司分支机构在经营存续期间，应当具有规范和稳定的营业场所，配备必要的办公设备。

第四十条 保险公司分支机构应当将经营保险业务许可证原件放置于营业场所显著位置，以备查验。

第六章 保险经营

第四十一条 保险公司的分支机构不得跨省、自治区、直辖市经营保险业务，本规定第四十二条规定的情形和中国保监会另有规定的除外。

第四十二条 保险机构参与共保、经营大型商业保险或者统括保单业务，以及通过互联网、电话营销等方式跨省、自治区、直辖市承保业务，应当符合中国保监会的有关规定。

第四十三条 保险机构应当公平、合理拟订保险条款和保险费率，不得损害投保人、被保险人和受益人的合法权益。

第四十四条　保险机构的业务宣传资料应当客观、完整、真实，并应当载有保险机构的名称和地址。

第四十五条　保险机构应当按照中国保监会的规定披露有关信息。

保险机构不得利用广告或者其他宣传方式，对其保险条款内容和服务质量等做引人误解的宣传。

第四十六条　保险机构对保险合同中有关免除保险公司责任、退保、费用扣除、现金价值和犹豫期等事项，应当依照《保险法》和中国保监会的规定向投保人作出提示。

第四十七条　保险机构开展业务，应当遵循公平竞争的原则，不得从事不正当竞争。

第四十八条　保险机构不得将其保险条款、保险费率与其他保险公司的类似保险条款、保险费率或者金融机构的存款利率等进行片面比较。

第四十九条　保险机构不得以捏造、散布虚假事实等方式损害其他保险机构的信誉。

保险机构不得利用政府及其所属部门、垄断性企业或者组织，排挤、阻碍其他保险机构开展保险业务。

第五十条　保险机构不得劝说或者诱导投保人解除与其他保险机构的保险合同。

第五十一条　保险机构不得给予或者承诺给予投保人、被保险人、受益人保险合同约定以外的保险费回扣或者其他利益。

第五十二条　除再保险公司以外，保险机构应当按照规定设立客户服务部门或者咨询投诉部门，并向社会公开咨询投诉电话。

保险机构对保险投诉应当认真处理，并将处理意见及时告知投诉人。

第五十三条　保险机构应当建立保险代理人的登记管理制度，加强对保险代理人的培训和管理，不得唆使、诱导保险代理人进行违背诚信义务的活动。

第五十四条　保险机构不得委托未取得合法资格的机构或者个人从事保险销售活动，不得向未取得合法资格的机构或者个人支付佣金或者其他利益。

第五十五条 保险公司应当建立健全公司治理结构，加强内部管理，建立严格的内部控制制度。

第五十六条 保险公司应当建立控制和管理关联交易的有关制度。保险公司的重大关联交易应当按照规定及时向中国保监会报告。

第五十七条 保险机构任命董事、监事、高级管理人员，应当在任命前向中国保监会申请核准上述人员的任职资格。

保险机构董事、监事、高级管理人员的任职资格管理，按照《保险法》和中国保监会有关规定执行。

第五十八条 保险机构应当依照《保险法》和中国保监会的有关规定管理、使用经营保险业务许可证。

第七章 监督管理

第五十九条 中国保监会对保险机构的监督管理，采取现场监管与非现场监管相结合的方式。

第六十条 保险机构有下列情形之一的，中国保监会可以将其列为重点监管对象：

（一）严重违法；

（二）偿付能力不足；

（三）财务状况异常；

（四）中国保监会认为需要重点监管的其他情形。

第六十一条 中国保监会对保险机构的现场检查包括但不限于下列事项：

（一）机构设立、变更是否依法经批准或者向中国保监会报告；

（二）董事、监事、高级管理人员任职资格是否依法经核准；

（三）行政许可的申报材料是否真实；

（四）资本金、各项准备金是否真实、充足；

（五）公司治理和内控制度建设是否符合中国保监会的规定；

（六）偿付能力是否充足；

（七）资金运用是否合法；

（八）业务经营和财务情况是否合法，报告、报表、文件、资料是否及时、完整、真实；

（九）是否按规定对使用的保险条款和保险费率报经审批或者备案；

（十）与保险中介的业务往来是否合法；

（十一）信息化建设工作是否符合规定；

（十二）需要事后报告的其他事项是否按照规定报告；

（十三）中国保监会依法检查的其他事项。

第六十二条 中国保监会对保险机构进行现场检查，保险机构应当予以配合，并按中国保监会的要求提供有关文件、材料。

第六十三条 中国保监会工作人员依法实施现场检查；检查人员不得少于2人，并应当出示有关证件和检查通知书。

中国保监会可以在现场检查中，委托会计师事务所等中介服务机构提供相关专业服务；委托上述中介服务机构提供专业服务的，应当签订书面委托协议。

第六十四条 保险机构出现频繁撤销分支机构、频繁变更分支机构营业场所等情形，可能或者已经对保险公司经营造成不利影响的，中国保监会有权根据监管需要采取下列措施：

（一）要求保险机构在指定时间内完善分支机构管理的相关制度；

（二）询问保险机构负责人、其他相关人员，了解变更、撤销的有关情况；

（三）要求保险机构提供其内部对变更、撤销行为进行决策的相关文件和资料；

（四）出示重大风险提示函，或者对有关人员进行监管谈话；

（五）依法采取的其他措施。

保险机构应当按照中国保监会的要求进行整改，并及时将整改情况书面报告中国保监会。

第六十五条 中国保监会有权根据监管需要，要求保险机构进行报告或者提供专项资料。

第六十六条　保险机构应当按照规定及时向中国保监会报送营业报告、精算报告、财务会计报告、偿付能力报告、合规报告等报告、报表、文件和资料。

保险机构向中国保监会提交的各类报告、报表、文件和资料，应当真实、完整、准确。

第六十七条　保险公司的股东大会、股东会、董事会的重大决议，应当在决议作出后30日内向中国保监会报告，中国保监会另有规定的除外。

第六十八条　中国保监会有权根据监管需要，对保险机构董事、监事、高级管理人员进行监管谈话，要求其就保险业务经营、风险控制、内部管理等有关重大事项作出说明。

第六十九条　保险机构或者其从业人员违反本规定，由中国保监会依照法律、行政法规进行处罚；法律、行政法规没有规定的，由中国保监会责令改正，给予警告，对有违法所得的处以违法所得1倍以上3倍以下罚款，但最高不得超过3万元，对没有违法所得的处以1万元以下罚款；涉嫌犯罪的，依法移交司法机关追究其刑事责任。

第八章　附　　则

第七十条　外资独资保险公司、中外合资保险公司分支机构设立适用本规定；中国保监会之前作出的有关规定与本规定不一致的，以本规定为准。

对外资独资保险公司、中外合资保险公司的其他管理，适用本规定，法律、行政法规和中国保监会另有规定的除外。

第七十一条　除本规定第四十二条和第七十二条第一款规定的情形外，外国保险公司分公司只能在其住所地的省、自治区、直辖市行政辖区内开展业务。

对外国保险公司分公司的其他管理，参照本规定对保险公司总公司的有关规定执行，法律、行政法规和中国保监会另有规定的除外。

第七十二条 再保险公司，包括外国再保险公司分公司，可以直接在全国开展再保险业务。

再保险公司适用本规定，法律、行政法规和中国保监会另有规定的除外。

第七十三条 政策性保险公司、相互制保险公司参照适用本规定，国家另有规定的除外。

第七十四条 保险公司在境外设立子公司、分支机构，应当经中国保监会批准；其设立条件和管理，由中国保监会另行规定。

第七十五条 保险公司应当按照《保险法》的规定，加入保险行业协会。

第七十六条 本规定施行前已经设立的分支机构，无需按照本规定的设立条件重新申请设立审批，但应当符合本规定对分支机构的日常管理要求。不符合规定的，应当自本规定施行之日起2年内进行整改，在高级管理人员或者主要负责人资质、场所规范、许可证使用、分支机构管理等方面达到本规定的相关要求。

第七十七条 保险机构依照本规定报送的各项报告、报表、文件和资料，应当用中文书写。原件为外文的，应当附中文译本；中文与外文意思不一致的，以中文为准。

第七十八条 本规定中的日是指工作日，不含法定节假日；本规定中的以上、以下，包括本数。

第七十九条 本规定由中国保监会负责解释。

第八十条 本规定自2009年10月1日起施行。中国保监会2004年5月13日发布的《保险公司管理规定》（保监会令〔2004〕3号）同时废止。

保险资金运用管理办法

(2018年1月24日中国保险监督管理委员会令2018年第1号公布 自2018年4月1日起施行)

第一章 总 则

第一条 为了规范保险资金运用行为,防范保险资金运用风险,保护保险当事人合法权益,维护保险市场秩序,根据《中华人民共和国保险法》等法律、行政法规,制定本办法。

第二条 在中国境内依法设立的保险集团(控股)公司、保险公司从事保险资金运用活动适用本办法规定。

第三条 本办法所称保险资金,是指保险集团(控股)公司、保险公司以本外币计价的资本金、公积金、未分配利润、各项准备金以及其他资金。

第四条 保险资金运用必须以服务保险业为主要目标,坚持稳健审慎和安全性原则,符合偿付能力监管要求,根据保险资金性质实行资产负债管理和全面风险管理,实现集约化、专业化、规范化和市场化。

保险资金运用应当坚持独立运作。保险集团(控股)公司、保险公司的股东不得违法违规干预保险资金运用工作。

第五条 中国保险监督管理委员会(以下简称中国保监会)依法对保险资金运用活动进行监督管理。

第二章 资金运用形式

第一节 资金运用范围

第六条 保险资金运用限于下列形式:

(一)银行存款;

（二）买卖债券、股票、证券投资基金份额等有价证券；

（三）投资不动产；

（四）投资股权；

（五）国务院规定的其他资金运用形式。

保险资金从事境外投资的，应当符合中国保监会、中国人民银行和国家外汇管理局的相关规定。

第七条 保险资金办理银行存款的，应当选择符合下列条件的商业银行作为存款银行：

（一）资本充足率、净资产和拨备覆盖率等符合监管要求；

（二）治理结构规范、内控体系健全、经营业绩良好；

（三）最近三年未发现重大违法违规行为；

（四）信用等级达到中国保监会规定的标准。

第八条 保险资金投资的债券，应当达到中国保监会认可的信用评级机构评定的、且符合规定要求的信用级别，主要包括政府债券、金融债券、企业（公司）债券、非金融企业债务融资工具以及符合规定的其他债券。

第九条 保险资金投资的股票，主要包括公开发行并上市交易的股票和上市公司向特定对象非公开发行的股票。

保险资金开展股票投资，分为一般股票投资、重大股票投资和上市公司收购等，中国保监会根据不同情形实施差别监管。

保险资金投资全国中小企业股份转让系统挂牌的公司股票，以及以外币认购及交易的股票，由中国保监会另行规定。

第十条 保险资金投资证券投资基金的，其基金管理人应当符合下列条件：

（一）公司治理良好、风险控制机制健全；

（二）依法履行合同，维护投资者合法权益；

（三）设立时间一年（含）以上；

（四）最近三年没有重大违法违规行为；设立未满三年的，自其成立之日起没有重大违法违规行为；

（五）建立有效的证券投资基金和特定客户资产管理业务之间的防火墙机制；

（六）投资团队稳定，历史投资业绩良好，管理资产规模或者基金份额相对稳定。

第十一条 保险资金投资的不动产，是指土地、建筑物以及其他附着于土地上的定着物，具体办法由中国保监会制定。

第十二条 保险资金投资的股权，应当为境内依法设立和注册登记，且未在证券交易所公开上市的股份有限公司和有限责任公司的股权。

第十三条 保险集团（控股）公司、保险公司购置自用不动产、开展上市公司收购或者从事对其他企业实现控股的股权投资，应当使用自有资金。

第十四条 保险集团（控股）公司、保险公司对其他企业实现控股的股权投资，应当满足有关偿付能力监管规定。保险集团（控股）公司的保险子公司不符合中国保监会偿付能力监管要求的，该保险集团（控股）公司不得向非保险类金融企业投资。

实现控股的股权投资应当限于下列企业：

（一）保险类企业，包括保险公司、保险资产管理机构以及保险专业代理机构、保险经纪机构、保险公估机构；

（二）非保险类金融企业；

（三）与保险业务相关的企业。

本办法所称保险资产管理机构，是指经中国保监会同意，依法登记注册，受托管理保险资金等资金的金融机构，包括保险资产管理公司及其子公司、其他专业保险资产管理机构。

第十五条 保险资金可以投资资产证券化产品。

前款所称资产证券化产品，是指金融机构以可特定化的基础资产所产生的现金流为偿付支持，通过结构化等方式进行信用增级，在此基础上发行的金融产品。

第十六条 保险资金可以投资创业投资基金等私募基金。

前款所称创业投资基金是指依法设立并由符合条件的基金管理机构管理，主要投资创业企业普通股或者依法可转换为普通股的优先股、可转换债券等权益的股权投资基金。

第十七条 保险资金可以投资设立不动产、基础设施、养老等专业保险资产管理机构，专业保险资产管理机构可以设立符合条件的保险私募基金，具体办法由中国保监会制定。

第十八条 除中国保监会另有规定以外，保险集团（控股）公司、保险公司从事保险资金运用，不得有下列行为：

（一）存款于非银行金融机构；

（二）买入被交易所实行"特别处理""警示存在终止上市风险的特别处理"的股票；

（三）投资不符合国家产业政策的企业股权和不动产；

（四）直接从事房地产开发建设；

（五）将保险资金运用形成的投资资产用于向他人提供担保或者发放贷款，个人保单质押贷款除外；

（六）中国保监会禁止的其他投资行为。

第十九条 保险集团（控股）公司、保险公司从事保险资金运用应当符合中国保监会比例监管要求，具体规定由中国保监会另行制定。

中国保监会根据保险资金运用实际情况，可以对保险资产的分类、品种以及相关比例等进行调整。

第二十条 投资连结保险产品和非寿险非预定收益投资型保险产品的资金运用，应当在资产隔离、资产配置、投资管理等环节，独立于其他保险产品资金，具体办法由中国保监会制定。

第二节 资金运用模式

第二十一条 保险集团（控股）公司、保险公司应当按照"集中管理、统一配置、专业运作"的要求，实行保险资金的集约化、专业化管理。

保险资金应当由法人机构统一管理和运用，分支机构不得从事保险资金运用业务。

第二十二条 保险集团（控股）公司、保险公司应当选择符合条件的商业银行等专业机构，实施保险资金运用第三方托管和监督，具体办法由中国保监会制定。

托管的保险资产独立于托管机构固有资产，并独立于托管机构托管的其他资产。托管机构因依法解散、被依法撤销或者被依法宣告破产等原因进行清算的,托管资产不属于其清算财产。

第二十三条 托管机构从事保险资金托管的,主要职责包括:

(一)保险资金的保管、清算交割和资产估值;

(二)监督投资行为;

(三)向有关当事人披露信息;

(四)依法保守商业秘密;

(五)法律、行政法规、中国保监会规定和合同约定的其他职责。

第二十四条 托管机构从事保险资金托管,不得有下列行为:

(一)挪用托管资金;

(二)混合管理托管资金和自有资金或者混合管理不同托管账户资金;

(三)利用托管资金及其相关信息谋取非法利益;

(四)其他违法行为。

第二十五条 保险集团(控股)公司、保险公司、保险资产管理机构开展保险资金运用业务,应当具备相应的投资管理能力。

第二十六条 保险集团(控股)公司、保险公司根据投资管理能力和风险管理能力,可以按照相关监管规定自行投资或者委托符合条件的投资管理人作为受托人进行投资。

本办法所称投资管理人,是指依法设立的,符合中国保监会规定的保险资产管理机构、证券公司、证券资产管理公司、证券投资基金管理公司等专业投资管理机构。

第二十七条 保险集团(控股)公司、保险公司委托投资管理人投资的,应当订立书面合同,约定双方权利与义务,确保委托人、受托人、托管人三方职责各自独立。

保险集团(控股)公司、保险公司应当履行制定资产战略配置指引、选择受托人、监督受托人执行情况、评估受托人投资绩效等职责。

受托人应当执行委托人资产配置指引,根据保险资金特性构建投资组合,公平对待不同资金。

第二十八条 保险集团（控股）公司、保险公司委托投资管理人投资的，不得有下列行为：

（一）妨碍、干预受托人正常履行职责；
（二）要求受托人提供其他委托机构信息；
（三）要求受托人提供最低投资收益保证；
（四）非法转移保险利润或者进行其他不正当利益输送；
（五）其他违法行为。

第二十九条 投资管理人受托管理保险资金的，不得有下列行为：

（一）违反合同约定投资；
（二）不公平对待不同资金；
（三）混合管理自有、受托资金或者不同委托机构资金；
（四）挪用受托资金；
（五）向委托机构提供最低投资收益承诺；
（六）以保险资金及其投资形成的资产为他人设定担保；
（七）将受托资金转委托；
（八）为委托机构提供通道服务；
（九）其他违法行为。

第三十条 保险资产管理机构根据中国保监会相关规定，可以将保险资金运用范围内的投资品种作为基础资产，开展保险资产管理产品业务。

保险集团（控股）公司、保险公司委托投资或者购买保险资产管理产品，保险资产管理机构应当根据合同约定，及时向有关当事人披露资金投向、投资管理、资金托管、风险管理和重大突发事件等信息，并保证披露信息的真实、准确和完整。

保险资产管理机构应当根据受托资产规模、资产类别、产品风险特征、投资业绩等因素，按照市场化原则，以合同方式与委托或者投资机构，约定管理费收入计提标准和支付方式。

保险资产管理产品业务，是指由保险资产管理机构作为发行人和管理人，向保险集团（控股）公司、保险公司、保险资产管理机构以及其他合格投资者发售产品份额，募集资金，并选聘商业银行等专业机构为托管人，为投资人利益开展的投资管理活动。

第三十一条 保险资产管理机构开展保险资产管理产品业务，应当在中国保监会认可的资产登记交易平台进行发行、登记、托管、交易、结算、信息披露以及相关信用增进和抵质押融资等业务。

保险资金投资保险资产管理产品以外的其他金融产品，金融产品信息应当在中国保监会认可的资产登记交易平台进行登记和披露，具体操作参照保险资产管理产品的相关规定执行。

前款所称其他金融产品是指商业银行、信托公司、证券公司、证券投资基金管理公司等金融机构依照相关法律、行政法规发行，符合中国保监会规定的金融产品。

第三章 决策运行机制

第一节 组织结构与职责

第三十二条 保险集团（控股）公司、保险公司应当建立健全公司治理，在公司章程和相关制度中明确规定股东（大）会、董事会、监事会和经营管理层的保险资金运用职责，实现保险资金运用决策权、运营权、监督权相互分离，相互制衡。

第三十三条 保险资金运用实行董事会负责制。保险公司董事会应当对资产配置和投资政策、风险控制、合规管理承担最终责任，主要履行下列职责：

（一）审定保险资金运用管理制度；

（二）确定保险资金运用管理方式；

（三）审定投资决策程序和授权机制；

（四）审定资产战略配置规划、年度资产配置计划及相关调整方案；

（五）决定重大投资事项；

（六）审定新投资品种的投资策略和运作方案；

（七）建立资金运用绩效考核制度；

（八）其他相关职责。

董事会应当设立具有投资决策、资产负债管理和风险管理等相应职能的专业委员会。

第三十四条 保险集团（控股）公司、保险公司决定委托投资，以及投资无担保债券、股票、股权和不动产等重大保险资金运用事项，应当经董事会审议通过。

第三十五条 保险集团（控股）公司、保险公司经营管理层根据董事会授权，应当履行下列职责：

（一）负责保险资金运用的日常运营和管理工作；

（二）建立保险资金运用与财务、精算、产品和风险控制等部门之间的沟通协商机制；

（三）审议资产管理部门拟定的保险资产战略配置规划和年度资产配置计划及相关调整方案，并提交董事会审定；

（四）组织实施经董事会审定的资产战略配置规划和年度资产配置计划；

（五）控制和管理保险资金运用风险；

（六）其他相关职责。

第三十六条 保险集团（控股）公司、保险公司应当设置专门的保险资产管理部门，并独立于财务、精算、风险控制等其他业务部门，履行下列职责：

（一）拟定保险资金运用管理制度；

（二）拟定资产战略配置规划和年度资产配置计划及相关调整方案；

（三）执行资产战略配置规划和年度资产配置计划；

（四）实施保险资金运用风险管理措施；

（五）其他相关职责。

保险集团（控股）公司、保险公司自行投资的，保险资产管理部门应当负责日常投资和交易管理；委托投资的，保险资产管理部门应当履行监督投资行为和评估投资业绩等委托人职责。

第三十七条 保险集团（控股）公司、保险公司的保险资产管理部门应当在投资研究、资产清算、风险控制、业绩评估、相关保障等环节设置岗位，建立防火墙体系，实现专业化、规范化、程序化运作。

保险集团（控股）公司、保险公司自行投资的，保险资产管理部门应当设置投资、交易等与资金运用业务直接相关的岗位。

第三十八条　保险集团（控股）公司、保险公司风险管理部门以及具有相应管理职能的部门，应当履行下列职责：

（一）拟定保险资金运用风险管理制度；

（二）审核和监控保险资金运用合法合规性；

（三）识别、评估、跟踪、控制和管理保险资金运用风险；

（四）定期报告保险资金运用风险管理状况；

（五）其他相关职责。

第三十九条　保险资产管理机构应当设立首席风险管理执行官。

首席风险管理执行官为公司高级管理人员，负责组织和指导保险资产管理机构风险管理，履职范围应当包括保险资产管理机构运作的所有业务环节，独立向董事会、中国保监会报告有关情况，提出防范和化解重大风险建议。

首席风险管理执行官不得主管投资管理。如需更换，应当于更换前至少5个工作日向中国保监会书面说明理由和其履职情况。

第二节　资金运用流程

第四十条　保险集团（控股）公司、保险公司应当建立健全保险资金运用的管理制度和内部控制机制，明确各个环节、有关岗位的衔接方式及操作标准，严格分离前、中、后台岗位责任，定期检查和评估制度执行情况，做到权责分明、相对独立和相互制衡。相关制度包括但不限于：

（一）资产配置相关制度；

（二）投资研究、决策和授权制度；

（三）交易和结算管理制度；

（四）绩效评估和考核制度；

（五）信息系统管理制度；

（六）风险管理制度等。

第四十一条　保险集团（控股）公司、保险公司应当以独立法人为单位，统筹境内境外两个市场，综合偿付能力约束、外部环境、风险偏好和监管要求等因素,分析保险资金成本、现金流和期限等负债指标,选择配置具有相应风险收益特征、期限及流动性的资产。

第四十二条 保险集团(控股)公司、保险公司应当建立专业化分析平台,并利用外部研究成果,研究制定涵盖交易对手管理和投资品种选择的模型和制度,实时跟踪并分析市场变化,为保险资金运用决策提供依据。

第四十三条 保险集团(控股)公司、保险公司应当建立健全相对集中、分级管理、权责统一的投资决策和授权制度,明确授权方式、权限、标准、程序、时效和责任,并对授权情况进行检查和逐级问责。

第四十四条 保险集团(控股)公司、保险公司应当建立和完善公平交易机制,有效控制相关人员操作风险和道德风险,防范交易系统的技术安全疏漏,确保交易行为的合规性、公平性和有效性。公平交易机制至少应当包括以下内容:

(一)实行集中交易制度,严格隔离投资决策与交易执行;

(二)构建符合相关要求的集中交易监测系统、预警系统和反馈系统;

(三)建立完善的交易记录制度;

(四)在账户设置、研究支持、资源分配、人员管理等环节公平对待不同资金等。

保险集团(控股)公司、保险公司开展证券投资业务,应当遵守证券行业相关法律法规,建立健全风险隔离机制,实行相关从业人员本人及直系亲属投资信息申报制度,切实防范内幕交易、利用未公开信息交易、利益输送等违法违规行为。

第四十五条 保险集团(控股)公司、保险公司应当建立以资产负债管理为核心的绩效评估体系和评估标准,定期开展保险资金运用绩效评估和归因分析,推进长期投资、价值投资和分散化投资,实现保险资金运用总体目标。

第四十六条 保险集团(控股)公司、保险公司应当建立保险资金运用信息管理系统,减少或者消除人为操纵因素,自动识别、预警报告和管理控制资产管理风险,确保实时掌握风险状况。

信息管理系统应当设定合规性和风险指标阀值，将风险监控的各项要素固化到相关信息技术系统之中，降低操作风险、防止道德风险。

信息管理系统应当建立全面风险管理数据库，收集和整合市场基础资料，记录保险资金管理和投资交易的原始数据，保证信息平台共享。

第四章　风　险　管　控

第四十七条　保险集团（控股）公司、保险公司应当建立全面覆盖、全程监控、全员参与的保险资金运用风险管理组织体系和运行机制，改进风险管理技术和信息技术系统，通过管理系统和稽核审计等手段，分类、识别、量化和评估各类风险，防范和化解风险。

第四十八条　保险集团（控股）公司、保险公司应当管理和控制资产负债错配风险，以偿付能力约束和保险产品负债特性为基础，加强成本收益管理、期限管理和风险预算，确定保险资金运用风险限额，采用缺口分析、敏感性和情景测试等方法，评估和管理资产错配风险。

第四十九条　保险集团（控股）公司、保险公司应当管理和控制流动性风险，根据保险业务特点和风险偏好，测试不同状况下可以承受的流动性风险水平和自身风险承受能力，制定流动性风险管理策略、政策和程序，防范流动性风险。

第五十条　保险集团（控股）公司、保险公司应当管理和控制市场风险，评估和管理利率风险、汇率风险以及金融市场波动风险，建立有效的市场风险评估和管理机制，实行市场风险限额管理。

第五十一条　保险集团（控股）公司、保险公司应当管理和控制信用风险，建立信用风险管理制度，及时跟踪评估信用风险，跟踪分析持仓信用品种和交易对手，定期组织回测检验。

第五十二条　保险集团（控股）公司、保险公司应当加强同业拆借、债券回购和融资融券业务管理，严格控制融资规模和使用杠杆，禁止投机或者用短期拆借资金投资高风险和流动性差的资产。

保险资金参与衍生产品交易,仅限于对冲风险,不得用于投机,具体办法由中国保监会制定。

第五十三条 保险集团(控股)公司、保险公司、保险资产管理机构开展投资业务或者资产管理产品业务,应当建立风险责任人制度,明确相应的风险责任人,具体办法由中国保监会制定。

第五十四条 保险集团(控股)公司、保险公司应当建立内部稽核和外部审计制度。

保险集团(控股)公司、保险公司应当每年至少进行一次保险资金运用内部稽核。

保险集团(控股)公司、保险公司应当聘请符合条件的外部专业审计机构,对保险资金运用内部控制情况进行年度专项审计。

上述内部稽核和年度审计的结果应当向中国保监会报告。具体办法由中国保监会制定。

第五十五条 保险集团(控股)公司、保险公司主管投资的高级管理人员、保险资金运用部门负责人和重要岗位人员离任前应当进行离任审计,审计结果应当向中国保监会报告。

第五十六条 保险集团(控股)公司、保险公司应当建立保险资金运用风险处置机制,制定应急预案,及时控制和化解风险隐患。投资资产发生大幅贬值或者出现债权不能清偿的,应当制定处置方案,并及时报告中国保监会。

第五十七条 保险集团(控股)公司、保险公司应当确保风险管控相关岗位和人员具有履行职责所需知情权和查询权,有权查阅、询问所有与保险资金运用业务相关的数据、资料和细节,并列席与保险资金运用相关的会议。

第五十八条 保险集团(控股)公司、保险公司的保险资金运用行为涉及关联交易的,应当遵守法律、行政法规、国家会计制度,以及中国保监会的有关监管规定。

第五章 监督管理

第五十九条 中国保监会对保险资金运用的监督管理,采取现场监管与非现场监管相结合的方式。

中国保监会可以授权其派出机构行使保险资金运用监管职权。

第六十条 中国保监会应当根据公司治理结构、偿付能力、投资管理能力和风险管理能力，按照内控与合规计分等有关监管规则，对保险集团（控股）公司、保险公司保险资金运用实行分类监管、持续监管、风险监测和动态评估。

中国保监会应当强化对保险公司的资本约束，确定保险资金运用风险监管指标体系，并根据评估结果，采取相应监管措施，防范和化解风险。

第六十一条 保险集团（控股）公司、保险公司分管投资的高级管理人员、保险资产管理公司的董事、监事、高级管理人员，应当在任职前取得中国保监会核准的任职资格。

保险集团（控股）公司、保险公司的首席投资官由分管投资的高级管理人员担任。

保险集团（控股）公司、保险公司的首席投资官和资产管理部门主要负责人应当在任命后10个工作日内，由任职机构向中国保监会报告。

第六十二条 保险集团（控股）公司、保险公司的重大股权投资，应当报中国保监会核准。

重大股权投资的具体办法由中国保监会另行制定。

第六十三条 保险资产管理机构发行或者发起设立的保险资产管理产品，实行核准、备案或注册管理。

注册不对保险资产管理产品的投资价值以及风险作实质性判断。

第六十四条 中国保监会有权要求保险集团（控股）公司、保险公司提供报告、报表、文件和资料。

提交报告、报表、文件和资料，应当及时、真实、准确、完整。

第六十五条 保险集团（控股）公司、保险公司应当依法披露保险资金运用的相关信息。保险集团（控股）公司、保险公司的股东（大）会、董事会的重大投资决议，应当在决议作出后5个工作日内向中国保监会报告，中国保监会另有规定的除外。

第六十六条 中国保监会有权要求保险集团（控股）公司、保险公司将保险资金运用的有关数据与中国保监会的监管信息系统动态连接。

保险集团（控股）公司、保险公司应当按照中国保监会规定，及时、准确、完整地向中国保监会的监管信息系统报送相关数据。

第六十七条 保险集团（控股）公司和保险公司违反本办法规定，存在以下情形之一的，中国保监会可以限制其资金运用的形式和比例：

（一）偿付能力状况不符合中国保监会要求的；

（二）公司治理存在重大风险的；

（三）资金运用违反关联交易有关规定的。

第六十八条 保险集团（控股）公司、保险公司违反资金运用形式和比例有关规定的，由中国保监会责令限期改正。

第六十九条 中国保监会有权对保险集团（控股）公司、保险公司的董事、监事、高级管理人员和保险资产管理部门负责人进行监管谈话，要求其就保险资金运用情况、风险控制、内部管理等有关重大事项作出说明。

第七十条 保险集团（控股）公司、保险公司严重违反资金运用有关规定的，中国保监会可以责令调整负责人及有关管理人员。

第七十一条 保险集团（控股）公司、保险公司严重违反保险资金运用有关规定，被责令限期改正逾期未改正的，中国保监会可以决定选派有关人员组成整顿组，对公司进行整顿。

第七十二条 保险集团（控股）公司、保险公司违反本办法规定运用保险资金的，由中国保监会依法予以罚款、限制业务范围、责令停止接受新业务或者吊销业务许可证等行政处罚，对相关责任人员依法予以警告、罚款、撤销任职资格、禁止进入保险业等行政处罚。

受到行政处罚的，保险集团（控股）公司、保险公司应当对相关责任人员进行内部责任追究。

第七十三条 保险资金运用的其他当事人在参与保险资金运用活动中，违反有关法律、行政法规和本办法规定的，中国保监会应当记录其不良行为，并将有关情况通报其行业主管部门；情节严重的,中国保监会可以通报保险集团(控股)公司、保险公司 3 年内不得与其从事相关业务,并商有关监管部门依法给予行政处罚。

第七十四条 中国保监会工作人员滥用职权、玩忽职守,或者泄露所知悉的有关单位和人员的商业秘密的,依法追究法律责任。

第六章 附 则

第七十五条 保险资产管理机构以及其他投资管理人管理运用保险资金参照本办法执行。

第七十六条 中国保监会对保险集团(控股)公司、自保公司以及其他类型保险机构的资金运用另有规定的,从其规定。

第七十七条 本办法由中国保监会负责解释和修订。

第七十八条 本办法自 2018 年 4 月 1 日起施行。中国保监会 2010 年 7 月 30 日发布的《保险资金运用管理暂行办法》(保监会令 2010 年第 9 号)、2014 年 4 月 4 日发布的《中国保险监督管理委员会关于修改〈保险资金运用管理暂行办法〉的决定》(保监会令 2014 年第 3 号)同时废止。

保险公司信息披露管理办法

(2018 年 4 月 28 日中国银行保险监督管理委员会令 2018 年第 2 号公布 自 2018 年 7 月 1 日起施行)

第一章 总 则

第一条 为了规范保险公司的信息披露行为,保障投保人、被保险人、受益人以及相关当事人的合法权益,促进保险业健康发展,根据《中华人民共和国保险法》等法律、行政法规,制定本办法。

第二条 本办法所称保险公司,是指经中国银行保险监督管理委员会批准设立,并依法登记注册的商业保险公司。

本办法所称信息披露，是指保险公司向社会公众公开其经营管理相关信息的行为。

第三条 保险公司信息披露应当遵循真实、准确、完整、及时、有效的原则，不得有虚假记载、误导性陈述和重大遗漏。

保险公司信息披露应当尽可能使用通俗易懂的语言。

第四条 保险公司应当按照法律、行政法规和中国银行保险监督管理委员会的规定进行信息披露。

保险公司可以在法律、行政法规和中国银行保险监督管理委员会规定的基础上披露更多信息。

第五条 保险公司按照本办法拟披露的信息属于国家秘密、商业秘密，以及存在其他因披露将导致违反国家有关保密的法律、行政法规等情形的，可以豁免披露相关内容。

第六条 中国银行保险监督管理委员会根据法律、行政法规和国务院授权，对保险公司的信息披露行为进行监督管理。

第二章 信息披露的内容

第七条 保险公司应当披露下列信息：
（一）基本信息；
（二）财务会计信息；
（三）保险责任准备金信息；
（四）风险管理状况信息；
（五）保险产品经营信息；
（六）偿付能力信息；
（七）重大关联交易信息；
（八）重大事项信息；
（九）中国银行保险监督管理委员会规定的其他信息。

第八条 保险公司披露的基本信息应当包括公司概况、公司治理概要和产品基本信息。

第九条 保险公司披露的公司概况应当包括下列内容：
（一）公司名称；

（二）注册资本；

（三）公司住所和营业场所；

（四）成立时间；

（五）经营范围和经营区域；

（六）法定代表人；

（七）客服电话、投诉渠道和投诉处理程序；

（八）各分支机构营业场所和联系电话。

第十条 保险公司披露的公司治理概要应当包括下列内容：

（一）实际控制人及其控制本公司情况的简要说明；

（二）持股比例在5%以上的股东及其持股情况；

（三）近3年股东大会（股东会）主要决议，至少包括会议召开的时间、地点、出席情况、主要议题以及表决情况等；

（四）董事和监事简历；

（五）高级管理人员简历、职责及其履职情况；

（六）公司部门设置情况。

第十一条 保险公司披露的产品基本信息应当包括下列内容：

（一）审批或者备案的保险产品目录、条款；

（二）人身保险新型产品说明书；

（三）中国银行保险监督管理委员会规定的其他产品基本信息。

第十二条 保险公司披露的上一年度财务会计信息应当与经审计的年度财务会计报告保持一致，并包括下列内容：

（一）财务报表，包括资产负债表、利润表、现金流量表、所有者权益变动表和附注；

财务报表附注，包括财务报表的编制基础，重要会计政策和会计估计的说明，重要会计政策和会计估计变更的说明，或有事项、资产负债表日后事项和表外业务的说明，对公司财务状况有重大影响的再保险安排说明，企业合并、分立的说明，以及财务报表中重要项目的明细。

（二）审计报告的主要审计意见，审计意见中存在带强调事项段的无保留意见、保留意见、否定意见或者无法表示意见的，保险公司还应当就此作出说明。

实际经营期未超过3个月的保险公司年度财务会计报告可以不经审计。

第十三条 保险公司披露的上一年度保险责任准备金信息包括准备金评估方面的定性信息和定量信息。

保险公司应当按照准备金的类别提供以下说明：未来现金流假设、主要精算假设方法及其结果等。

保险公司应当按照准备金的类别列示准备金评估结果以及与前一年度评估结果的对比分析。

保险公司披露的保险责任准备金信息应当与财务会计报告相关信息保持一致。

第十四条 保险公司披露的风险管理状况信息应当与经董事会审议的年度风险评估报告保持一致，并包括下列内容：

（一）风险评估，包括保险风险、市场风险和信用风险等风险的敞口及其简要说明，以及操作风险、战略风险、声誉风险、流动性风险等的简要说明；

（二）风险控制，包括风险管理组织体系简要介绍、风险管理总体策略及其执行情况。

第十五条 人身保险公司披露的产品经营信息应当包括下列内容：

（一）上一年度原保险保费收入居前5位的保险产品的名称、主要销售渠道、原保险保费收入和退保金；

（二）上一年度保户投资款新增交费居前3位的保险产品的名称、主要销售渠道、保户投资款新增交费和保户投资款本年退保；

（三）上一年度投连险独立账户新增交费居前3位的投连险产品的名称、主要销售渠道、投连险独立账户新增交费和投连险独立账户本年退保。

第十六条 财产保险公司披露的产品经营信息是指上一年度原保险保费收入居前5位的商业保险险种经营情况，包括险种名称、保险金额、原保险保费收入、赔款支出、准备金、承保利润。

第十七条 保险公司披露的上一年度偿付能力信息是指经审计的第四季度偿付能力信息，至少包括核心偿付能力充足率、综合偿付能力充足率、实际资本和最低资本等内容。

第十八条 保险公司披露的重大关联交易信息应当包括下列内容：

（一）交易概述以及交易标的的基本情况；

（二）交易对手情况；

（三）交易的主要内容和定价政策；

（四）独立董事的意见；

（五）中国银行保险监督管理委员会规定的其他事项。

重大关联交易的认定和计算，应当符合中国银行保险监督管理委员会的有关规定。

第十九条 保险公司有下列重大事项之一的，应当披露相关信息并作出简要说明：

（一）控股股东或者实际控制人发生变更；

（二）更换董事长或者总经理；

（三）当年董事会累计变更人数超过董事会成员人数的三分之一；

（四）公司名称、注册资本、公司住所或者营业场所发生变更；

（五）经营范围发生变化；

（六）合并、分立、解散或者申请破产；

（七）撤销省级分公司；

（八）对被投资企业实施控制的重大股权投资；

（九）发生单项投资实际投资损失金额超过公司上季度末净资产总额5%的重大投资损失，如果净资产为负值则按照公司注册资本5%计算；

（十）发生单笔赔案或者同一保险事故涉及的所有赔案实际赔付支出金额超过公司上季度末净资产总额5%的重大赔付，如果净资产为负值则按照公司注册资本5%计算；

（十一）发生对公司净资产和实际营运造成重要影响或者判决公司赔偿金额超过5000万元人民币的重大诉讼案件；

（十二）发生对公司净资产和实际营运造成重要影响或者裁决公司赔偿金额超过5000万元人民币的重大仲裁事项；

（十三）保险公司或者其董事长、总经理受到刑事处罚；

（十四）保险公司或者其省级分公司受到中国银行保险监督管理委员会或者其派出机构的行政处罚；

（十五）更换或者提前解聘会计师事务所；

（十六）中国银行保险监督管理委员会规定的其他事项。

第三章 信息披露的方式和时间

第二十条 保险公司应当建立公司网站，按照本办法的规定披露相关信息。

第二十一条 保险公司应当在公司网站披露公司的基本信息。

公司基本信息发生变更的，保险公司应当自变更之日起10个工作日内更新。

第二十二条 保险公司应当制作年度信息披露报告，年度信息披露报告应当至少包括本办法第七条第（二）项至第（六）项规定的内容。

保险公司应当在每年4月30日前在公司网站和中国银行保险监督管理委员会指定的媒介上发布年度信息披露报告。

第二十三条 保险公司发生本办法第七条第（七）项、第（八）项规定事项之一的，应当自事项发生之日起10个工作日内编制临时信息披露报告，并在公司网站上发布。

临时信息披露报告应当按照事项发生的顺序进行编号并且标注披露时间，报告应当包含事项发生的时间、事项的起因、目前的状态和可能产生的影响。

第二十四条 保险公司不能按时进行信息披露的，应当在规定披露的期限届满前向中国银行保险监督管理委员会报告相关情况，并且在公司网站公布不能按时披露的原因以及预计披露时间。

第二十五条 保险公司网站应当保留最近5年的公司年度信息披露报告和临时信息披露报告。

第二十六条 保险公司在公司网站和中国银行保险监督管理委员会指定媒介以外披露信息的，其内容不得与公司网站和中国银行保险监督管理委员会指定媒介披露的内容相冲突，且不得早于公司网站和中国银行保险监督管理委员会指定媒介的披露时间。

第四章　信息披露的管理

第二十七条　保险公司应当建立信息披露管理制度并报中国银行保险监督管理委员会。信息披露管理制度应当包括下列内容：

（一）信息披露的内容和基本格式；

（二）信息的审核和发布流程；

（三）信息披露的豁免及其审核流程；

（四）信息披露事务的职责分工、承办部门和评价制度；

（五）责任追究制度。

保险公司修订信息披露管理制度后，应当在修订完成之日起10个工作日内向中国银行保险监督管理委员会报告。

第二十八条　保险公司拟披露信息属于豁免披露事项的，应当在豁免披露事项通过公司审核后10个工作日内向中国银行保险监督管理委员会报告。

豁免披露的原因已经消除的，保险公司应当在原因消除之日起10个工作日内编制临时信息披露报告，披露相关信息、此前豁免披露的原因和公司审核情况等。

第二十九条　保险公司董事会秘书负责管理公司信息披露事务。未设董事会的保险公司，应当指定公司高级管理人员负责管理信息披露事务。

第三十条　保险公司应当将董事会秘书或者指定的高级管理人员、承办信息披露事务的部门的联系方式报中国银行保险监督管理委员会。

上述情况发生变更的，保险公司应当在变更之日起10个工作日内向中国银行保险监督管理委员会报告。

第三十一条　保险公司应当在公司网站主页置顶的显著位置设置信息披露专栏，名称为"公开信息披露"。

保险公司所有公开披露的信息都应当在该专栏下分类设置子栏

目列示，一级子栏目名称分别为"基本信息""年度信息""重大事项"和"专项信息"等。其中，"专项信息"栏目下设"关联交易""股东股权""偿付能力""互联网保险""资金运用""新型产品""交强险"等二级子栏目。

上市保险公司可以在"投资者关系"栏目下披露本办法要求披露的相关内容。

第三十二条 保险公司应当加强公司网站建设，维护公司网站安全，方便社会公众查阅信息。

第三十三条 保险公司应当使用中文进行信息披露。同时披露外文文本的，中、外文文本内容应当保持一致；两种文本不一致的，以中文文本为准。

第五章 法律责任

第三十四条 保险公司有下列行为之一的，由中国银行保险监督管理委员会依据法律、行政法规进行处罚：

（一）未按照本办法的规定披露信息的；

（二）未按照本办法的规定报送或者保管报告、报表、文件、资料的，或者未按照规定提供有关信息、资料的；

（三）编制或者提供虚假的报告、报表、文件、资料的；

（四）拒绝或者妨碍依法监督检查的。

第三十五条 保险公司违反本办法规定的，中国银行保险监督管理委员会除按照本办法第三十四条的规定对该公司给予处罚外，对其直接负责信息披露的主管人员和其他直接责任人员依据法律、行政法规进行处罚。

第六章 附 则

第三十六条 中国银行保险监督管理委员会对保险产品经营信息和其他信息的披露另有规定的，从其规定。

第三十七条 下列保险机构参照适用本办法，法律、行政法规和中国银行保险监督管理委员会另有规定的除外：

（一）保险集团（控股）公司；

（二）再保险公司；

（三）保险资产管理公司；

（四）相互保险组织；

（五）外国保险公司分公司；

（六）中国银行保险监督管理委员会规定的其他保险机构。

第三十八条 上市保险公司按照上市公司信息披露要求已经披露本办法规定的相关信息的，可免予重复披露。

保险集团（控股）公司下属的保险公司已经按照本办法规定披露保险责任准备金信息、保险产品经营信息等信息的，保险集团（控股）公司可免于重复披露。

对于上述免于重复披露的内容，上市保险公司或者保险集团（控股）公司应当在公司网站和中国银行保险监督管理委员会指定的媒介上披露链接网址及其简要说明。

第三十九条 本办法由中国银行保险监督管理委员会负责解释。

第四十条 本办法自2018年7月1日起施行。原中国保险监督管理委员会2010年5月12日发布的《保险公司信息披露管理办法》（保监会令2010年第7号）、2010年6月2日发布的《关于实施〈保险公司信息披露管理办法〉有关问题的通知》（保监统信〔2010〕604号）同时废止。

反保险欺诈工作办法

（2024年7月22日　金规〔2024〕10号）

第一章　总　　则

第一条 为防范和化解保险欺诈风险，提升保险行业全面风险管理能力，保护保险活动当事人合法权益，维护市场秩序，促进行业高质量发展，根据《中华人民共和国保险法》、《中华人民共和国刑法》等法律法规，结合行业发展现状，制定本办法。

第二条 本办法所称保险欺诈（以下简称欺诈）是指利用保险合同谋取非法利益的行为，主要包括故意虚构保险标的，骗取保险金；编造未曾发生的保险事故、编造虚假的事故原因或者夸大损失程度，骗取保险金；故意造成保险事故，骗取保险金的行为等。

本办法所称保险欺诈风险（以下简称欺诈风险）是指欺诈实施者进行欺诈活动，给保险活动当事人及社会公众造成经济损失或其他损害的风险。

第三条 反欺诈工作目标是建立"监管引领、机构为主、行业联防、各方协同"四位一体的工作体系，反欺诈体制机制基本健全，欺诈违法犯罪势头有效遏制，行业欺诈风险防范化解能力显著提升，消费者反欺诈意识明显增强。

第四条 保险机构应建立全流程欺诈风险管理体系，逐步健全事前多方预警、事中智能管控、事后回溯管理的工作流程。

行业组织应按照职责分工充分发挥大数据和行业联防在打击欺诈违法犯罪中的作用，加强反欺诈智能化工具有效应用，健全行业欺诈风险监测、预警、处置流程，为监管部门、公安司法机关和保险机构反欺诈工作提供支持。

第五条 保险机构和行业组织应按照职责分工统筹网络安全、数据安全与创新发展，依法履行安全保护义务，完善管理制度，加强网络安全和数据安全防护，保障必要的人员和资源投入，采取网络安全、数据安全管理和技术措施，确保反欺诈信息系统安全可控运行。

第六条 保险机构应将消费者权益保护作为反欺诈工作的出发点和落脚点，不断提升保险服务质效，引导保险中介机构、第三方外包服务商、消费者等依法合规、诚实守信参与保险活动，营造良好保险市场秩序，切实保护消费者合法权益。

第二章 反欺诈监督管理

第七条 金融监管总局及其派出机构依法对欺诈风险管理工作

实施监管。

第八条 金融监管总局及其派出机构应建立反欺诈监管框架，健全反欺诈监管制度，加强对保险机构和行业组织反欺诈工作指导，推动与公安司法机关、相关行业主管部门及地方政府职能部门的沟通协作和信息交流，加强反欺诈跨境合作。

第九条 金融监管总局及其派出机构应指导保险机构开展以下工作：

（一）建立健全欺诈风险管理体系；
（二）防范和应对欺诈风险；
（三）参与反欺诈行业协作；
（四）开展反欺诈宣传教育。

第十条 金融监管总局及其派出机构定期对保险机构欺诈风险管理体系的健全性和有效性进行检查和评价，主要包括：

（一）对反欺诈监管规定的执行情况；
（二）内部欺诈风险管理制度的制定情况；
（三）欺诈风险管理组织架构的建立和人员履职情况；
（四）欺诈风险管理流程的完备性、可操作性和运行情况；
（五）欺诈风险管理信息系统的建设和运行情况；
（六）反欺诈协作情况；
（七）欺诈风险和案件处置情况；
（八）反欺诈培训和宣传教育情况；
（九）网络安全、数据安全和个人信息保护情况。

第十一条 金融监管总局及其派出机构通过监管评价、风险提示、通报、约谈等方式对保险机构欺诈风险管理进行持续性监管。保险机构违反本办法规定，造成不良后果的，由金融监管总局及其派出机构依据《中华人民共和国保险法》等法律法规采取监管措施或者予以行政处罚。

第十二条 金融监管总局指导银保信公司、保险业协会、保险学会等行业组织深入开展行业合作，构建行业内外数据共享和欺诈风险信息互通机制，强化风险处置协作，联合开展打击欺诈的行业行动，组织反欺诈宣传教育，深化理论研究和学术交流，协同推进反欺诈工作。

金融监管总局派出机构应指导地方保险行业协会、保险机构及其分支机构根据实际情况健全反欺诈组织，可设立或与公安机关共同成立反欺诈中心、反欺诈办公室等。

第三章　保险机构欺诈风险管理

第十三条　保险机构应承担欺诈风险管理的主体责任，建立健全欺诈风险管理制度和机制，规范操作流程，完善信息系统，稳妥处置欺诈风险，加强行业协作，开展反欺诈交流培训、宣传教育，履行报告义务。

第十四条　保险机构欺诈风险管理体系应包括以下基本要素：

（一）董事会、监事会（监事）或履行监事会职责的专业委员会、管理层的有效监督和管理；

（二）与业务性质、规模和风险特征相适应的制度机制；

（三）欺诈风险管理组织架构和流程设置；

（四）职责、权限划分和考核问责机制；

（五）欺诈风险识别、计量、评估、监测和处置程序；

（六）内部控制和监督机制；

（七）欺诈风险管理信息系统；

（八）反欺诈培训和人才队伍建设；

（九）反欺诈宣传教育；

（十）反欺诈协作机制参与和配合；

（十一）诚实守信和合规文化建设。

第十五条　保险机构应在综合考虑业务发展、技术更新及市场变化等因素的基础上定期对欺诈风险管理体系有效性进行评价，并根据评价结果判断相关策略、制度和程序是否需要更新和修订。

保险机构应当于每年一季度向金融监管总局或其派出机构报送上一年度欺诈风险管理体系有效性评价报告。保险机构省级分支机构按照属地派出机构的要求报送欺诈风险管理体系有效性评价报告。

第十六条　保险机构应制定欺诈风险管理制度，明确董事会、监事会（监事）或履行监事会职责的专业委员会、管理层、欺诈风险管理负责人和反欺诈职能部门在欺诈风险管理中的作用、职责及报告路径，规范操作流程，严格考核、问责制度执行。

第十七条 保险机构应合理确定各项业务活动和管理活动的欺诈风险控制点，明确欺诈风险管理相关事项的审核部门和审批权限，执行标准统一的业务流程和管理流程，将欺诈风险管控覆盖到各关键业务单元，强化承保端和理赔端风险信息核验，提升理赔质效。

保险机构应加强诚信教育与合规文化建设，健全人员选任和在岗履职检查机制，加强员工行为管理，开展从业人员异常行为排查，严防内部人员欺诈。

保险机构应审慎选择保险中介业务合作对象或与业务相关的外包服务商，加强反欺诈监督。

第十八条 保险机构应建立欺诈风险识别机制，对关键业务单元面临的欺诈风险及风险发生的可能性和危害程度进行评估，选择合适的风险处置策略和工具，控制事件发展态势、弥补资产损失，妥善化解风险。

第十九条 保险机构应建立欺诈风险管理信息系统或将现有信息系统嵌入相关功能，做好业务要素数据内部标准与行业标准衔接，确保欺诈风险管理相关数据的真实、完整、准确、规范。

保险机构应依法处理和使用消费者个人信息和行业数据信息，保证数据安全性和完备性。

第二十条 保险机构应将反欺诈宣传教育纳入消费者日常教育与集中教育活动，建立多元化反欺诈宣传教育渠道，通过官方网站、移动互联网应用程序、营业场所等开展反欺诈宣传，提高消费者对欺诈的认识，增强消费者防范欺诈的意识和能力。

第二十一条 保险机构发现欺诈线索可能涉及其他保险机构的，应报请银保信公司或地方保险行业协会和反欺诈组织对欺诈线索进行核查与串并。

保险机构应建立健全欺诈线索协查机制，积极配合行业组织开展线索串并、风险排查、案件处置等工作。

保险机构应建立激励机制，对在举报、调查、打击欺诈违法犯罪中成效突出的单位和人员进行表彰奖励。

第二十二条 保险机构开展农业保险、首台（套）重大技术装备保险、重点新材料首批次应用保险等由财政部门给予保险费补贴的险种，应单独就欺诈风险开展持续性评估，并根据结果合理制定欺诈风险管理措施。

保险机构应加强对协助办理业务机构的监督，不得以虚假理赔、虚列费用、虚假退保或者截留、挪用保险金、挪用经营经费等方式冲销投保人应缴的保险费或者财政给予的保险费补贴。禁止任何单位和个人挪用、截留、侵占保险机构应赔偿被保险人的保险金。

第二十三条 保险机构收到投保人、被保险人或者受益人的理赔或者给付保险金的请求后，应依照法律法规和合同约定及时作出处理，没有确凿证据或线索的，不得以涉嫌欺诈为借口拖延理赔、无理拒赔。

第四章 反欺诈行业协作

第二十四条 保险业协会应在金融监管总局指导下发挥行业自律和协调推动作用，承担以下职责：

（一）建立反欺诈联席会议制度，定期召开联席会议协调推动行业反欺诈工作；

（二）建立反欺诈专业人才库，组织开展反欺诈交流培训；

（三）组织开展反欺诈专题教育和公益宣传活动；

（四）加强与其他行业、自律组织或国际反欺诈组织的交流合作；

（五）组织开展反欺诈课题研究；

（六）每年一季度向金融监管总局书面报告上一年度反欺诈工作情况；

（七）其他应承担的反欺诈工作。

第二十五条 银保信公司等应在金融监管总局及其派出机构指导下充分发挥大数据平台集中管理优势，探索建立多险种的行业反欺诈信息平台、反欺诈情报中心等基础设施，对行业欺诈风险进行监测分析,对欺诈可疑数据进行集中筛查,对发现的欺诈线索交由地方保险行业协会和反欺诈组织、保险机构进行核查。涉嫌犯罪的,及时向公安机关报案。

金融监管总局派出机构、地方保险行业协会和反欺诈组织可参照上述模式组织开展辖内大数据反欺诈工作。

第二十六条 地方保险行业协会和反欺诈组织应在金融监管总局派出机构指导下,秉承"服务、沟通、协调、自律"的工作方针,承担以下职责:

(一)建立辖内反欺诈合作机制;

(二)发布辖内欺诈风险提示、警示,探索建立辖内欺诈风险指标体系;

(三)组织协调辖内保险机构配合银保信公司等开展欺诈线索核查、串并工作,完善案件调查、移交立案、证据调取等相关机制;

(四)探索建立地方反欺诈信息平台,为辖内欺诈风险分析与预警提供信息数据支持,针对区域性欺诈线索组织开展排查、研判,配合公安机关打击工作;

(五)加强与其他主管部门或自律组织的反欺诈合作与协调,加强数据和信息共享,为反欺诈工作提供便利;

(六)组织开展辖内反欺诈专题教育和公益宣传活动;

(七)建立辖内反欺诈专业人才库和案例库,组织开展反欺诈交流培训;

(八)每年一季度向属地派出机构书面报告上一年度反欺诈工作情况;

(九)其他应承担的反欺诈工作。

第二十七条 银保信公司、地方保险行业协会和反欺诈组织、保险机构等应严格遵守个人信息保护法律法规,加强个人信息全生命周期管理,建立信息收集、存储、使用、加工、传输、提供、删除等制度机制,明确信息使用用途和信息处理权责,严格管控信息使用的范围和权限。未经信息主体授权或法律法规许可,任何机构不得以书面形式、口头形式或者其他形式对外公开、提供个人信息。

第二十八条 银保信公司、地方保险行业协会和反欺诈组织、保险机构等应定期就反欺诈信息系统建设、欺诈指标和监测模型设计、欺诈案件调查、典型案例分享等方面开展交流和合作。

第五章 反欺诈各方协同

第二十九条 金融监管总局及其派出机构应建立健全与公安机关、人民检察院、人民法院之间反欺诈行政执法与刑事司法衔接机制，在统一法律适用、情况通报、信息共享、信息发布、案件移送、调查取证、案件会商、司法建议等方面加强合作。

第三十条 金融监管总局及其派出机构发现欺诈违法事实涉嫌犯罪的，应根据行政执法机关移送涉嫌犯罪案件的相关规定，及时将案件线索移送公安机关，并将案件移送书抄送同级人民检察院。涉嫌公职人员职务犯罪的，及时移送纪检监察机关。

金融监管总局及其派出机构应加强与公安机关、人民检察院执法联动，针对重点领域、新型、重大欺诈案件，开展联合打击或督办。

第三十一条 金融监管总局及其派出机构应建立健全与市场监管、司法行政、医疗保障等部门的协作机制，在信息共享、通报会商、线索移送、交流互训、联合执法等方面加强合作。

第三十二条 金融监管总局及其派出机构应加强与地方政府职能部门的协调联动，推动建立反欺诈常态化沟通机制，及时通报重要监管信息、重点风险线索和重大专项行动，加强信息共享和执法协作。

第三十三条 金融监管总局及其派出机构应加强反欺诈跨境合作，建立健全跨境交流与合作的框架体系，指导行业组织加强与境外反欺诈组织的沟通联络，在跨境委托调查、信息查询通报、交流互访等方面开展反欺诈合作。

第六章 附 则

第三十四条 本办法所称保险机构，是指经金融监管总局及其派出机构批准设立的保险公司、相互保险组织及其分支机构。保险集团（控股）公司、再保险公司、保险专业中介机构和其他具有反欺诈职能的机构根据自身经营实际和风险特点参照本办法开展反欺诈相关工作。

第三十五条　保险机构欺诈风险管理体系有效性评价方法和指标另行规定。

第三十六条　本办法由金融监管总局负责解释、修订。

第三十七条　本办法自 2024 年 8 月 1 日起施行，《中国保监会关于印发〈反保险欺诈指引〉的通知》（保监发〔2018〕24 号）同时废止。

全国法院民商事审判工作会议纪要（节录）

（2019 年 11 月 8 日　法〔2019〕254 号）

……

五、关于金融消费者权益保护纠纷案件的审理

会议认为，在审理金融产品发行人、销售者以及金融服务提供者（以下简称卖方机构）与金融消费者之间因销售各类高风险等级金融产品和为金融消费者参与高风险等级投资活动提供服务而引发的民商事案件中，必须坚持"卖者尽责、买者自负"原则，将金融消费者是否充分了解相关金融产品、投资活动的性质及风险并在此基础上作出自主决定作为应当查明的案件基本事实，依法保护金融消费者的合法权益，规范卖方机构的经营行为，推动形成公开、公平、公正的市场环境和市场秩序。

72.【适当性义务】适当性义务是指卖方机构在向金融消费者推介、销售银行理财产品、保险投资产品、信托理财产品、券商集合理财计划、杠杆基金份额、期权及其他场外衍生品等高风险等级金

融产品，以及为金融消费者参与融资融券、新三板、创业板、科创板、期货等高风险等级投资活动提供服务的过程中，必须履行的了解客户、了解产品、将适当的产品（或者服务）销售（或者提供）给适合的金融消费者等义务。卖方机构承担适当性义务的目的是为了确保金融消费者能够在充分了解相关金融产品、投资活动的性质及风险的基础上作出自主决定，并承受由此产生的收益和风险。在推介、销售高风险等级金融产品和提供高风险等级金融服务领域，适当性义务的履行是"卖者尽责"的主要内容，也是"买者自负"的前提和基础。

73.【法律适用规则】在确定卖方机构适当性义务的内容时，应当以合同法、证券法、证券投资基金法、信托法等法律规定的基本原则和国务院发布的规范性文件作为主要依据。相关部门在部门规章、规范性文件中对高风险等级金融产品的推介、销售，以及为金融消费者参与高风险等级投资活动提供服务作出的监管规定，与法律和国务院发布的规范性文件的规定不相抵触的，可以参照适用。

74.【责任主体】金融产品发行人、销售者未尽适当性义务，导致金融消费者在购买金融产品过程中遭受损失的，金融消费者既可以请求金融产品的发行人承担赔偿责任，也可以请求金融产品的销售者承担赔偿责任，还可以根据《民法总则》第167条的规定，请求金融产品的发行人、销售者共同承担连带赔偿责任。发行人、销售者请求人民法院明确各自的责任份额的，人民法院可以在判决发行人、销售者对金融消费者承担连带赔偿责任的同时，明确发行人、销售者在实际承担了赔偿责任后，有权向责任方追偿其应当承担的赔偿份额。

金融服务提供者未尽适当性义务，导致金融消费者在接受金融服务后参与高风险等级投资活动遭受损失的，金融消费者可以请求金融服务提供者承担赔偿责任。

75.【举证责任分配】在案件审理过程中，金融消费者应当对购买产品（或者接受服务）、遭受的损失等事实承担举证责任。卖方机构对其是否履行了适当性义务承担举证责任。卖方机构不能提供其已经建立了金融产品（或者服务）的风险评估及相应管理制度、对金融消费者的风险认知、风险偏好和风险承受能力进行了测试、向金融消费者告知产品（或者服务）的收益和主要风险因素等相关证据的，应当承担举证不能的法律后果。

76.【告知说明义务】告知说明义务的履行是金融消费者能够真正了解各类高风险等级金融产品或者高风险等级投资活动的投资风险和收益的关键，人民法院应当根据产品、投资活动的风险和金融消费者的实际情况，综合理性人能够理解的客观标准和金融消费者能够理解的主观标准来确定卖方机构是否已经履行了告知说明义务。卖方机构简单地以金融消费者手写了诸如"本人明确知悉可能存在本金损失风险"等内容主张其已经履行了告知说明义务，不能提供其他相关证据的，人民法院对其抗辩理由不予支持。

77.【损失赔偿数额】卖方机构未尽适当性义务导致金融消费者损失的，应当赔偿金融消费者所受的实际损失。实际损失为损失的本金和利息，利息按照中国人民银行发布的同期同类存款基准利率计算。

金融消费者因购买高风险等级金融产品或者为参与高风险投资活动接受服务，以卖方机构存在欺诈行为为由，主张卖方机构应当根据《消费者权益保护法》第55条的规定承担惩罚性赔偿责任的，人民法院不予支持。卖方机构的行为构成欺诈的，对金融消费者提出赔偿其支付金钱总额的利息损失请求，应当注意区分不同情况进行处理：

（1）金融产品的合同文本中载明了预期收益率、业绩比较基准或者类似约定的，可以将其作为计算利息损失的标准；

（2）合同文本以浮动区间的方式对预期收益率或者业绩比较基准等进行约定，金融消费者请求按照约定的上限作为利息损失计算标准的，人民法院依法予以支持；

（3）合同文本虽然没有关于预期收益率、业绩比较基准或者类似约定，但金融消费者能够提供证据证明产品发行的广告宣传资料中载明了预期收益率、业绩比较基准或者类似表述的，应当将宣传资料作为合同文本的组成部分；

（4）合同文本及广告宣传资料中未载明预期收益率、业绩比较基准或者类似表述的，按照全国银行间同业拆借中心公布的贷款市场报价利率计算。

78.【免责事由】因金融消费者故意提供虚假信息、拒绝听取卖方机构的建议等自身原因导致其购买产品或者接受服务不适当，卖方机构请求免除相应责任的，人民法院依法予以支持，但金融消费者能够证明该虚假信息的出具系卖方机构误导的除外。卖方机构能够举证证明根据金融消费者的既往投资经验、受教育程度等事实，适当性义务的违反并未影响金融消费者作出自主决定的，对其关于应当由金融消费者自负投资风险的抗辩理由，人民法院依法予以支持。

......

八、关于财产保险合同纠纷案件的审理

会议认为，妥善审理财产保险合同纠纷案件，对于充分发挥保险的风险管理和保障功能，依法保护各方当事人合法权益，实现保险业持续健康发展和服务实体经济，具有重大意义。

97.【未依约支付保险费的合同效力】当事人在财产保险合同中约定以投保人支付保险费作为合同生效条件，但对该生效条件是否为全额支付保险费约定不明，已经支付了部分保险费的投保人主张保险合同已经生效的，人民法院依法予以支持。

98.【仲裁协议对保险人的效力】被保险人和第三者在保险事故发生前达成的仲裁协议，对行使保险代位求偿权的保险人是否具有约束力，实务中存在争议。保险代位求偿权是一种法定债权转让，保险人在向被保险人赔偿保险金后，有权行使被保险人对第三者请求赔偿的权利。被保险人和第三者在保险事故发生前达成的仲裁协议，对保险人具有约束力。考虑到涉外民商事案件的处理常常涉及国际条约、国际惯例的适用，相关问题具有特殊性，故具有涉外因素的民商事纠纷案件中该问题的处理，不纳入本条规范的范围。

99.【直接索赔的诉讼时效】商业责任保险的被保险人给第三者造成损害，被保险人对第三者应当承担的赔偿责任确定后，保险人

应当根据被保险人的请求，直接向第三者赔偿保险金。被保险人怠于提出请求的，第三者有权依据《保险法》第65条第2款的规定，就其应获赔偿部分直接向保险人请求赔偿保险金。保险人拒绝赔偿的，第三者请求保险人直接赔偿保险金的诉讼时效期间的起算时间如何认定，实务中存在争议。根据诉讼时效制度的基本原理，第三者请求保险人直接赔偿保险金的诉讼时效期间，自其知道或者应当知道向保险人的保险金赔偿请求权行使条件成就之日起计算。

……

银行业保险业消费投诉处理管理办法

（2020年1月14日中国银行保险监督管理委员会令2020年第3号公布　自2020年3月1日起施行）

第一章　总　　则

第一条　为了规范银行业保险业消费投诉处理工作，保护消费者合法权益，根据《中华人民共和国银行业监督管理法》、《中华人民共和国商业银行法》、《中华人民共和国保险法》、《中华人民共和国消费者权益保护法》等法律法规，制定本办法。

第二条　本办法所称银行业保险业消费投诉（以下简称"消费投诉"），是指消费者因购买银行、保险产品或者接受银行、保险相关服务与银行保险机构或者其从业人员产生纠纷（以下简称"消费纠纷"），并向银行保险机构主张其民事权益的行为。

第三条　银行业保险业消费投诉处理工作应当坚持依法合规、便捷高效、标本兼治和多元化解原则。

第四条　银行保险机构是维护消费者合法权益、处理消费投诉的责任主体，负责对本单位及其分支机构消费投诉处理工作的管理、指导和考核，协调、督促其分支机构妥善处理各类消费投诉。

第五条　各相关行业协会应当充分发挥在消费纠纷化解方面的

行业自律作用，协调、促进其会员单位通过协商、调解、仲裁、诉讼等方式妥善处理消费纠纷。

第六条 中国银行保险监督管理委员会（以下简称"中国银保监会"）是全国银行业保险业消费投诉处理工作的监督单位，对全国银行业保险业消费投诉处理工作进行监督指导。

中国银保监会各级派出机构应当对辖区内银行业保险业消费投诉处理工作进行监督指导，推动辖区内建立完善消费纠纷多元化解机制。

第二章 组织管理

第七条 银行保险机构应当从人力物力财力上保证消费投诉处理工作顺利开展，指定高级管理人员或者机构负责人分管本单位消费投诉处理工作，设立或者指定本单位消费投诉处理工作的管理部门和岗位，合理配备工作人员。

银行保险机构应当畅通投诉渠道，设立或者指定投诉接待区域，配备录音录像等设备记录并保存消费投诉接待处理过程，加强消费投诉管理信息系统建设，规范消费投诉处理流程和管理。

第八条 银行保险机构应当在官方网站、移动客户端、营业场所或者办公场所醒目位置公布本单位的投诉电话、通讯地址等投诉渠道信息和消费投诉处理流程，开通电子邮件、官网平台等互联网投诉渠道的，应当公布本单位接收消费投诉的电子邮箱、网址等。在产品或者服务合约中，银行保险机构应当提供投诉电话或者其他投诉渠道信息。

第九条 银行保险机构开展消费投诉处理工作应当属地管理、分级负责，充分考虑和尊重消费者的合理诉求，公平合法作出处理结论。及时查找引发投诉事项的原因，健全完善溯源整改机制，切实注重消费者消费体验，提升服务水平。

第十条 银行保险机构应当加强对第三方机构合作业务消费投诉的管理，因合作销售产品或者提供服务而产生消费纠纷的，银行保险机构应当要求相关第三方机构配合处理消费投诉，对消费投诉事项进行核实，及时提供相关情况，促进消费投诉顺利解决。银行保险机构应当将第三方机构对消费投诉处理工作的配合情况纳入合作第三方机构的准入退出评估机制。

第三章 银行业保险业消费投诉处理

第十一条 银行保险机构应当负责处理因购买其产品或者接受其服务产生的消费投诉。

第十二条 银行保险机构可以要求投诉人通过其公布的投诉渠道提出消费投诉。

采取面谈方式提出消费投诉的，银行保险机构可以要求投诉人在其指定的接待场所提出。多名投诉人采取面谈方式提出共同消费投诉的，应当推选代表，代表人数不超过5名。

第十三条 银行保险机构可以要求投诉人提供以下材料或者信息：

（一）投诉人的基本情况，包括：自然人或者其法定代理人姓名、身份信息、联系方式；法人或者其他组织的名称、住所、统一社会信用代码，法定代表人或者主要负责人的姓名、身份信息、联系方式，法人或者其他组织投诉代理人的姓名、身份信息、联系方式、授权委托书；

（二）被投诉人的基本情况，包括：被投诉的银行保险机构的名称；被投诉的银行业保险业从业人员的相关情况以及其所属机构的名称；

（三）投诉请求、主要事实和相关依据；

（四）投诉人提交书面材料的，应当由投诉人签字或者盖章。

银行保险机构已经掌握或者通过查询内部信息档案可以获得的材料，不得要求投诉人提供。

第十四条 投诉人提出消费投诉确有困难的，银行保险机构应当接受投诉人委托他人代为投诉，除第十三条规定材料或者信息外，可以要求提供经投诉人亲笔签名或者盖章的授权委托书原件，受托人身份证明和有效联系方式。

银行保险机构应当接受消费者继承人提出的消费投诉，除第十三条规定材料或者信息外，可以要求提供继承关系证明。

第十五条 银行保险机构可以接受投诉人撤回消费投诉。投诉人撤回消费投诉的，消费投诉处理程序自银行保险机构收到撤回申请当日终止。

第十六条 投诉人提出消费投诉，应当客观真实，对所提供材料内容的真实性负责，不得提供虚假信息或者捏造、歪曲事实，不得诬告、陷害他人。

投诉人在消费投诉过程中应当遵守法律、行政法规和国家有关规定，维护社会公共秩序和消费投诉处理单位的办公经营秩序。

第十七条 银行保险机构应当建立消费投诉处理回避制度，收到消费投诉后，应当指定与被投诉事项无直接利益关系的人员核实消费投诉内容，及时与投诉人沟通，积极通过协商方式解决消费纠纷。

第十八条 银行保险机构应当依照相关法律法规、合同约定，公平公正作出处理决定，对于事实清楚、争议情况简单的消费投诉，应当自收到消费投诉之日起15日内作出处理决定并告知投诉人，情况复杂的可以延长至30日；情况特别复杂或者有其他特殊原因的，经其上级机构或者总行、总公司高级管理人员审批并告知投诉人，可以再延长30日。

消费投诉处理过程中需外部机构进行鉴定、检测、评估等工作的，相关期间可以不计入消费投诉处理期限，但应当及时告知投诉人。

投诉人在消费投诉处理期限内再次提出同一消费投诉的，银行保险机构可以合并处理，如投诉人提出新的事实和理由，处理期限自收到新的投诉材料之日起重新计算。

在消费投诉处理过程中，发现消费投诉不是由投诉人或者其法定代理人、受托人提出的，银行保险机构可以不予办理，并告知投诉提出人。

第十九条 银行保险机构在告知投诉人处理决定的同时，应当说明对消费投诉内容的核实情况、作出决定的有关依据和理由，以及投诉人可以采取的申请核查、调解、仲裁、诉讼等救济途径。

第二十条 投诉人对银行保险机构分支机构消费投诉处理结果有异议的，可以自收到处理决定之日起30日内向其上级机构书面申请核查。核查机构应当对消费投诉处理过程、处理时限和处理结果进行核查，自收到核查申请之日起30日内作出核查决定并告知投诉人。

第二十一条 银行保险机构应当依照本办法的规定向投诉人告知相关事项并保留相关证明资料，投诉人无法联系的除外。

采取书面形式告知的，应当在本办法规定的告知期限内当面递交，或者通过邮寄方式寄出。

采取短信、电子邮件等可以保存的电子信息形式告知的，应当在本办法规定的告知期限内发出。

采取电话形式告知的，应当在本办法规定的告知期限内拨打投诉人电话。

银行保险机构与投诉人对消费投诉处理决定、告知期限、告知方式等事项协商一致的，按照协商确定的内容履行。

第二十二条 银行保险机构在消费投诉处理工作中，应当核实投诉人身份，保护投诉人信息安全，依法保护国家秘密、商业秘密和个人隐私不受侵犯。

第二十三条 银行保险机构在消费投诉处理过程中，可以根据需要向投诉人提出通过调解方式解决消费纠纷的建议。投诉人同意调解的，银行保险机构和投诉人应当向调解组织提出申请。调解期间不计入消费投诉处理期限。

第二十四条 银行保险机构应当充分运用当地消费纠纷调解处理机制，通过建立临时授权、异地授权、快速审批等机制促进消费纠纷化解。

第四章 银行业保险业消费投诉处理工作制度

第二十五条 银行保险机构应当根据本办法健全本单位消费投诉处理工作制度，明确消费投诉处理流程、责任分工、处理时限等要求。

第二十六条 银行保险机构应当建立消费投诉统计分析、溯源整改、信息披露、责任追究制度，定期开展消费投诉情况分析，及时有效整改问题；通过年报等方式对年度消费投诉情况进行披露；对于消费投诉处理中发现的违规行为，要依照相关规定追究直接责任人员和管理人员责任。

第二十七条 银行保险机构应当健全消费投诉处理考核评价制度，综合运用正向激励和负面约束手段，将消费投诉以及处理工作情况纳入各级机构综合绩效考核指标体系，并在各级机构高级管理人员、机构负责人和相关部门人员的薪酬分配、职务晋升等方面设定合理考核权重。

第二十八条 银行保险机构应当建立消费投诉处理登记制度和档案管理制度。消费投诉登记记录、处理意见等书面资料或者信息档案应当存档备查，法律、行政法规对保存期限有规定的，依照其规定执行。

第二十九条 银行保险机构应当依照国家有关规定制定重大消费投诉处理应急预案，做好重大消费投诉的预防、报告和应急处理工作。

重大消费投诉包括以下情形：

（一）因重大自然灾害、安全事故、公共卫生事件等引发的消费投诉；

（二）20名以上投诉人采取面谈方式提出共同消费投诉的群体性投诉；

（三）中国银保监会及其派出机构（以下统称"银行保险监督管理机构"）认定的其他重大消费投诉。

第五章 监督管理

第三十条 银行保险监督管理机构应当明确银行保险机构消费投诉处理工作的监督管理部门。

第三十一条 银行保险监督管理机构设立消费投诉转办服务渠道，方便投诉人反映与银行保险机构的消费纠纷。

第三十二条 投诉人反映与银行保险机构的消费纠纷，同时提出应当由银行保险监督管理机构负责处理的其他事项的，依照有关规定处理。

第三十三条 银行保险监督管理机构的消费投诉处理监督管理

部门应当自收到辖区内消费投诉之日起7个工作日内,将消费投诉转送被投诉银行保险机构并告知投诉人,投诉人无法联系的除外。

第三十四条 银行保险监督管理机构应当对银行保险机构消费投诉处理情况进行监督检查。

第三十五条 银行保险机构应当按照银行保险监督管理机构的要求,报告本单位消费投诉处理工作相关制度、消费投诉管理工作责任人名单,以及上述事项的变动情况。

第三十六条 银行保险机构应当按照银行保险监督管理机构的要求,报告本单位消费投诉数据、消费投诉处理工作情况,并对报送的数据、文件、资料的真实性、完整性、准确性负责。

第三十七条 银行保险监督管理机构应当定期将转送银行保险机构的消费投诉情况进行通报和对外披露,督促银行保险机构做好消费者权益保护工作。

第三十八条 银行保险监督管理机构应当将银行保险机构消费投诉处理工作情况纳入年度消费者权益保护监管评价。

第三十九条 银行保险监督管理机构要加强对银行业保险业消费纠纷调解组织建设的指导,推动建立行业调解规则和标准,促进行业调解组织各项工作健康、规范、有序开展。

第四十条 银行保险机构在处理消费投诉中有下列情形之一的,银行保险监督管理机构可以提出整改要求,并监督其限期整改:

(一)未按照本办法第八条规定公布消费投诉处理相关信息的;

(二)未按照本办法规定程序办理消费投诉并告知的;

(三)无正当理由拒绝配合调解工作或者履行调解协议的。

第四十一条 银行保险机构违反本办法规定,有下列情形之一的,银行保险监督管理机构应当责令限期改正;逾期未改正的,区别情形,银行保险监督管理机构可以进行监督管理谈话,并对银行业金融机构依照《中华人民共和国银行业监督管理法》采取暂停相关业务、责令调整高级管理人员、停止批准增设分支机构以及行政处罚等措施,对保险机构、保险中介机构依照《中华人民共和国保险法》采取罚款、限制其业务范围、责令停止接受新业务等措施,对银行保险监督管理机构负责监管的其他主体依照相关法律法规采取相应措施。

（一）未按照本办法规定建立并实施消费投诉处理相关制度的；
（二）未按照本办法规定报告消费投诉处理工作有关情况的；
（三）违反本办法第四十条规定并未按照要求整改的；
（四）其他违反本办法规定，造成严重后果的。

第六章 附 则

第四十二条 本办法所称银行保险机构包括银行业金融机构、保险机构、保险中介机构以及银行保险监督管理机构负责监管的其他主体。

第四十三条 本办法所称的"以内""以上"均包含本数。
本办法中除"7个工作日"以外的"日"均为自然日。

第四十四条 本办法由中国银保监会负责解释。

第四十五条 本办法自2020年3月1日起施行，原《保险消费投诉处理管理办法》（保监会令2013年第8号）和《中国银监会办公厅关于印发银监会机关银行业消费者投诉处理规程的通知》（银监办发〔2018〕13号）同时废止。原中国银监会、原中国保监会发布的规定与本办法不一致的，以本办法为准。

银行保险机构操作风险管理办法

（2023年12月27日国家金融监督管理总局令2023年第5号公布 自2024年7月1日起施行）

第一章 总 则

第一条 为提高银行保险机构操作风险管理水平，根据《中华人民共和国银行业监督管理法》、《中华人民共和国商业银行法》、《中华人民共和国保险法》等法律法规，制定本办法。

第二条 本办法所称操作风险是指由于内部程序、员工、信息科技系统存在问题以及外部事件造成损失的风险，包括法律风险，但不包括战略风险和声誉风险。

第三条 操作风险管理是全面风险管理体系的重要组成部分，目标是有效防范操作风险，降低损失，提升对内外部事件冲击的应对能力，为业务稳健运营提供保障。

第四条 操作风险管理应当遵循以下基本原则：

（一）审慎性原则。操作风险管理应当坚持风险为本的理念，充分重视风险苗头和潜在隐患，有效识别影响风险管理的不利因素，配置充足资源，及时采取措施，提升前瞻性。

（二）全面性原则。操作风险管理应当覆盖各业务条线、各分支机构，覆盖所有部门、岗位、员工和产品，贯穿决策、执行和监督全部过程，充分考量其他内外部风险的相关性和传染性。

（三）匹配性原则。操作风险管理应当体现多层次、差异化的要求，管理体系、管理资源应当与机构发展战略、经营规模、复杂性和风险状况相适应，并根据情况变化及时调整。

（四）有效性原则。机构应当以风险偏好为导向，有效识别、评估、计量、控制、缓释、监测、报告所面临的操作风险，将操作风险控制在可承受范围之内。

第五条 规模较大的银行保险机构应当基于良好的治理架构，加强操作风险管理，做好与业务连续性、外包风险管理、网络安全、数据安全、突发事件应对、恢复与处置计划等体系机制的有机衔接，提升运营韧性，具备在发生重大风险和外部事件时持续提供关键业务和服务的能力。

第六条 国家金融监督管理总局及其派出机构依法对银行保险机构操作风险管理实施监管。

第二章 风险治理和管理责任

第七条 银行保险机构董事会应当将操作风险作为本机构面对的主要风险之一，承担操作风险管理的最终责任。主要职责包括：

（一）审批操作风险管理基本制度，确保与战略目标一致；

（二）审批操作风险偏好及其传导机制，将操作风险控制在可承受范围之内；

（三）审批高级管理层有关操作风险管理职责、权限、报告等机制，确保操作风险管理体系的有效性；

（四）每年至少审议一次高级管理层提交的操作风险管理报告，充分了解、评估操作风险管理总体情况以及高级管理层工作；

（五）确保高级管理层建立必要的识别、评估、计量、控制、缓释、监测、报告操作风险的机制；

（六）确保操作风险管理体系接受内部审计部门的有效审查与监督；

（七）审批操作风险信息披露相关制度；

（八）确保建立与操作风险管理要求匹配的风险文化；

（九）其他相关职责。

第八条 设立监事（会）的银行保险机构，其监事（会）应当承担操作风险管理的监督责任，负责监督检查董事会和高级管理层的履职尽责情况，及时督促整改，并纳入监事（会）工作报告。

第九条 银行保险机构高级管理层应当承担操作风险管理的实施责任。主要职责包括：

（一）制定操作风险管理基本制度和管理办法；

（二）明确界定各部门、各级机构的操作风险管理职责和报告要求，督促各部门、各级机构履行操作风险管理职责，确保操作风险管理体系正常运行；

（三）设置操作风险偏好及其传导机制，督促各部门、各级机构执行操作风险管理制度、风险偏好并定期审查，及时处理突破风险偏好以及其他违反操作风险管理要求的情况；

（四）全面掌握操作风险管理总体状况，特别是重大操作风险事件；

（五）每年至少向董事会提交一次操作风险管理报告，并报送监事（会）；

（六）为操作风险管理配备充足财务、人力和信息科技系统等资源；

（七）完善操作风险管理体系，有效应对操作风险事件；

（八）制定操作风险管理考核评价与奖惩机制；

（九）其他相关职责。

第十条 银行保险机构应当建立操作风险管理的三道防线，三道防线之间及各防线内部应当建立完善风险数据和信息共享机制。

第一道防线包括各级业务和管理部门，是操作风险的直接承担者和管理者，负责各自领域内的操作风险管理工作。第二道防线包括各级负责操作风险管理和计量的牵头部门，指导、监督第一道防线的操作风险管理工作。第三道防线包括各级内部审计部门，对第一、二道防线履职情况及有效性进行监督评价。

第十一条 第一道防线部门主要职责包括：

（一）指定专人负责操作风险管理工作，投入充足资源；

（二）按照风险管理评估方法，识别、评估自身操作风险；

（三）建立控制、缓释措施，定期评估措施的有效性；

（四）持续监测风险，确保符合操作风险偏好；

（五）定期报送操作风险管理报告，及时报告重大操作风险事件；

（六）制定业务流程和制度时充分体现操作风险管理和内部控制的要求；

（七）其他相关职责。

第十二条 第二道防线部门应当保持独立性，持续提升操作风险管理的一致性和有效性。主要职责包括：

（一）在一级分行（省级分公司）及以上设立操作风险管理专岗或指定专人，为其配备充足的资源；

（二）跟踪操作风险管理监管政策规定并组织落实；

（三）拟定操作风险管理基本制度、管理办法，制定操作风险识别、评估、计量、监测、报告的方法和具体规定；

（四）指导、协助第一道防线识别、评估、监测、控制、缓释和报告操作风险，并定期开展监督；

（五）每年至少向高级管理层提交一次操作风险管理报告；

（六）负责操作风险资本计量；

（七）开展操作风险管理培训；

（八）其他相关职责。

国家金融监督管理总局或其派出机构按照监管职责归属，可以豁免规模较小的银行保险机构在一级分行（省级分公司）设立操作风险管理专岗或专人的要求。

第十三条 法律、合规、信息科技、数据管理、消费者权益保护、安全保卫、财务会计、人力资源、精算等部门在承担本部门操作风险管理职责的同时，应当在职责范围内为其他部门操作风险管理提供充足资源和支持。

第十四条 内部审计部门应当至少每三年开展一次操作风险管理专项审计，覆盖第一道防线、第二道防线操作风险管理情况，审计评价操作风险管理体系运行情况，并向董事会报告。

内部审计部门在开展其他审计项目时，应当充分关注操作风险管理情况。

第十五条 规模较大的银行保险机构应当定期委托第三方机构对其操作风险管理情况进行审计和评价，并向国家金融监督管理总局或其派出机构报送外部审计报告。

第十六条 银行保险机构境内分支机构、直接经营业务的部门应当承担操作风险管理主体责任，并履行以下职责：

（一）为本级、本条线操作风险管理部门配备充足资源；

（二）严格执行操作风险管理制度、风险偏好以及管理流程等要求；

（三）按照内外部审计结果和监管要求改进操作风险管理；

（四）其他相关职责。

境外分支机构除满足前款要求外，还应当符合所在地监管要求。

第十七条 银行保险机构应当要求其并表管理范围内的境内金融附属机构、金融科技类附属机构建立符合集团风险偏好，与其业务范围、风险特征、经营规模及监管要求相适应的操作风险管理体系，建立健全三道防线，制定操作风险管理制度。

境外附属机构除满足前款要求外，还应当符合所在地监管要求。

第三章 风险管理基本要求

第十八条 操作风险管理基本制度应当与机构业务性质、规模、复杂程度和风险特征相适应，至少包括以下内容：

（一）操作风险定义；

（二）操作风险管理组织架构、权限和责任；

（三）操作风险识别、评估、计量、监测、控制、缓释程序；

（四）操作风险报告机制，包括报告主体、责任、路径、频率、时限等。

银行保险机构应当在操作风险管理基本制度制定或者修订后15个工作日内，按照监管职责归属报送国家金融监督管理总局或其派出机构。

第十九条 银行保险机构应当在整体风险偏好下制定定性、定量指标并重的操作风险偏好，每年开展重检。风险偏好应当与战略目标、经营计划、绩效考评和薪酬机制等相衔接。风险偏好指标应当包括监管部门对特定机构确定的操作风险类监测指标要求。

银行保险机构应当通过确定操作风险容忍度或者风险限额等方式建立风险偏好传导机制，对操作风险进行持续监测和及时预警。

第二十条 银行保险机构应当建立具备操作风险管理功能的管理信息系统，主要功能包括：

（一）记录和存储损失相关数据和操作风险事件信息；

（二）支持操作风险和控制措施的自评估；

（三）支持关键风险指标监测；

（四）支持操作风险资本计量；

（五）提供操作风险报告相关内容。

第二十一条 银行保险机构应当培育良好的操作风险管理文化，明确员工行为规范和职业道德要求。

第二十二条 银行保险机构应当建立有效的操作风险管理考核评价机制，考核评价指标应当兼顾操作风险管理过程和结果。薪酬和激励约束机制应当反映考核评价结果。

第二十三条 银行保险机构应当定期开展操作风险管理相关培训。

第二十四条 银行保险机构应当按照国家金融监督管理总局的规定披露操作风险管理情况。

银行机构应当按照国家金融监督管理总局的要求披露损失数据等相关信息。

第四章　风险管理流程和方法

第二十五条　银行保险机构应当根据操作风险偏好，识别内外部固有风险，评估控制、缓释措施的有效性，分析剩余风险发生的可能性和影响程度，划定操作风险等级，确定接受、降低、转移、规避等应对策略，有效分配管理资源。

第二十六条　银行保险机构应当结合风险识别、评估结果，实施控制、缓释措施，将操作风险控制在风险偏好内。

银行保险机构应当根据风险等级，对业务、产品、流程以及相关管理活动的风险采取控制、缓释措施，持续监督执行情况，建立良好的内部控制环境。

银行保险机构通过购买保险、业务外包等措施缓释操作风险的，应当确保缓释措施实质有效。

第二十七条　银行保险机构应当将加强内部控制作为操作风险管理的有效手段。内部控制措施至少包括：

（一）明确部门间职责分工，避免利益冲突；

（二）密切监测风险偏好及其传导机制的执行情况；

（三）加强各类业务授权和信息系统权限管理；

（四）建立重要财产的记录和保管、定期盘点、账实核对等日常管理和定期检查机制；

（五）加强不相容岗位管理，有效隔离重要业务部门和关键岗位，建立履职回避以及关键岗位轮岗、强制休假、离岗审计制度；

（六）加强员工行为管理，重点关注关键岗位员工行为；

（七）对交易和账户进行定期对账；

（八）建立内部员工揭发检举的奖励和保护机制；

（九）配置适当的员工并进行有效培训；

（十）建立操作风险管理的激励约束机制；

（十一）其他内部控制措施。

第二十八条　银行保险机构应当制定与其业务规模和复杂性相适应的业务连续性计划，有效应对导致业务中断的突发事件，最大限度减少业务中断影响。

银行保险机构应当定期开展业务连续性应急预案演练评估，验证应急预案及备用资源的可用性，提高员工应急意识及处置能力，测试关键服务供应商的持续运营能力，确保业务连续性计划满足业务恢复目标，有效应对内外部威胁及风险。

第二十九条　银行保险机构应当制定网络安全管理制度，履行网络安全保护义务，执行网络安全等级保护制度要求，采取必要的管理和技术措施，监测、防御、处置网络安全风险和威胁，有效应对网络安全事件，保障网络安全、稳定运行，防范网络违法犯罪活动。

第三十条　银行保险机构应当制定数据安全管理制度，对数据进行分类分级管理，采取保护措施，保护数据免遭篡改、破坏、泄露、丢失或者被非法获取、非法利用，重点加强个人信息保护，规范数据处理活动，依法合理利用数据。

第三十一条　银行保险机构应当制定与业务外包有关的风险管理制度，确保有严谨的业务外包合同和服务协议，明确各方责任义务，加强对外包方的监督管理。

第三十二条　银行保险机构应当定期监测操作风险状况和重大损失情况，对风险持续扩大的情形建立预警机制，及时采取措施控制、缓释风险。

第三十三条　银行保险机构应当建立操作风险内部定期报告机制。第一道防线应当向上级对口管理部门和本级操作风险管理部门报告，各级操作风险管理部门汇总本级及所辖机构的情况向上级操作风险管理部门报告。

银行保险机构应当在每年四月底前按照监管职责归属向国家金融监督管理总局或其派出机构报送前一年度操作风险管理情况。

第三十四条　银行保险机构应当建立重大操作风险事件报告机制，及时向董事会、高级管理层、监事（会）和其他内部部门报告重大操作风险事件。

第三十五条 银行保险机构应当运用操作风险损失数据库、操作风险自评估、关键风险指标等基础管理工具管理操作风险，可以选择运用事件管理、控制监测和保证框架、情景分析、基准比较分析等管理工具，或者开发其他管理工具。

银行保险机构应当运用各项风险管理工具进行交叉校验，定期重检、优化操作风险管理工具。

第三十六条 银行保险机构存在以下重大变更情形的，应当强化操作风险的事前识别、评估等工作：

（一）开发新业务、新产品；

（二）新设境内外分支机构、附属机构；

（三）拓展新业务范围、形成新商业模式；

（四）业务流程、信息科技系统等发生重大变更；

（五）其他重大变更情形。

第三十七条 银行保险机构应当建立操作风险压力测试机制，定期开展操作风险压力测试，在开展其他压力测试过程中应当充分考虑操作风险的影响，针对压力测试中识别的潜在风险点和薄弱环节，及时采取应对措施。

第三十八条 银行机构应当按照国家金融监督管理总局关于资本监管的要求，对承担的操作风险计提充足资本。

第五章　监督管理

第三十九条 国家金融监督管理总局及其派出机构应当将对银行保险机构操作风险的监督管理纳入集团和法人监管体系，检查评估操作风险管理体系的健全性和有效性。

国家金融监督管理总局及其派出机构加强与相关部门的监管协作和信息共享，共同防范金融风险跨机构、跨行业、跨区域传染。

第四十条 国家金融监督管理总局及其派出机构通过监管评级、风险提示、监管通报、监管会谈、与外部审计师会谈等非现场监管和现场检查方式，实施对操作风险管理的持续监管。

国家金融监督管理总局及其派出机构认为必要时，可以要求银行保险机构提供第三方机构就其操作风险管理出具的审计或者评价报告。

第四十一条 国家金融监督管理总局及其派出机构发现银行保险机构操作风险管理存在缺陷和问题时，应当要求其及时整改，并上报整改落实情况。

国家金融监督管理总局及其派出机构依照职责通报重大操作风险事件和风险管理漏洞。

第四十二条 银行保险机构应当在知悉或者应当知悉以下重大操作风险事件5个工作日内，按照监管职责归属向国家金融监督管理总局或其派出机构报告：

（一）形成预计损失5000万元（含）以上或者超过上年度末资本净额5%（含）以上的事件。

（二）形成损失金额1000万元（含）以上或者超过上年度末资本净额1%（含）以上的事件。

（三）造成重要数据、重要账册、重要空白凭证、重要资料严重损毁、丢失或者泄露，已经或者可能造成重大损失和严重影响的事件。

（四）重要信息系统出现故障、受到网络攻击，导致在同一省份的营业网点、电子渠道业务中断3小时以上；或者在两个及以上省份的营业网点、电子渠道业务中断30分钟以上。

（五）因网络欺诈及其他信息安全事件，导致本机构或客户资金损失1000万元以上，或者造成重大社会影响。

（六）董事、高级管理人员、监事及分支机构负责人被采取监察调查措施、刑事强制措施或者承担刑事法律责任的事件。

（七）严重侵犯公民个人信息安全和合法权益的事件。

（八）员工涉嫌发起、主导或者组织实施非法集资类违法犯罪被立案的事件。

（九）其他需要报告的重大操作风险事件。

对于第一款规定的重大操作风险事件，国家金融监督管理总局在案件管理、突发事件管理等监管规定中另有报告要求的，应当按照有关要求报告，并在报告时注明该事件属于重大操作风险事件。

国家金融监督管理总局可以根据监管工作需要，调整第一款规定的重大操作风险事件报告标准。

第四十三条 银行保险机构存在以下情形的，国家金融监督管理总局及其派出机构应当责令改正，并视情形依法采取监管措施：

（一）未按照规定制定或者执行操作风险管理制度；

（二）未按照规定设置或者履行操作风险管理职责；

（三）未按照规定设置操作风险偏好及其传导机制；

（四）未建立或者落实操作风险管理文化、考核评价机制、培训；

（五）未建立操作风险管理流程、管理工具和信息系统，或者其设计、应用存在缺陷；

（六）其他违反监管规定的情形。

第四十四条 银行保险机构存在以下情形的，国家金融监督管理总局及其派出机构应当责令改正，并依法实施行政处罚；法律、行政法规没有规定的，由国家金融监督管理总局及其派出机构责令改正，予以警告、通报批评，或者处以二十万元以下罚款；涉嫌犯罪的，应当依法移送司法机关：

（一）严重违反本办法相关规定，导致发生第四十二条规定的重大操作风险事件；

（二）未按照监管要求整改；

（三）瞒报、漏报、故意迟报本办法第四十二条规定的重大操作风险事件，情节严重的；

（四）其他严重违反监管规定的情形。

第四十五条 中国银行业协会、中国保险行业协会等行业协会应当通过组织宣传、培训、自律、协调、服务等方式，协助引导会员单位提高操作风险管理水平。

鼓励行业协会、学术机构、中介机构等建立相关领域的操作风险事件和损失数据库。

第六章 附 则

第四十六条 本办法所称银行保险机构，是指在中华人民共和国境内依法设立的商业银行、农村合作银行、农村信用合作社等吸收公众存款的金融机构以及开发性金融机构、政策性银行、保险公司。

中华人民共和国境内设立的外国银行分行、保险集团（控股）公司、再保险公司、金融资产管理公司、金融资产投资公司、信托公司、金融租赁公司、财务公司、消费金融公司、汽车金融公司、货币经纪公司、理财公司、保险资产管理公司、金融控股公司以及国家金融监督管理总局及其派出机构监管的其他机构参照本办法执行。

第四十七条 本办法所称的规模较大的银行保险机构，是指按照并表调整后表内外资产（杠杆率分母）达到3000亿元人民币（含等值外币）及以上的银行机构，以及按照并表口径（境内外）表内总资产达到2000亿元人民币（含等值外币）及以上的保险机构。

规模较小的银行保险机构是指未达到上述标准的机构。

第四十八条 未设董事会的银行保险机构，应当由其经营决策机构履行本办法规定的董事会职责。

第四十九条 本办法第四条、第七条、第十条、第十二条、第十八条、第二十条关于计量的规定不适用于保险机构。

本办法第二十五条相关规定如与保险公司偿付能力监管规则不一致的，按照保险公司偿付能力监管规则执行。

第五十条 关于本办法第二章、第三章、第四章的规定，规模较大的保险机构自本办法施行之日起1年内执行；规模较小的银行保险机构自本办法施行之日起2年内执行。

第五十一条 本办法由国家金融监督管理总局负责解释修订，自2024年7月1日起施行。

第五十二条 《商业银行操作风险管理指引》（银监发〔2007〕42号）、《中国银行业监督管理委员会关于加大防范操作风险工作力度的通知》（银监发〔2005〕17号）自本办法施行之日起废止。

附录：名词解释及示例（略）

银行保险机构消费者权益保护管理办法

(2022年12月12日中国银行保险监督管理委员会令2022年第9号公布 自2023年3月1日起施行)

第一章 总 则

第一条 为维护公平公正的金融市场环境，切实保护银行业保险业消费者合法权益，促进行业高质量健康发展，根据《中华人民共和国银行业监督管理法》、《中华人民共和国商业银行法》、《中华人民共和国保险法》、《中华人民共和国消费者权益保护法》等法律法规，制定本办法。

第二条 本办法所称银行保险机构，是指在中华人民共和国境内依法设立的向消费者提供金融产品或服务的银行业金融机构和保险机构。

第三条 银行保险机构承担保护消费者合法权益的主体责任。银行保险机构应当通过适当程序和措施，在业务经营全过程公平、公正和诚信对待消费者。

第四条 消费者应当诚实守信，理性消费，审慎投资，依法维护自身合法权益。

第五条 中国银行保险监督管理委员会（以下简称银保监会）及其派出机构依法对银行保险机构消费者权益保护行为实施监督管理。

第六条 银行保险机构消费者权益保护应当遵循依法合规、平等自愿、诚实守信的原则。

第二章 工作机制与管理要求

第七条 银行保险机构应当将消费者权益保护纳入公司治理、企业文化建设和经营发展战略，建立健全消费者权益保护体制机制，将消费者权益保护要求贯穿业务流程各环节。

第八条 银行保险机构董事会承担消费者权益保护工作的最终责任，对消费者权益保护工作进行总体规划和指导，董事会应当设立消费者权益保护委员会。高级管理层应当建立健全消费者权益保护管理体系，确保消费者权益保护目标和政策得到有效执行。监事会应当对董事会、高级管理层消费者权益保护工作履职情况进行监督。

银行保险机构应当明确履行消费者权益保护职责的部门，由其牵头组织并督促指导各部门开展消费者权益保护工作。

第九条 银行保险机构应当建立消费者权益保护审查机制，健全审查工作制度，对面向消费者提供的产品和服务在设计开发、定价管理、协议制定、营销宣传等环节进行消费者权益保护审查，从源头上防范侵害消费者合法权益行为发生。推出新产品和服务或者现有产品和服务涉及消费者利益的条款发生重大变化时，应当开展审查。

第十条 银行保险机构应当建立完善消费者权益保护信息披露机制，遵循真实性、准确性、完整性和及时性原则，在售前、售中、售后全流程披露产品和服务关键信息。

银行保险机构应当通过年报等适当方式，将消费者权益保护工作开展情况定期向公众披露。

第十一条 银行保险机构应当建立消费者适当性管理机制，对产品的风险进行评估并实施分级、动态管理，开展消费者风险认知、风险偏好和风险承受能力测评，将合适的产品提供给合适的消费者。

第十二条 银行保险机构应当按照相关规定建立销售行为可回溯管理机制，对产品和服务销售过程进行记录和保存，利用现代信息技术，提升可回溯管理便捷性，实现关键环节可回溯、重要信息可查询、问题责任可确认。

第十三条 银行保险机构应当建立消费者个人信息保护机制，完善内部管理制度、分级授权审批和内部控制措施，对消费者个人信息实施全流程分级分类管控，有效保障消费者个人信息安全。

第十四条 银行保险机构应当建立合作机构名单管理机制，对涉及消费者权益的合作事项，设定合作机构准入和退出标准，并加强对合作机构的持续管理。在合作协议中应当明确双方关于消费者权益保护的责任和义务，包括但不限于信息安全管控、服务价格管理、服务连续性、信息披露、纠纷解决机制、违约责任承担和应急处置等内容。

第十五条 银行保险机构应当建立健全投诉处理工作机制，畅通投诉渠道，规范投诉处理流程，加强投诉统计分析，不断溯源整改，切实履行投诉处理主体责任。

第十六条 银行保险机构应当健全矛盾纠纷多元化解配套机制，积极主动与消费者协商解决矛盾纠纷，在协商不成的情况下，通过调解、仲裁、诉讼等方式促进矛盾纠纷化解。

消费者向银行业保险业纠纷调解组织请求调解的，银行保险机构无正当理由不得拒绝参加调解。

第十七条 银行保险机构应当建立消费者权益保护内部培训机制，对从业人员开展消费者权益保护培训，提升培训效能，强化员工消费者权益保护意识。

第十八条 银行保险机构应当完善消费者权益保护内部考核机制，建立消费者权益保护内部考核制度，对相关部门和分支机构的工作进行评估和考核。

银行保险机构应当将消费者权益保护内部考核纳入综合绩效考核体系，合理分配权重，并纳入人力资源管理体系和问责体系，充分发挥激励约束作用。

第十九条 银行保险机构应当建立常态化、规范化的消费者权益保护内部审计机制，制定消费者权益保护审计方案，将消费者权益保护工作纳入年度审计范围，以5年为一个周期全面覆盖本机构相关部门和一级分支机构。

第三章 保护消费者知情权、自主选择权和公平交易权

第二十条 银行保险机构应当优化产品设计，对新产品履行风

险评估和审批程序，充分评估客户可能承担的风险，准确评定产品风险等级。

第二十一条　银行保险机构应当保障消费者的知情权，使用通俗易懂的语言和有利于消费者接收、理解的方式进行产品和服务信息披露。对产品和服务信息的专业术语进行解释说明，及时、真实、准确揭示风险。

第二十二条　银行保险机构应当以显著方式向消费者披露产品和服务的性质、利息、收益、费用、费率、主要风险、违约责任、免责条款等可能影响消费者重大决策的关键信息。贷款类产品应当明示年化利率。

第二十三条　银行保险机构不得进行欺诈、隐瞒或者误导性的宣传，不得作夸大产品收益或者服务权益、掩饰产品风险等虚假或者引人误解的宣传。

第二十四条　银行业金融机构应当根据业务性质，完善服务价格管理体系，按照服务价格管理相关规定，在营业场所、网站主页等醒目位置公示服务项目、服务内容和服务价格等信息。新设收费服务项目或者提高服务价格的，应当提前公示。

第二十五条　银行保险机构不得允许第三方合作机构在营业网点或者自营网络平台以银行保险机构的名义向消费者推介或者销售产品和服务。

第二十六条　银行保险机构销售产品或者提供服务的过程中，应当保障消费者自主选择权，不得存在下列情形：

（一）强制捆绑、强制搭售产品或者服务；

（二）未经消费者同意，单方为消费者开通收费服务；

（三）利用业务便利，强制指定第三方合作机构为消费者提供收费服务；

（四）采用不正当手段诱使消费者购买其他产品；

（五）其他侵害消费者自主选择权的情形。

第二十七条　银行保险机构向消费者提供产品和服务时，应当确保风险收益匹配、定价合理、计量正确。

在提供相同产品和服务时，不得对具有同等交易条件或者风险状况的消费者实行不公平定价。

第二十八条 银行保险机构应当保障消费者公平交易权，不得存在下列情形：

（一）在格式合同中不合理地加重消费者责任、限制或者排除消费者合法权利；

（二）在格式合同中不合理地减轻或者免除本机构义务或者损害消费者合法权益应当承担的责任；

（三）从贷款本金中预先扣除利息；

（四）在协议约定的产品和服务收费外，以向第三方支付咨询费、佣金等名义变相向消费者额外收费；

（五）限制消费者寻求法律救济；

（六）其他侵害消费者公平交易权的情形。

第四章 保护消费者财产安全权和依法求偿权

第二十九条 银行保险机构应当审慎经营，保障消费者财产安全权，采取有效的内控措施和监控手段，严格区分自身资产与消费者资产，不得挪用、占用消费者资金。

第三十条 银行保险机构应当合理设计业务流程和操作规范，在办理业务过程中落实消费者身份识别和验证，不得为伪造、冒用他人身份的客户开立账户。

第三十一条 银行保险机构应当严格区分公募和私募资产管理产品，严格审核投资者资质，不得组织、诱导多个消费者采取归集资金的方式满足购买私募资产管理产品的条件。

资产管理产品管理人应当强化受托管理责任，诚信、谨慎履行管理义务。

第三十二条 保险公司应当勤勉尽责，收到投保人的保险要求后，及时审慎审核投保人提供的保险标的或者被保险人的有关情况。

保险公司应当对核保、理赔的规则和标准实行版本管理，不得在保险事故发生后以不同于核保时的标准重新对保险标的或者被保险人的有关情况进行审核。

第三十三条 保险公司收到被保险人或者受益人的赔偿或者给付保险金的请求后,应当依照法律法规和合同约定及时作出处理,不得拖延理赔、无理拒赔。

第五章 保护消费者受教育权和受尊重权

第三十四条 银行保险机构应当开展金融知识教育宣传,加强教育宣传的针对性,通过消费者日常教育与集中教育活动,帮助消费者了解金融常识和金融风险,提升消费者金融素养。

第三十五条 金融知识教育宣传应当坚持公益性,不得以营销、推介行为替代金融知识普及与消费者教育。银行保险机构应当建立多元化金融知识教育宣传渠道,在官方网站、移动互联网应用程序、营业场所设立公益性金融知识普及和教育专区。

第三十六条 银行保险机构应当加强诚信教育与诚信文化建设,构建诚信建设长效机制,培育行业的信用意识,营造诚实、公平、守信的信用环境。

第三十七条 银行保险机构应当不断提升服务质量,融合线上线下,积极提供高品质、便民化金融服务。提供服务过程中,应当尊重消费者的人格尊严和民族风俗习惯,不得进行歧视性差别对待。

第三十八条 银行保险机构应当积极融入老年友好型社会建设,优化网点布局,尊重老年人使用习惯,保留和改进人工服务,不断丰富适老化产品和服务。

第三十九条 银行保险机构应当充分保障残障人士公平获得金融服务的权利,加快线上渠道无障碍建设,提供更加细致和人性化的服务。有条件的营业网点应当提供无障碍设施和服务,更好满足残障人士日常金融服务需求。

第四十条 银行保险机构应当规范营销行为,通过电话呼叫、信息群发、网络推送等方式向消费者发送营销信息的,应当向消费者提供拒收或者退订选择。消费者拒收或者退订的,不得以同样方式再次发送营销信息。

第四十一条 银行保险机构应当规范催收行为,依法依规督促债务人清偿债务。加强催收外包业务管理，委托外部机构实施催收前，应当采取适当方式告知债务人。

银行保险机构自行或者委托外部机构催收过程中不得存在下列情形：

（一）冒用行政机关、司法机关等名义实施催收；
（二）采取暴力、恐吓、欺诈等不正当手段实施催收；
（三）采用其他违法违规和违背公序良俗的手段实施催收。

第六章 保护消费者信息安全权

第四十二条 银行保险机构处理消费者个人信息，应当坚持合法、正当、必要、诚信原则，切实保护消费者信息安全权。

第四十三条 银行保险机构收集消费者个人信息应当向消费者告知收集使用的目的、方式和范围等规则，并经消费者同意，法律法规另有规定的除外。消费者不同意的，银行保险机构不得因此拒绝提供不依赖于其所拒绝授权信息的金融产品或服务。

银行保险机构不得采取变相强制、违规购买等不正当方式收集使用消费者个人信息。

第四十四条 对于使用书面形式征求个人信息处理同意的，银行保险机构应当以醒目的方式、清晰易懂的语言明示与消费者存在重大利害关系的内容。

银行保险机构通过线上渠道使用格式条款获取个人信息授权的，不得设置默认同意的选项。

第四十五条 银行保险机构应当在消费者授权同意等基础上与合作方处理消费者个人信息，在合作协议中应当约定数据保护责任、保密义务、违约责任、合同终止和突发情况下的处置条款。

合作过程中，银行保险机构应当严格控制合作方行为与权限，通过加密传输、安全隔离、权限管控、监测报警、去标识化等方式，防范数据滥用或者泄露风险。

第四十六条 银行保险机构应当督促和规范与其合作的互联网平台企业有效保护消费者个人信息，未经消费者同意，不得在不同平台间传递消费者个人信息，法律法规另有规定的除外。

第四十七条 银行保险机构处理和使用个人信息的业务和信息系统，遵循权责对应、最小必要原则设置访问、操作权限，落实授权审批流程，实现异常操作行为的有效监控和干预。

第四十八条 银行保险机构应当加强从业人员行为管理，禁止违规查询、下载、复制、存储、篡改消费者个人信息。从业人员不得超出自身职责和权限非法处理和使用消费者个人信息。

第七章 监督管理

第四十九条 银保监会及其派出机构依法履行消费者权益保护监管职责，通过采取监管措施和手段，督促银行保险机构切实保护消费者合法权益。严格行为监管要求，对经营活动中的同类业务、同类主体统一标准、统一裁量，依法打击侵害消费者权益乱象和行为，营造公平有序的市场环境。

第五十条 银行保险机构发生涉及消费者权益问题的重大事件，应当根据属地监管原则，及时向银保监会或其派出机构消费者权益保护部门报告。

重大事件是指银行保险机构因消费者权益保护工作不到位或者发生侵害消费者权益行为导致大量集中投诉、引发群体性事件或者造成重大负面舆情等。

第五十一条 各类银行业保险业行业协会以及各地方行业社团组织应当通过行业自律、维权、协调及宣传等方式，指导会员单位提高消费者权益保护水平，妥善化解矛盾纠纷，维护行业良好形象。

第五十二条 银保监会及其派出机构指导设立银行业保险业纠纷调解组织，监督银行业保险业消费纠纷调解机制的有效运行。

银行业保险业纠纷调解组织应当优化治理结构，建章立制，提升调解效能，通过线上、现场、电话等途径，及时高效化解纠纷。

第五十三条 银保监会及其派出机构对银行保险机构消费者权益保护工作中存在的问题，视情节轻重依法采取相应监管措施，包括但不限于：

（一）监管谈话；

（二）责令限期整改；

（三）下发风险提示函、监管意见书等；

（四）责令对直接负责的董事、高级管理人员和其他直接责任人员进行内部问责；

（五）责令暂停部分业务，停止批准开办新业务；

（六）将相关问题在行业内通报或者向社会公布；

（七）职责范围内依法可以采取的其他措施。

第五十四条 银行保险机构以及从业人员违反本办法规定的，由银保监会及其派出机构依据《中华人民共和国银行业监督管理法》、《中华人民共和国商业银行法》、《中华人民共和国保险法》、《中华人民共和国消费者权益保护法》等法律法规实施行政处罚。法律、行政法规没有规定，但违反本办法的，由银保监会及其派出机构责令改正；情节严重或者逾期不改正的，区分不同情形，给予以下行政处罚：

（一）通报批评；

（二）警告；

（三）处以10万元以下罚款。

银行保险机构存在严重侵害消费者合法权益行为，且涉及人数多、涉案金额大、持续时间长、社会影响恶劣的，银保监会及其派出机构除按前款规定处理外，可对相关董事会成员及高级管理人员给予警告，并处以10万元以下罚款。

银行保险机构以及从业人员涉嫌犯罪的，依法移交司法机关追究其刑事责任。

第八章　附　　则

第五十五条 本办法所称银行业金融机构是指商业银行、农村信用合作社等吸收公众存款的金融机构以及信托公司、消费金融公司、汽车金融公司、理财公司等非银行金融机构。保险机构是指保险集团（控股）公司、保险公司（不含再保险公司）和保险专业中介机构。

银保监会负责监管的其他金融机构参照适用本办法。邮政企业代理邮政储蓄银行办理商业银行有关业务的，适用本办法有关规定。

第五十六条 本办法由银保监会负责解释。

第五十七条 本办法自 2023 年 3 月 1 日起施行。

银行保险监管统计管理办法

（2022 年 12 月 25 日中国银行保险监督管理委员会令 2022 年第 10 号公布 自 2023 年 2 月 1 日起施行）

第一章 总 则

第一条 为加强银行业保险业监管统计管理，规范监管统计行为，提升监管统计质效，落实统计监督职能，促进科学监管和行业平稳健康发展，根据《中华人民共和国银行业监督管理法》、《中华人民共和国保险法》、《中华人民共和国商业银行法》、《中华人民共和国统计法》、《中华人民共和国数据安全法》等法律法规，制定本办法。

第二条 本办法所称银行保险机构，是指在中华人民共和国境内依法设立的商业银行、农村信用合作社等吸收公众存款的金融机构以及政策性银行、金融资产管理公司、金融租赁公司、理财公司、保险集团（控股）公司、保险公司和保险资产管理公司等。

第三条 本办法所称监管统计，是指银保监会及其派出机构组织实施的以银行保险机构为对象的统计调查、统计分析、统计信息服务、统计管理和统计监督检查等活动，以及银行保险机构为落实相关监管要求开展的各类统计活动。

本办法所称监管统计资料，是指依据银保监会及其派出机构监管统计要求采集的，反映银行保险机构经营情况和风险状况的数据、报表、报告等。

第四条 监管统计工作遵循统一规范、准确及时、科学严谨、实事求是的原则。

第五条 银保监会对银行保险监管统计工作实行统一领导、分级管理的管理体制。银保监会派出机构负责辖内银行保险机构监管统计工作。

第六条 银保监会及其派出机构、银行保险机构应不断提高监管统计信息化水平，充分合理利用先进信息技术，满足监管统计工作需要。

第七条 监管统计工作及资料管理应严格遵循保密、网络安全、数据安全、个人信息保护等有关法律法规、监管规章和标准规范。相关单位和个人应依法依规严格予以保密，保障监管统计数据安全。

第二章 监管统计管理机构

第八条 银保监会统计部门对监管统计工作实行归口管理，履行下列职责：

（一）组织制定监管统计管理制度、监管统计业务制度、监管数据标准和数据安全制度等有关工作制度；

（二）组织开展监管统计调查和统计分析；

（三）收集、编制和管理监管统计数据；

（四）按照有关规定定期公布监管统计资料；

（五）组织开展监管统计监督检查和业务培训；

（六）推动监管统计信息系统建设；

（七）组织开展监管统计数据安全保护相关工作；

（八）为满足监管统计需要开展的其他工作。

第九条 银保监会相关部门配合统计部门做好监管统计工作，履行下列职责：

（一）参与制定监管统计管理制度、监管统计业务制度和监管数据标准；

（二）指导督促银行保险机构执行监管统计制度、加强监管统计管理和提高监管统计质量；

（三）依据监管责任划分和有关规定，审核所辖银行保险机构监管统计数据；

（四）落实监管统计数据安全保护相关工作；

（五）为满足监管统计需要开展的其他工作。

第十条 银保监会派出机构贯彻银保监会监管统计制度、标准和有关工作要求。派出机构统计部门在辖区内履行本办法第八条第（二）至（八）款之规定职责，以及制定辖区监管统计制度；相关部门履行本办法第九条之规定职责。

第三章 监管统计调查管理

第十一条 银保监会及其派出机构开展监管统计调查应充分评估其必要性、可行性和科学性，合理控制数量，不必要的应及时清理。

第十二条 监管统计调查按照统计方式和期限，分为常规统计调查和临时统计调查。

常规统计调查以固定的制式、内容、频次定期收集监管统计资料，由银保监会归口管理部门统一管理。开展监管统计常规调查，应同时配套制定监管统计业务制度。

临时统计调查以灵活的制式、内容、频次收集监管统计资料，有效期限原则上不超过一年，到期后仍需继续采集的，应重新制定下发或转为常规统计调查。

第十三条 派出机构开展辖内银行保险机构临时统计调查，相关统计报表和统计要求等情况应报上一级统计部门备案。

第十四条 银保监会及其派出机构应建立健全监管统计资料管理机制和流程，规范资料的审核、整理、保存、查询、使用、共享和信息服务等事项，采取必要的管理手段和技术措施，强化监管统计资料安全管理。

第十五条 银保监会建立统计信息公布机制，依法依规定期向公众公布银行保险监管统计资料。派出机构根据银保监会规定和授权，建立辖内统计信息公布机制。

第四章 银行保险机构监管统计管理

第十六条 银行保险机构应按照银保监会及其派出机构要求，完善监管统计数据填报审核工作机制和流程，确保数据的真实性、准确性、及时性、完整性。

银行保险机构应保证同一指标在监管报送与对外披露的一致性。如有重大差异，应及时向银保监会或其派出机构解释说明。

第十七条 银行保险法人机构应将监管统计数据纳入数据治理，建立满足监管统计工作需要的组织架构、工作机制和流程，明确职权和责任，实施问责和激励，评估监管统计管理的有效性和执行情况，推动监管统计工作有效开展和数据质量持续提升，并加强对分支机构监管统计数据质量的监督和管理。

第十八条 银行保险机构法定代表人或主要负责人对监管统计数据质量承担最终责任。

银行保险法人机构及其县级及以上分支机构应分别指定一名高级管理人员（或主要负责人）为监管统计负责人，负责组织部署本机构监管统计工作，保障岗位、人员、薪酬、科技支持等资源配置。

第十九条 银行保险法人机构应明确并授权归口管理部门负责组织、协调和管理本机构监管统计工作，履行下列职责：

（一）组织落实监管统计法规、监管统计标准及有关工作要求；

（二）组织制定满足监管统计要求的内部管理制度和统计业务制度；

（三）组织收集、编制、报送和管理监管统计数据；

（四）组织开展对内部各部门、各分支机构的监管统计管理、考评、检查和培训工作，对不按规定提供或提供虚假监管统计数据的进行责任认定追溯；

（五）推动建设满足监管统计报送工作需要的信息系统；

（六）落实监管统计数据安全保护相关工作；

（七）为满足监管统计需要开展的其他工作。

银行保险法人机构各相关部门应承担与监管统计报送有关的业

务规则确认、数据填报和审核、源头数据质量治理等工作职责。

银行保险机构省级、地市级分支机构应明确统计工作部门，地市级以下分支机构应至少指定统计工作团队，负责组织开展本级机构的监管统计工作。

第二十条 银行保险法人机构归口管理部门及其省级分支机构统计工作部门应设置监管统计专职岗位。地市级及以下分支机构可视实际情况设置监管统计专职或兼职岗位。相关岗位均应设立A、B角，人员数量、专业能力和激励机制应满足监管统计工作需要。

银行保险法人机构或其县级及以上分支机构应在指定或者变更监管统计负责人、归口管理部门（或统计工作部门、团队）负责人后10个工作日内，向银保监会或其派出机构备案。

第二十一条 银行保险机构应及时制定并更新满足监管要求的监管统计内部管理制度和业务制度，在制度制定或发生重大修订后10个工作日内向银保监会或其派出机构备案。

管理制度应包括组织领导、部门职责、岗位人员、信息系统保障、数据编制报送、数据质量管控、检查评估、考核评价、问责与激励、资料管理、数据安全保护等方面。

业务制度应全面覆盖常规监管统计数据要求，对统计内容、口径、方法、分工和流程等方面做出统一规定。

第二十二条 银行保险机构应建立包括数据源管理、统计口径管理、日常监控、监督检查、问题整改、考核评价在内的监管统计数据质量全流程管理机制，明确各部门数据质量责任。

第二十三条 银行保险机构应建立满足监管统计工作需要的信息系统，提高数字化水平。

银行保险机构内部业务及管理基础系统等各类信息系统应覆盖监管统计所需各项业务和管理数据。

第二十四条 银行保险机构应加强监管统计资料的存储管理，建立全面、严密的管理流程和归档机制，保证监管统计资料的完整性、连续性、安全性和可追溯性。

银行保险机构向境外机构、组织或个人提供境内采集、存储的监管统计资料，应遵守国家有关法律法规及行业相关规定。

第二十五条 银行保险机构应当充分运用数据分析手段，对本机构监管统计指标变化情况开展统计分析和数据挖掘应用，充分发挥监管统计资料价值。

第五章　监管统计监督管理

第二十六条 银保监会及其派出机构依据有关规定和程序对银行保险机构监管统计工作情况进行监督检查，内容包括：

（一）监管统计法律法规及相关制度的执行；

（二）统计相关组织架构及其管理；

（三）相关岗位人员配置及培训；

（四）内部统计管理制度和统计业务制度建设及其执行情况；

（五）相关统计信息系统建设，以及统计信息系统完备性和安全性情况；

（六）监管统计数据质量及其管理；

（七）监管统计资料管理；

（八）监管统计数据安全保护情况；

（九）与监管统计工作相关的其他情况。

第二十七条 银保监会及其派出机构采取非现场或现场方式实施监管统计监督管理。对违反本办法规定的银行保险机构，银保监会及其派出机构可依法依规采取监督管理措施或者给予行政处罚。

第二十八条 银行保险机构未按规定提供监管统计资料的，分别依据《中华人民共和国银行业监督管理法》、《中华人民共和国保险法》、《中华人民共和国商业银行法》等法律法规，视情况依法予以处罚。

第二十九条 银行保险机构违反本办法规定，有下列行为之一的，分别依据《中华人民共和国银行业监督管理法》、《中华人民共和国保险法》、《中华人民共和国商业银行法》等法律法规予以处罚；构成犯罪的，依法追究刑事责任：

（一）编造或提供虚假的监管统计资料；

（二）拒绝接受依法进行的监管统计监督检查；

（三）阻碍依法进行的监管统计监督检查。

第三十条 银行保险机构违反本办法第二十八、二十九条规定的，银保监会及其派出机构分别依据《中华人民共和国银行业监督管理法》、《中华人民共和国保险法》、《中华人民共和国商业银行法》等法律法规对有关责任人员采取监管措施或予以处罚。

第六章 附 则

第三十一条 银保监会及其派出机构依法监管的其他机构参照本办法执行。

第三十二条 本办法由银保监会负责解释。

第三十三条 本办法自 2023 年 2 月 1 日起施行。《银行业监管统计管理暂行办法》（中国银行业监督管理委员会令 2004 年第 6 号）、《保险统计管理规定》（中国保险监督管理委员会令 2013 年第 1 号）同时废止。

保险业务规范

人身保险业务基本服务规定

(2010年2月11日中国保险监督管理委员会令2010年第4号公布 自2010年5月1日起施行)

第一条 为了规范人身保险服务活动，保护投保人、被保险人和受益人的合法权益，依据《中华人民共和国保险法》等法律、行政法规，制定本规定。

第二条 保险公司、保险代理人及其从业人员从事人身保险产品的销售、承保、回访、保全、理赔、信息披露等业务活动，应当符合本规定的要求。

本规定所称保全，是指人身保险合同生效后，为了维持合同持续有效，保险公司根据合同约定或者投保人、被保险人、受益人的要求而提供的一系列服务，包括但不限于保险合同效力中止与恢复、保险合同内容变更等。

第三条 保险公司的营业场所应当设置醒目的服务标识牌，对服务的内容、流程及监督电话等进行公示，并设置投诉意见箱或者客户意见簿。

保险公司的柜台服务人员应当佩戴或者在柜台前放置标明身份的标识卡，行为举止应当符合基本的职业规范。

第四条 保险公司应当公布服务电话号码，电话服务至少应当包括咨询、接报案、投诉等内容。

保险代理人及其从业人员应当将相关保险公司的服务电话号码告知投保人。

第五条 保险公司应当提供每日24小时电话服务，并且工作日的人工接听服务不得少于8小时。

保险公司应当对服务电话建立来电事项的记录及处理制度。

第六条 保险销售人员通过面对面的方式销售保险产品的，应当出示工作证或者展业证等证件。保险销售人员通过电话销售保险产品的，应当将姓名及工号告知投保人。

保险销售人员是指从事保险销售的下列人员：

（一）保险公司的工作人员；

（二）保险代理机构的从业人员；

（三）保险营销员。

第七条 保险公司应当按照中国保监会的规定建立投保提示制度。保险销售人员在销售过程中应当向投保人提示保险产品的特点和风险，以便客户选择适合自身风险偏好和经济承受能力的保险产品。

第八条 通过电话渠道销售保险产品的，保险销售人员应当告知投保人查询保险合同条款的有效途径。

第九条 保险销售人员向投保人提供投保单时应当附保险合同条款。

保险销售人员应当提醒投保人在投保单上填写准确的通讯地址、联系电话等信息。

第十条 投保人提交的投保单填写错误或者所附资料不完整的，保险公司应当自收到投保资料之日起5个工作日内一次性告知投保人需要补正或者补充的内容。

第十一条 保险公司认为需要进行体检、生存调查等程序的，应当自收到符合要求的投保资料之日起5个工作日内通知投保人。

保险公司认为不需要进行体检、生存调查等程序并同意承保的，应当自收到符合要求的投保资料之日起15个工作日内完成保险合同制作并送达投保人。

第十二条 保险公司应当自收到被保险人体检报告或者生存调查报告之日起15个工作日内，告知投保人核保结果，同意承保的，还应当完成合同制作并送达投保人。

第十三条 保险公司通过银行扣划方式收取保险费的，应当就扣划的账户、金额、时间等内容与投保人达成协议。

第十四条 保险公司应当建立回访制度，指定专门部门负责回访工作，并配备必要的人员和设备。

第十五条 保险公司应当在犹豫期内对合同期限超过一年的人身保险新单业务进行回访，并及时记录回访情况。回访应当包括以下内容：

（一）确认受访人是否为投保人本人；

（二）确认投保人是否购买了该保险产品以及投保人和被保险人是否按照要求亲笔签名；

（三）确认投保人是否已经阅读并理解产品说明书和投保提示的内容；

（四）确认投保人是否知悉保险责任、责任免除和保险期间；

（五）确认投保人是否知悉退保可能受到的损失；

（六）确认投保人是否知悉犹豫期的起算时间、期间以及享有的权利；

（七）采用期缴方式的，确认投保人是否了解缴费期间和缴费频率。

人身保险新型产品的回访，中国保监会另有规定的，从其规定。

第十六条 保险公司与保险销售人员解除劳动合同或者委托合同，通过该保险销售人员签订的一年期以上的人身保险合同尚未履行完毕的，保险公司应当告知投保人保单状况以及获得后续服务的途径。

第十七条 投保人、被保险人或者受益人委托他人向保险公司领取金额超过人民币1000元的，保险公司应当将办理结果通知投保人、被保险人或者受益人。

第十八条 保险公司在回访中发现存在销售误导等问题的，应当自发现问题之日起15个工作日内由销售人员以外的人员予以解决。

第十九条 保险公司应当自收到资料齐全、符合合同约定条件的保全申请之日起2个工作日内完成受理。

保全申请资料不完整、填写不规范或者不符合合同约定条件的，应当自收到保全申请之日起5个工作日内一次性通知保全申请人，并协助其补正。

第二十条 保全不涉及保险费缴纳的,保险公司应当自同意保全之日起 5 个工作日内处理完毕;保全涉及保险费缴纳的,保险公司应当自投保人缴纳足额保险费之日起 5 个工作日内处理完毕。

保全涉及体检的,体检所需时间不计算在前款规定的期限内。

保险公司由于特殊情况无法在规定期限内完成的,应当及时向保全申请人说明原因并告知处理进度。

第二十一条 对于约定分期支付保险费的保险合同,保险公司应当向投保人确认是否需要缴费提示。投保人需要缴费提示的,保险公司应当在当期保费缴费日前向投保人发出缴费提示。

保险合同效力中止的,保险公司应当自中止之日起 10 个工作日内向投保人发出效力中止通知,并告知合同效力中止的后果以及合同效力恢复的方式。

第二十二条 保险公司在接到投保人、被保险人或者受益人的保险事故通知后,应当及时告知相关当事人索赔注意事项,指导相关当事人提供与确认保险事故的性质、原因、损失程度等有关的证明和资料。

第二十三条 保险公司在收到被保险人或者受益人的赔偿或者给付保险金的请求后,应当在 5 个工作日内作出核定;情形复杂的,应当在 30 日内作出核定,但合同另有约定的除外。

第二十四条 保险公司作出不属于保险责任的核定后,应当自作出核定之日起 3 日内向被保险人或者受益人发出拒绝赔偿或者拒绝给付保险金通知书,并说明理由。

第二十五条 对需要进行伤残鉴定的索赔或者给付请求,保险公司应当提醒投保人、被保险人或者受益人按照合同约定及时办理相关委托和鉴定手续。

第二十六条 保险公司应当在与被保险人或者受益人达成赔偿或者给付保险金的协议后 10 日内,履行赔偿或者给付保险金义务。保险合同对赔偿或者给付保险金的期限有约定的,保险公司应当按照约定履行赔偿或者给付保险金义务。

第二十七条 保险公司应当建立完善的应急预案,在发生特大交通事故、重大自然灾害等事故时,及时启动应急预案,通过建立快速理赔通道、预付赔款、上门服务等方式，提高理赔效率和质量。

第二十八条 保险公司应当建立保护投保人、被保险人和受益人个人隐私和商业秘密的制度。未经投保人、被保险人和受益人同意，保险公司不得泄露其个人隐私和商业秘密。

第二十九条 保险公司应当建立完善的投诉处理机制。

保险公司应当自受理投诉之日起10个工作日内向投诉人做出明确答复。由于特殊原因无法按时答复的，保险公司应当向投诉人反馈进展情况。

第三十条 保险公司应当根据本规定的要求制定服务标准与服务质量监督机制，每年定期进行服务质量检查评估。

第三十一条 保险公司、保险代理人及其从业人员违反本规定的，由中国保监会及其派出机构责令其限期改正，逾期不改正的，给予警告，对有违法所得的处违法所得1倍以上3倍以下的罚款，但最高不得超过3万元，对没有违法所得的处1万元以下的罚款。对直接责任人员和直接负责的主管人员可以给予警告，并处1万元以下的罚款。

第三十二条 团体人身保险业务不适用本规定。

第三十三条 本规定自2010年5月1日起施行。

人身保险产品信息披露管理办法

（2022年11月11日中国银行保险监督管理委员会令2022年第8号公布 自2023年6月30日起施行）

第一章 总 则

第一条 为规范人身保险产品信息披露行为，促进行业健康可持续发展，保护投保人、被保险人和受益人的合法权益，根据《中华人民共和国保险法》等法律、行政法规，制定本办法。

第二条 本办法所称人身保险，按险种类别划分，包括人寿保险、年金保险、健康保险、意外伤害保险等；按设计类型划分，包括普通型、分红型、万能型、投资连结型等。按保险期间划分，包括一年期以上的人身保险和一年期及以下的人身保险。

第三条 本办法所称产品信息披露，指保险公司及其保险销售人员、保险中介机构及其从业人员根据法律、行政法规等要求，通过线上或线下等形式，向投保人、被保险人、受益人及社会公众公开保险产品信息的行为。

第四条 产品信息披露应当遵循真实性、准确性、完整性、及时性原则。保险公司及其保险销售人员、保险中介机构及其从业人员应当准确说明并充分披露与产品相关的信息，无重大遗漏，不得对投保人、被保险人、受益人及社会公众进行隐瞒和欺骗。

第五条 中国银行保险监督管理委员会（以下简称银保监会）根据法律、行政法规和国务院授权，对保险公司及其保险销售人员、保险中介机构及其从业人员人身保险产品信息披露行为进行监督管理。

第二章 信息披露主体和披露方式

第六条 产品信息披露主体为保险公司。

保险公司保险销售人员、保险中介机构及其从业人员应当按照保险公司提供的产品信息披露材料，向社会公众介绍或提供产品相关信息。

第七条 产品信息披露对象包括投保人、被保险人、受益人及社会公众。保险公司应当向社会公众披露其产品信息，接受保险监管部门及社会公众的监督。保险公司及其保险销售人员、保险中介机构及其从业人员应当在售前、售中、售后及时向投保人、被保险人、受益人披露应知的产品信息，维护保险消费者的合法权益。

第八条 保险公司可以通过以下渠道披露产品信息材料：

（一）保险公司官方网站、官方公众服务号等自营平台；

（二）中国保险行业协会等行业公共信息披露渠道；

（三）保险公司授权或委托的合作机构和第三方媒体；

（四）保险公司产品说明会等业务经营活动；

（五）保险公司根据有关要求及公司经营管理需要，向保险消费者披露产品信息的其他渠道。

第九条 中国保险行业协会、中国银行保险信息技术管理有限公司等机构应当积极发挥行业保险产品信息披露的平台作用，为社会公众及保险消费者提供行业保险产品信息查询渠道。

保险公司在公司官方网站以外披露产品信息的，其内容不得与公司官方网站披露的内容相冲突。

第十条 保险公司的产品信息材料因涉及国家秘密、商业秘密和个人隐私不予披露的，应当有充分的认定依据和完善的保密措施。

第三章 信息披露内容和披露时间

第十一条 保险公司应当根据保险产品审批或备案材料报送内容，披露下列保险产品信息：

（一）保险产品目录；
（二）保险产品条款；
（三）保险产品费率表；
（四）一年期以上的人身保险产品现金价值全表；
（五）一年期以上的人身保险产品说明书；
（六）银保监会规定的其他应当披露的产品材料信息。

第十二条 保险公司销售一年期以上的人身保险产品，应当在销售过程中以纸质或电子形式向投保人提供产品说明书。产品说明书应当结合产品特点，按照监管要求制定。

保险公司通过产品组合形式销售人身保险产品的，应当分别提供每个一年期以上的人身保险产品对应的产品说明书。

第十三条 订立保险合同，采用保险公司提供的格式条款的，保险公司向投保人提供的投保单应当附格式条款及条款查询方式，保险公司应当通过适当方式向投保人说明保险合同的内容，并重点提示格式条款中与投保人有重大利害关系的条款。

第十四条 保险公司在保单承保后，应当为投保人、被保险人、受益人提供电话、互联网等方式的保单查询服务，建立可以有效使用的保单查询通道。

保单查询内容包括但不限于：产品名称，产品条款，保单号，投保人、被保险人及受益人信息，保险销售人员、保险服务人员信息，保险费，交费方式，保险金额，保险期间，保险责任，责任免除，等待期，保单生效日，销售渠道，查询服务电话等。

第十五条 对购买一年期以上的人身保险产品且有转保需求的客户，经双方协商一致，保险公司同意进行转保的，保险公司应当向投保人披露相关转保信息，充分提示客户了解转保的潜在风险，禁止发生诱导转保等不利于客户利益的行为。披露信息包括但不限于以下内容：

（一）确认客户知悉对现有产品转保需承担因退保或保单失效而产生的相关利益损失；

（二）确认客户知悉因转保后年龄、健康状况等变化可能导致新产品保障范围的调整；

（三）确认客户知悉因转保后的年龄、健康状况、职业等变化导致相关费用的调整；

（四）确认客户对转保后产品的保险责任、责任免除、保单利益等产品信息充分知情；

（五）确认客户知悉转保后新产品中的时间期限或需重新计算，例如医疗保险、重大疾病保险产品的等待期、自杀或不可抗辩条款的起算时间等。

第十六条 保险公司决定停止销售保险产品的，应当自决定停止之日起 10 个工作日内，披露停止销售产品的名称、停止销售的时间、停止销售的原因，以及后续服务措施等相关信息。

第十七条 保险公司应当通过公司官方网站、官方 APP、官方公众服务号、客户服务电话等方便客户查询的平台向客户提供理赔流程、理赔时效、理赔文件要求等相关信息。理赔披露内容包括但不限于：

（一）理赔服务的咨询电话等信息；

（二）理赔报案、申请办理渠道，办理理赔业务所需材料清单以及服务时效承诺；

（三）理赔进度、处理依据、处理结果以及理赔金额计算方法等信息。

保险公司应当在产品或服务合约中，提供投诉电话或其他投诉渠道信息。

第十八条 保险公司应当对60周岁以上人员以及残障人士等特殊人群，提供符合该人群特点的披露方式，积极提供便捷投保通道等客户服务，确保消费者充分知悉其所购买保险产品的内容和主要特点。

第十九条 保险公司应当在公司官方网站披露本办法第十一条、第十六条规定的产品信息。产品信息发生变更的，保险公司应当自变更之日起10个工作日内更新。上述变更包括产品上市销售、产品变更或修订，以及银保监会规定的其他情形。

第四章 信息披露管理

第二十条 保险公司应当加强产品信息披露管理，建立产品信息披露内部管理办法，完善内部管理机制，加强公司网站披露页面建设，强化产品销售过程与售后信息披露监督管理。

第二十一条 保险产品信息披露材料应当由保险公司总公司统一负责管理。保险公司总公司可以授权省级分公司设计或修改保险产品信息披露材料，但应当报经总公司批准。除保险公司省级分公司以外，保险公司的其他各级分支机构不得设计和修改保险产品信息披露材料。

第二十二条 保险公司不得授权或委托保险销售人员、保险中介机构及其从业人员自行修改保险产品信息披露材料。保险销售人员、保险中介机构及其从业人员不得自行修改代理销售的保险产品信息披露材料。

保险公司保险销售人员、保险中介机构及其从业人员使用的产品信息披露材料应当与保险公司产品信息披露材料保持一致。保险中介机构及其从业人员所使用产品宣传材料中的产品信息应当与保险公司产品信息披露材料内容保持一致。

第二十三条 保险公司应当加强数据和信息的安全管理，防范假冒网站、假冒 APP 等的违法活动，并检查网页上外部链接的可靠性。

第二十四条 保险公司及其保险销售人员、保险中介机构及其从业人员不得违规收集、使用、加工、泄露客户信息。保险公司应当加强客户信息保护管理，建立客户信息保护机制。

第五章 监督管理

第二十五条 保险公司应当对产品信息披露的真实性、准确性、完整性、及时性承担主体责任。

保险公司应当指定公司高级管理人员负责管理产品信息披露事务。保险公司负责产品信息披露的高级管理人员、承办产品信息披露的部门负责人员对产品信息披露承担管理责任。保险公司保险销售人员、保险中介机构及其从业人员对产品信息披露材料的使用承担责任。

第二十六条 银保监会及其派出机构依法履行消费者权益保护监管职责，通过非现场监管、现场检查、举报调查等手段和采取监管谈话、责令限期整改、下发风险提示函等监管措施，督促保险公司、保险中介机构落实产品信息披露的各项要求，严厉打击侵害消费者权益行为，营造公平有序的市场环境。

第二十七条 保险公司、保险中介机构有下列行为之一的，由银保监会及其派出机构依据《中华人民共和国保险法》等法律、行政法规予以处罚：

（一）未按照本办法规定披露产品信息且限期未改正；

（二）编制或提供虚假信息；

（三）拒绝或妨碍依法监督检查；

（四）银保监会规定的其他情形。

第二十八条 保险公司、保险中介机构未按照本办法规定设计、修改、使用产品信息披露材料的，由银保监会及其派出机构责令限期改正；逾期不改正的，对保险机构处以一万元以上十万元以下的罚款，对其直接负责的主管人员和其他直接责任人员给予警告，并处一万元以上十万元以下的罚款。

第六章　附　　则

第二十九条　本办法适用于个人人身保险产品信息披露要求。团体人身保险产品信息披露不适用本办法,另行规定。

第三十条　本办法由银保监会负责解释。

第三十一条　本办法自 2023 年 6 月 30 日起施行。《人身保险新型产品信息披露管理办法》(中国保险监督管理委员会令 2009 年第 3 号)、《关于执行〈人身保险新型产品信息披露管理办法〉有关事项的通知》(保监发〔2009〕104 号)和《关于〈人身保险新型产品信息披露管理办法〉有关条文解释的通知》(保监寿险〔2009〕1161 号)同时废止。

人身保险公司保险条款和保险费率管理办法

(2011 年 12 月 30 日中国保险监督管理委员会令 2011 年第 3 号公布　根据 2015 年 10 月 19 日《关于修改〈保险公司设立境外保险类机构管理办法〉等八部规章的决定》修订)

第一章　总　　则

第一条　为了加强人身保险公司(以下简称保险公司)保险条款和保险费率的监督管理,保护投保人、被保险人和受益人的合法权益,维护保险市场竞争秩序,鼓励保险公司创新,根据《中华人民共和国保险法》(以下简称《保险法》)等有关法律、行政法规,制定本办法。

第二条　中国保险监督管理委员会(以下简称中国保监会)依法对保险公司的保险条款和保险费率实施监督管理。中国保监会派出机构在中国保监会授权范围内行使职权。

第三条 保险公司应当按照《保险法》和中国保监会有关规定，公平、合理拟订保险条款和保险费率，不得损害投保人、被保险人和受益人的合法权益。保险公司对其拟订的保险条款和保险费率承担相应责任。

第四条 保险公司应当按照本办法规定将保险条款和保险费率报送中国保监会审批或者备案。

第五条 保险公司应当建立科学、高效、符合市场需求的人身保险开发管理机制，定期跟踪和分析经营情况，及时发现保险条款、保险费率经营管理中存在的问题并采取相应解决措施。

第六条 保险公司应当充分发挥核心竞争优势，合理配置公司资源，围绕宏观经济政策、市场需求、公司战略目标开发保险险种。

第二章 设计与分类

第七条 人身保险分为人寿保险、年金保险、健康保险、意外伤害保险。

第八条 人寿保险是指以人的寿命为保险标的的人身保险。人寿保险分为定期寿险、终身寿险、两全保险等。

定期寿险是指以被保险人死亡为给付保险金条件，且保险期间为固定年限的人寿保险。

终身寿险是指以被保险人死亡为给付保险金条件，且保险期间为终身的人寿保险。

两全保险是指既包含以被保险人死亡为给付保险金条件，又包含以被保险人生存为给付保险金条件的人寿保险。

第九条 年金保险是指以被保险人生存为给付保险金条件，并按约定的时间间隔分期给付生存保险金的人身保险。

第十条 养老年金保险是指以养老保障为目的的年金保险。养老年金保险应当符合下列条件：

（一）保险合同约定给付被保险人生存保险金的年龄不得小于国家规定的退休年龄；

（二）相邻两次给付的时间间隔不得超过一年。

第十一条　健康保险是指以因健康原因导致损失为给付保险金条件的人身保险。健康保险分为疾病保险、医疗保险、失能收入损失保险、护理保险等。

疾病保险是指以保险合同约定的疾病发生为给付保险金条件的健康保险。

医疗保险是指以保险合同约定的医疗行为发生为给付保险金条件，按约定对被保险人接受诊疗期间的医疗费用支出提供保障的健康保险。

失能收入损失保险是指以因保险合同约定的疾病或者意外伤害导致工作能力丧失为给付保险金条件，按约定对被保险人在一定时期内收入减少或者中断提供保障的健康保险。

护理保险是指以因保险合同约定的日常生活能力障碍引发护理需要为给付保险金条件，按约定对被保险人的护理支出提供保障的健康保险。

第十二条　意外伤害保险是指以被保险人因意外事故而导致身故、残疾或者发生保险合同约定的其他事故为给付保险金条件的人身保险。

第十三条　人寿保险和健康保险可以包含全残责任。

健康保险包含两种以上健康保障责任的，应当按照一般精算原理判断主要责任，并根据主要责任确定险种类别。长期健康保险中的疾病保险，可以包含死亡保险责任，但死亡给付金额不得高于疾病最高给付金额。其他健康保险不得包含死亡保险责任，但因疾病引发的死亡保险责任除外。

医疗保险和疾病保险不得包含生存保险责任。

意外伤害保险可以包含由意外伤害导致的医疗保险责任。仅包含由意外伤害导致的医疗保险责任的保险应当确定为医疗保险。

第十四条　保险公司应当严格遵循本办法所规定的人寿保险、年金保险、健康保险、意外伤害保险的分类标准，中国保监会另有规定的除外。

第十五条　人身保险的定名应当符合下列格式：

"保险公司名称"+"吉庆、说明性文字"+"险种类别"+

"（设计类型）"

前款规定的保险公司名称可用全称或者简称；吉庆、说明性文字的字数不得超过 10 个。

附加保险的定名应当在"保险公司名称"后标注"附加"字样。

团体保险应当在名称中标明"团体"字样。

第十六条　年金保险中的养老年金保险险种类别为"养老年金保险"，其他年金保险险种类别为"年金保险"；意外伤害保险险种类别为"意外伤害保险"。

第十七条　人身保险的设计类型分为普通型、分红型、投资连结型、万能型等。

第十八条　分红型、投资连结型和万能型人身保险应当在名称中注明设计类型，普通型人身保险无须在名称中注明设计类型。

第三章　审批与备案

第十九条　保险公司总公司负责将保险条款和保险费率报送中国保监会审批或者备案。

第二十条　保险公司下列险种的保险条款和保险费率，应当在使用前报送中国保监会审批：

（一）关系社会公众利益的保险险种；

（二）依法实行强制保险的险种；

（三）中国保监会规定的新开发人寿保险险种；

（四）中国保监会规定的其他险种。

前款规定以外的其他险种，应当报送中国保监会备案。

第二十一条　保险公司报送保险条款和保险费率备案的，应当提交下列材料：

（一）《人身保险公司保险条款和保险费率备案报送材料清单表》；

（二）保险条款；

（三）保险费率表；

（四）总精算师签署的相关精算报告；
（五）总精算师声明书；
（六）法律责任人声明书；
（七）中国保监会规定的其他材料。

第二十二条 保险公司报送分红保险、投资连结保险、万能保险保险条款和保险费率备案的，除提交第二十一条规定的材料以外，还应当提交下列材料：

（一）财务管理办法；
（二）业务管理办法；
（三）信息披露管理制度；
（四）业务规划及对偿付能力的影响；
（五）产品说明书。

分红保险，还应当提交红利计算和分配办法、收入分配和费用分摊原则；投资连结保险和万能保险，还应当提交包括销售渠道、销售区域等内容的销售管理办法。

保险公司提交的上述材料与本公司已经中国保监会审批或者备案的同类险种对应材料完全一致的，可以免于提交该材料，但应当在材料清单表中予以注明。

第二十三条 保险公司报送保险条款和保险费率审批的，除提交第二十一条第（二）项至第（七）项以及第二十二条规定的材料外，还应当提交下列材料：

（一）《人身保险公司保险条款和保险费率审批申请表》；
（二）《人身保险公司保险条款和保险费率审批报送材料清单表》；
（三）保险条款和保险费率的说明材料，包括保险条款和保险费率的主要特点、市场风险和经营风险分析、相应的管控措施等。

第二十四条 保险公司报送下列保险条款和保险费率审批或者备案的，除分别按照第二十一条、第二十二条、第二十三条规定报送材料以外，还应当按照下列规定提交材料：

（一）具有现金价值的，提交包含现金价值表示例的书面材料以及包含各年龄现金价值全表的电子文档；

（二）具有减额交清条款的，提交包含减额交清保额表示例的书面材料以及包含各年龄减额交清保额全表的电子文档；

（三）中国保监会允许费率浮动或者参数调整的，提交由总精算师签署的费率浮动管理办法或者产品参数调整办法；

（四）保险期间超过一年的，提交利润测试模型的电子文档。

第二十五条 保险公司报送保险条款和保险费率审批或者备案的，提交的精算报告至少应当包括下列内容：

（一）数据来源和定价基础；

（二）定价方法和定价假设，保险期间超过一年的，还应当包括利润测试参数、利润测试结果以及主要参数变化的敏感性分析；

（三）法定准备金计算方法；

（四）主要风险及相应管理意见；

（五）总精算师需要特别说明的内容；

（六）中国保监会规定的其他内容。

第二十六条 保险公司报送下列保险条款和保险费率审批或者备案的，提交的精算报告除符合第二十五条规定外，还应当符合下列规定：

（一）具有现金价值的，列明现金价值计算方法；

（二）具有减额交清条款的，列明减额交清保额的计算方法；

（三）具有利益演示的，列明利益演示的计算方法。

第二十七条 中国保监会收到保险公司报送的保险条款和保险费率审批申请后，应当根据下列情况分别作出处理：

（一）申请材料不齐全的，自收到材料之日起5日内一次告知保险公司需要补正的全部内容；

（二）申请材料齐全或者保险公司按照规定提交全部补正申请材料的，受理该申请，并向保险公司出具加盖受理专用印章的书面凭证。

第二十八条 中国保监会应当自受理保险条款和保险费率审批申请之日起20日内作出批准或者不予批准的决定。20日内不能作出决定的，经中国保监会负责人批准，审批期限可以延长10日。中国保监会应当将延长期限的理由告知保险公司。

决定批准的，中国保监会应当将批准决定在保监会文告或者网站上向社会公布；决定不予批准的，中国保监会应当书面通知保险公司，说明理由并告知其享有依法申请行政复议或者提起行政诉讼的权利。

第二十九条　中国保监会可以对审批的保险条款和保险费率进行专家评审，并将专家评审所需时间书面告知保险公司。

中国保监会对涉及社会公共利益的保险条款和保险费率可以组织听证，并根据《中华人民共和国行政许可法》有关规定予以实施。

专家评审时间和听证时间不在本办法第二十八条规定的审批期限内计算。

第三十条　保险公司在保险条款和保险费率审批申请受理后、审批决定作出前，撤回审批申请的，应当向中国保监会提交书面申请，中国保监会应当及时终止对保险条款和保险费率审批申请的审查，并将审批申请材料退回保险公司。

第三十一条　保险公司在保险条款和保险费率审批申请受理后、审批决定作出前，对申报的保险条款和保险费率进行修改的，应当向中国保监会申请撤回审批。

保险公司有前款规定情形的，审批期限自中国保监会收到修改后的完整申请材料之日起重新计算。

第三十二条　保险公司对于未获批准的保险条款和保险费率，可以在修改后重新报送中国保监会审批。

第三十三条　保险公司报送保险条款和保险费率备案，不得迟于使用后10日。

第三十四条　中国保监会收到备案材料后，应当根据下列情况分别作出处理：

（一）备案材料不齐全的，一次告知保险公司在10日内补正全部备案材料；

（二）备案材料齐全或者保险公司按照规定提交全部补正材料的，将备案材料存档，并向保险公司出具备案回执；

（三）发现备案的保险条款和保险费率有《保险法》第一百三十六条规定情形的，责令保险公司立即停止使用。

第四章　变更与停止使用

第三十五条　保险公司变更已经审批或者备案的保险条款和保险费率，改变其保险责任、险种类别或者定价方法的，应当将保险条款和保险费率重新报送审批或者备案。

第三十六条　保险公司变更已经审批或者备案的保险条款和保险费率，且不改变保险责任、险种类别和定价方法的，应当在发生变更之日起 10 日内向中国保监会备案，并提交下列材料：

（一）《变更备案报送材料清单表》；
（二）变更原因、主要变更内容的对比说明；
（三）已经审批或者备案的保险条款；
（四）变更后的相关材料；
（五）总精算师声明书；
（六）法律责任人声明书；
（七）中国保监会规定的其他材料。

保险公司名称变更导致人身保险定名发生变更，但其他内容未变更的，可以不提交前款第（三）、（四）、（五）项规定的材料。

第三十七条　保险公司决定在全国范围内停止使用保险条款和保险费率的，应当在停止使用后 10 日内向中国保监会提交报告，说明停止使用的原因、后续服务的相关措施等情况，并将报告抄送原使用区域的中国保监会派出机构。

保险公司决定在部分区域停止使用保险条款和保险费率的，不得以停止使用保险条款和保险费率进行宣传和销售误导。

保险公司省级分公司及以下分支机构，不得决定停止使用保险条款和保险费率。

第三十八条　保险公司决定重新销售已经停止使用的保险条款和保险费率的，应当在重新销售后 10 日内向中国保监会提交报告，说明重新使用的原因、管理计划等情况，并将报告抄送拟使用区域的中国保监会派出机构。

第五章 总精算师和法律责任人

第三十九条 保险公司总精算师应当对报送审批或者备案的保险条款和保险费率出具总精算师声明书,并签署相关的精算报告、费率浮动管理办法或者产品参数调整办法。

保险公司总精算师对报送审批或者备案的保险条款和保险费率承担下列责任:

(一)分类准确,定名符合本办法规定;

(二)精算报告内容完备;

(三)精算假设和精算方法符合一般精算原理和中国保监会的精算规定;

(四)具有利益演示的险种,利益演示方法符合一般精算原理和中国保监会的有关规定;

(五)保险费率厘定合理,满足充足性、适当性和公平性原则;

(六)中国保监会规定的其他责任。

第四十条 保险公司应当指定法律责任人,并向中国保监会备案。

第四十一条 保险公司指定的法律责任人应当符合下列条件:

(一)在中华人民共和国境内有住所;

(二)具有本科以上学历;

(三)具有中国律师资格证书或者法律职业资格证书;

(四)属于公司正式员工,且在公司内担任部门负责人及以上职务;

(五)具有5年以上国内保险或者法律从业经验,其中包括3年以上在保险行业内的法律从业经验;

(六)过去3年内未因违法执业行为受到行政处罚;

(七)未受过刑事处罚;

(八)中国保监会规定的其他条件。

第四十二条 保险公司法律责任人履行下列职责:

(一)参与制定人身保险开发策略;

（二）审核保险条款的相关材料；

（三）定期分析由保险条款引发的诉讼案件；

（四）及时向中国保监会报告保险条款的重大风险隐患；

（五）中国保监会或者保险公司章程规定的其他职责。

第四十三条 保险公司法律责任人应当对报送审批或者备案的保险条款出具法律责任人声明书，并承担下列责任：

（一）保险条款公平合理，不损害社会公共利益，不侵害投保人、被保险人和受益人的合法权益；

（二）保险条款文字准确，表述严谨；

（三）具有产品说明书的，产品说明书符合条款表述，内容全面、真实，符合中国保监会的有关规定；

（四）保险条款符合《保险法》等法律、行政法规和中国保监会有关规定；

（五）中国保监会规定的其他责任。

第四十四条 保险公司报送法律责任人备案的，应当向中国保监会提交下列材料一式两份：

（一）《法律责任人备案情况表》；

（二）拟任人身份证明和住所证明复印件；

（三）学历证明和专业资格证明复印件；

（四）从业经历证明；

（五）中国保监会规定的其他材料。

第四十五条 保险公司应当加强对法律责任人管理，建立法律责任人相关制度，向法律责任人提供其承担工作职责所必需的信息，并保证法律责任人能够独立地履行职责。

第四十六条 法律责任人因辞职、被免职或者被撤职等原因离职的，保险公司应当自作出批准辞职或者免职、撤职等决定之日起30日内，向中国保监会报告，并提交下列材料：

（一）法律责任人被免职或者被撤职的原因说明；

（二）免职、撤职或者批准辞职等有关决定的复印件；

（三）法律责任人作出的离职报告或者保险公司对未作离职报告的法律责任人作出的离职说明报告。

第六章 法律责任

第四十七条 保险公司未按照规定申请批准保险条款、保险费率的，由中国保监会依据《保险法》第一百六十四条进行处罚。

第四十八条 保险公司使用的保险条款和保险费率有下列情形之一的，由中国保监会责令停止使用，限期修改；情节严重的，可以在一定期限内禁止申报新的保险条款和保险费率：

（一）损害社会公共利益；

（二）内容显失公平或者形成价格垄断，侵害投保人、被保险人或者受益人的合法权益；

（三）条款设计或者费率厘定不当，可能危及保险公司偿付能力；

（四）违反法律、行政法规或者中国保监会的其他规定。

第四十九条 保险公司有下列行为之一的，由中国保监会依据《保险法》第一百六十九条进行处罚：

（一）未按照规定报送保险条款、保险费率备案的；

（二）未按照规定报送停止使用保险条款和保险费率相关报告的；

（三）未按照规定报送或者保管与保险条款、保险费率相关的其他报告、报表、文件、资料的，或者未按照规定提供有关信息、资料的。

第五十条 保险公司有下列行为之一的，由中国保监会依据《保险法》第一百七十条进行处罚：

（一）报送审批、备案保险条款和保险费率时，编制或者提供虚假的报告、报表、文件、资料的；

（二）报送法律责任人备案时，编制或者提供虚假的报告、报表、文件、资料的；

（三）未按照规定使用经批准或者备案的保险条款、保险费率的。

第五十一条 保险公司违反本办法第三十七条第三款的由中国

保监会给予警告，处 3 万元以下罚款。

第五十二条 保险公司以停止使用保险条款和保险费率进行销售误导的，由中国保监会依据《保险法》第一百六十一条进行处罚。

第五十三条 保险公司违反本办法规定，聘任不符合规定条件的法律责任人的，由中国保监会责令限期改正；逾期不改正的，给予警告，处 1 万元以下罚款。

第七章 附 则

第五十四条 中国保监会对保险公司总精算师、法律责任人另有规定的，适用其规定。

团体保险的保险条款和保险费率的管理，中国保监会另有规定的，适用其规定。

第五十五条 本办法规定的期限以工作日计算。

第五十六条 本办法由中国保监会负责解释。

第五十七条 本办法自颁布之日起施行。中国保监会 2000 年 3 月 23 日发布的《人身保险产品定名暂行办法》（保监发〔2000〕42 号）、2000 年 5 月 16 日发布的《关于放开短期意外险费率及简化短期意外险备案手续的通知》（保监发〔2000〕78 号）、2004 年 6 月 30 日发布的《人身保险产品审批和备案管理办法》（保监会令〔2004〕6 号）以及 2004 年 7 月 1 日发布的《关于〈人身保险产品审批和备案管理办法〉若干问题的通知》（保监发〔2004〕76 号）同时废止。

附件：1. 人身保险公司保险条款和保险费率审批申请表（略）

2. 人身保险公司保险条款和保险费率审批报送材料清单表（略）

3. 人身保险公司保险条款和保险费率备案报送材料清单表（略）

4. 变更备案报送材料清单表（略）

5. 法律责任人备案情况表（略）

6. 总精算师声明书（略）

7. 法律责任人声明书（略）

财产保险公司保险条款和保险费率管理办法

(2021年8月16日中国银行保险监督管理委员会令2021年第10号公布 自2021年10月1日起施行)

第一章 总 则

第一条 为了加强和改进对财产保险公司保险条款和保险费率的监督管理，保护投保人、被保险人和受益人的合法权益，维护保险市场秩序，鼓励财产保险公司创新，根据《中华人民共和国保险法》，制定本办法。

第二条 中国银行保险监督管理委员会（以下简称银保监会）及其派出机构依法对财产保险公司及其分支机构的保险条款和保险费率实施监督管理，遵循保护社会公众利益、防止不正当竞争、与市场行为监管协调配合原则。

第三条 财产保险公司保险条款和保险费率实施分类监管、属地监管，具体由银保监会另行规定。

第四条 财产保险公司应当依据法律、行政法规和银保监会的有关规定制订保险条款和保险费率，并对保险条款和保险费率承担相应的责任。

第五条 财产保险公司应当依据本办法的规定向银保监会或其省一级派出机构申报保险条款和保险费率审批或者备案。财产保险公司分支机构不得申报保险条款和保险费率审批或者备案。

第六条 中国保险行业协会应当切实履行保险条款和保险费率行业自律管理职责，推进保险条款和保险费率的通俗化、标准化、规范化工作，研究制订修订主要险种的行业示范条款，建立保险条款费率评估和创新保护机制。中国精算师协会应当研究制订修订主要险种的行业基准纯风险损失率。

第二章　条款开发和费率厘定

第七条　财产保险公司的保险条款和保险费率，应当依法合规，公平合理，不侵害投保人、被保险人和受益人的合法权益，不危及财产保险公司财务稳健和偿付能力；应当符合保险原理，尊重社会公德，不违背公序良俗，不损害社会公共利益，符合《中华人民共和国保险法》等法律、行政法规和银保监会的有关规定。

第八条　财产保险公司的保险条款应当要素完整、结构清晰、文字准确、表述严谨、通俗易懂，名称符合命名规则。

第九条　财产保险公司的保险费率应当按照合理、公平、充足原则科学厘定，不得妨碍市场公平竞争；保险费率可以上下浮动的，应当明确保险费率调整的条件和范围。

第十条　财产保险公司的合规负责人和总精算师分别负责保险条款审查和保险费率审查，并承担相应的责任。

第十一条　财产保险公司应当向合规负责人和总精算师提供其履行工作职责所必需的信息，并充分尊重其专业意见。

财产保险公司应当加强对合规负责人和总精算师的管理，按照银保监会的相关规定，建立健全相应的内部管控及问责机制。

第十二条　财产保险公司应当按照本办法规定提交由合规负责人出具的法律审查声明书。合规负责人应对以下内容进行审查：

（一）保险条款符合《中华人民共和国保险法》等法律、行政法规和银保监会的有关规定；

（二）保险条款公平合理，符合保险原理，不损害社会公共利益，不侵害投保人、被保险人和受益人的合法权益，并已通过消费者权益保护审查；

（三）命名符合规定，要素完备、文字准确、语言通俗、表述严谨。

第十三条　财产保险公司应当按照本办法规定提交由总精算师签署的精算报告和出具的精算审查声明书。总精算师应对以下内容进行审查：

（一）精算报告内容完备；

（二）精算假设和精算方法符合通用精算原理；

（三）保险费率厘定科学准确，满足合理性、公平性和充足性原则，并已通过消费者权益保护审查；

（四）保险费率符合《中华人民共和国保险法》等法律、行政法规和银保监会的有关规定。

第三章 审批和备案

第十四条 财产保险公司应当将关系社会公众利益的保险险种、依法实行强制保险的险种的保险条款和保险费率报银保监会审批。

其他险种的保险条款和保险费率，财产保险公司应当报银保监会或其省一级派出机构备案。

具体应当报送审批或者备案的险种，由银保监会另行规定。

第十五条 对于应当审批的保险条款和保险费率，在银保监会批准前，财产保险公司不得经营使用。

对于应当备案的保险条款和保险费率，财产保险公司应当在经营使用后十个工作日内报银保监会或其省一级派出机构备案。

第十六条 财产保险公司报送审批或者备案保险条款和保险费率，应当提交下列材料：

（一）申请文件；

（二）保险条款和保险费率文本；

（三）可行性报告，包括可行性分析、保险条款和保险费率的主要特点、经营模式、风险分析以及风险控制措施等；

（四）总精算师签署的保险费率精算报告，包括费率结果、基础数据及数据来源、厘定方法和模型，以及费率厘定的主要假设、参数和精算职业判断等；

（五）法律审查声明书，精算审查声明书；

（六）银保监会规定的其他材料。

第十七条 财产保险公司使用中国保险行业协会示范条款的，无需提交可行性报告。

财产保险公司使用行业基准纯风险损失率的，应当在精算报告中予以说明，无需提供纯风险损失率数据来源。

附加险无需提供可行性报告及精算报告，另有规定的除外。

第十八条 财产保险公司修改经批准或备案的保险条款或者保险费率的，应当依照本办法重新报送审批或备案。财产保险公司报送修改保险条款或者保险费率的，除应当提交本办法第十六条规定的材料外，还应当提交保险条款或保险费率的修改前后对比表和修订说明。

修改后的保险条款和保险费率经批准或者备案后，原保险条款和保险费率自动废止，财产保险公司不得在新订立的保险合同中使用原保险条款和保险费率。

第十九条 财产保险公司因名称发生变更，仅申请变更其保险条款和保险费率中涉及的公司名称的，无需提交本办法第十六条中（三）、（四）项规定的材料。

第二十条 银保监会或其省一级派出机构收到备案材料后，应根据下列情况分别作出处理：

（一）备案材料不完整齐备的，要求财产保险公司补正材料；

（二）备案材料完整齐备的，编号后反馈财产保险公司。

第二十一条 财产保险公司及其分支机构可以对已经审批或者备案的保险条款和保险费率进行组合式经营使用，但应当分别列明各保险条款对应的保险费和保险金额。

财产保险公司及其分支机构经营使用组合式保险条款和保险费率，不得修改已经审批或者备案的保险条款和保险费率。如需修改，应当按照本办法的规定重新报送审批或者备案。

第二十二条 在共保业务中，其他财产保险公司可直接使用首席承保人经审批或者备案的保险条款和保险费率，无需另行申报。

第四章 监督管理

第二十三条 财产保险公司及其分支机构应当严格执行经批准或者备案的保险条款和保险费率，不得违反本办法规定以任何方式改变保险条款或者保险费率。

第二十四条 财产保险公司及其分支机构使用的保险条款或者保险费率被发现违反法律、行政法规或者本办法第七条、第八条、

第九条规定的,由银保监会或其省一级派出机构责令停止使用、限期修改;情节严重的,可以在一定期限内禁止申报新的保险条款和保险费率。

第二十五条 财产保险公司应当制定保险条款和保险费率开发管理制度,建立审议机制,对保险条款和保险费率开发和管理的重大事项进行审议。

第二十六条 财产保险公司应当指定专门部门履行保险条款和保险费率开发管理职能,负责研究开发、报送审批备案、验证修订、清理注销等全流程归口管理。

第二十七条 财产保险公司应当加强对使用中保险条款和保险费率的管理,指定专门部门进行跟踪评估、完善修订,对不再使用的及时清理。

第二十八条 财产保险公司应当于每年3月底前,统计分析前一年保险条款和保险费率的开发情况、修订情况和清理情况,并形成财产保险公司保险条款和保险费率年度分析报告和汇总明细表,经公司产品管理委员会审议通过后同时报银保监会和其省一级派出机构。

第二十九条 财产保险公司履行保险条款和保险费率开发管理职能的部门负责人对本公司保险条款和保险费率开发管理工作负直接责任。合规负责人对保险条款审查负直接责任,总精算师对保险费率审查负直接责任。

第三十条 财产保险公司履行保险条款和保险费率开发管理职能的部门负责人、合规负责人、总精算师违反本办法规定的,由银保监会或其省一级派出机构责令改正、提交书面检查,并可责令公司作出问责处理。

第五章 法律责任

第三十一条 财产保险公司未按照规定申请批准保险条款、保险费率的,由银保监会依法采取监督管理措施或予以行政处罚。

第三十二条 财产保险公司有下列行为之一的,由银保监会或其省一级派出机构依法采取监督管理措施或予以行政处罚:

（一）未按照规定报送保险条款、保险费率备案的；

（二）未按照规定报送或者保管保险条款、保险费率相关的报告、报表、文件、资料的，或者未按照规定提供有关信息、资料的。

第三十三条 财产保险公司报送审批、备案保险条款和保险费率时，编制或者提供虚假的报告、报表、文件、资料的，由银保监会或其省一级派出机构依法采取监督管理措施或予以行政处罚。

第三十四条 财产保险公司及其分支机构有违反本办法第二十三条规定的，由银保监会或其派出机构依法采取监督管理措施或予以行政处罚。

第三十五条 银保监会或其省一级派出机构依照本办法第二十四条的规定，责令财产保险公司及其分支机构停止使用或限期修改保险条款和保险费率，财产保险公司未停止使用或逾期不改正的，依法采取监督管理措施或予以行政处罚。

第三十六条 财产保险公司及其分支机构违反相关规定的，银保监会或其派出机构除依法对该单位给予处罚外，对其直接负责的主管人员和其他直接责任人员依法采取监督管理措施或予以行政处罚。

第六章 附 则

第三十七条 银保监会对财产保险公司保险条款和保险费率的审批程序，适用《中华人民共和国行政许可法》和银保监会的有关规定。

第三十八条 法律、行政法规和国务院对机动车辆保险、农业保险、出口信用保险另有规定的，适用其规定。

第三十九条 本办法由银保监会负责解释。

第四十条 本办法自 2021 年 10 月 1 日起施行。原中国保险监督管理委员会 2010 年 2 月 5 日发布的《财产保险公司保险条款和保险费率管理办法》（中国保险监督管理委员会令 2010 年第 3 号）同时废止。

银行保险机构消费者
权益保护监管评价办法

(2021 年 7 月 5 日　银保监发〔2021〕24 号)

第一章　总　　则

第一条　为科学评价银行保险机构消费者权益保护工作质效，督促银行保险机构依法合规经营，切实维护银行业保险业消费者合法权益，依据《中华人民共和国银行业监督管理法》《中华人民共和国商业银行法》《中华人民共和国保险法》等法律法规，制定本办法。

第二条　银行保险机构消费者权益保护监管评价（以下简称消保监管评价）是指中国银行保险监督管理委员会（以下简称银保监会）及其派出机构根据日常监管和其他相关信息，对银行保险机构消费者权益保护工作开展情况和整体状况作出综合评价的监管过程。

第三条　消保监管评价对象为在中华人民共和国境内依法设立的向消费者提供金融产品或服务的银行保险机构。

第四条　消保监管评价是银行业保险业行为监管的重要组成部分，应充分体现行为监管的特点和要求，兼顾机构体制机制建设和具体操作执行，将定性和定量评价有机结合，遵循依法依规、客观公正、科学规范、突出重点的原则。

第二章　评价要素和等级

第五条　消保监管评价要素包括"体制建设""机制与运行""操作与服务""教育宣传""纠纷化解"5 项基本要素和"监督检查"1 项调减要素。5 项基本要素总权重为 100%。

（一）体制建设。主要评价银行保险机构消费者权益保护工作相关公司治理和组织架构建设等情况。该要素权重为10%。

（二）机制与运行。主要评价银行保险机构消费者权益保护工作机制建设和运行情况，包括消费者权益保护审查、信息披露、个人信息保护、内部培训、内部考核、内部审计等。该要素权重为25%。

（三）操作与服务。主要评价银行保险机构日常经营和服务中对消费者权益保护有关要求的落实情况，包括但不限于营销宣传、适当性管理、销售行为管控、合作机构管理、服务质量与收费等。该要素权重为30%。

（四）教育宣传。主要评价银行保险机构消费者教育宣传总体安排、集中教育宣传活动、常态化消费者教育工作开展情况等。该要素权重为10%。

（五）纠纷化解。主要评价银行保险机构投诉管理、投诉数量以及纠纷多元化解机制落实情况。该要素权重为25%。

（六）监督检查。根据银行保险机构消费者权益保护现场检查、举报调查、投诉督查、复议诉讼情况以及日常舆情、重大负面事件和机构相关整改落实情况进行调减，幅度不超过总权重的25%。

第六条 消保监管评价各要素下设若干评价指标。银保监会根据行为监管特点，立足行业发展和消费者权益保护工作实际，对消保监管评价要素下设的具体评价指标进行动态调整。

第七条 消保监管评价计分包括：指标得分、要素得分和总体得分。

（一）指标得分。针对每一评价要素中的不同评价指标评分。在指标得分区间内，根据工作开展情况确定得分。

（二）要素得分。每一评价要素得分为该要素下不同评价指标得分之和。

（三）总体得分。评价总体得分为5项基本要素得分和1项调减要素得分加总之和。

第八条 消保监管评价总分值为100分，最小计分单位为0.1分。根据最终总体得分，消保监管评价结果分为四个等级。等级数字越大表示机构消费者权益保护工作存在的问题越多，需要越高程度的监管关注。

消保监管评价总体得分在 90 分（含）以上为一级；75 分（含）至 90 分为二级，其中：85 分（含）至 90 分为二级 A，80 分（含）至 85 分为二级 B，75 分（含）至 80 分为二级 C；60 分（含）至 75 分为三级，其中：70 分（含）至 75 分为三级 A，65 分（含）至 70 分为三级 B，60 分（含）至 65 分为三级 C；60 分以下为四级。

第三章　职责分工和操作流程

第九条　消保监管评价周期为一年，评价期间为评价年度 1 月 1 日至当年 12 月 31 日。年度监管评价工作原则上应于评价期间结束后 5 个月内完成。

第十条　银保监会负责组织、督导全国银行业保险业消保监管评价工作，并对直接监管的银行保险法人机构开展评价。

第十一条　银保监会派出机构按照属地监管原则，负责对辖内银行保险法人机构和一级分支机构开展消保监管评价，并将一级分支机构的评价结果和同类机构排名报送相关法人监管机构消费者权益保护职能部门。

第十二条　消保监管评价流程包括：方案制定、机构自评、评价实施、档案归集。

第十三条　银保监会每年根据消费者权益保护监管工作重点、银行保险机构消费者权益保护工作开展情况等因素，制定年度消保监管评价方案，明确当年消保监管评价具体指标、评分细则和具体时间安排等内容。

年度消保监管评价方案原则上于评价年度结束前发布。

第十四条　机构自评。根据银保监会年度消保监管评价方案，银行保险机构就 5 项基本要素开展自评，全面客观评价本机构消费者权益保护工作整体效果，将自评结果和每项评价指标自评所依据的证明材料报送相关监管机构。

第十五条　评价实施。银保监会及其派出机构开展消保监管评价，应全面收集信息，客观分析评价，参考自评情况，形成评价结果。

（一）收集信息。银保监会及其派出机构开展消保监管评价应收集的信息包括：日常监管过程中掌握的与消费者权益保护工作相关的非现场监管和现场检查信息，消费者投诉及处理情况，消费者权益保护相关举报、复议、诉讼、案件以及日常舆情、重大负面事件等信息，银行保险机构报送的自评情况及相关证明材料，行业组织等相关机构关于行业服务质量的评测情况，消保监管评价相关的其他信息。

（二）综合分析。银保监会及其派出机构应结合所掌握的消费者权益保护工作相关的各类信息，进行全面、客观分析，对每项评价要素和指标做出综合评估，形成评价结果。必要时，可以通过现场调查、抽查、监管会谈等方式进行核查。

（三）确定结果。银保监会及其派出机构应综合银行保险机构法人及各一级分支机构的评价结果，将一级分支机构平均得分和法人评价得分按40%和60%进行加权平均，得出银行保险机构的总体得分。

银行保险机构自评得分严重偏离5项基本要素监管评价得分的，将视当年同类机构平均偏离情况扣减总体得分。

（四）结果通报。银保监会及其派出机构应适时总结辖内银行业保险业消保监管评价总体情况，在行业内通报，并可通过会谈、监管会议、监管通报等形式向被评机构通报评价结果。

银行保险机构不得为广告、宣传、营销等商业目的将评价结果对外披露。

第十六条 档案归集。消保监管评价结束后，银保监会及其派出机构应对评价过程中生成的重要信息做好归档工作。

第四章 评价结果及运用

第十七条 银保监会及其派出机构应当充分利用消保监管评价结果，将其作为制定消费者权益保护监管政策与工作规划的重要依据，以及配置监管资源和采取监管措施的重要参考，深入分析银行保险机构消费者权益保护工作存在的问题及其成因，督促银行保险机构对发现的问题及时整改。

第十八条 评价结果。

（一）评价结果为一级，表明机构消费者权益保护工作在行业内处于领先水平，对消费者权益保护工作的重要性有充分认识，消费者权益保护工作组织架构健全，各项工作机制运行顺畅，能够保障在经营管理和业务环节中落实消费者保护理念和要求。

（二）评价结果为二级，表明机构消费者权益保护工作在行业内处于中等水平，消费者权益保护工作组织架构比较合理，各项工作机制基本能够保障在大部分经营管理和业务环节中落实消费者保护理念和要求，但工作存在一定不足，需予以改进。

（三）评价结果为三级，表明机构消费者权益保护工作在行业内处于偏下水平，消费者权益保护工作组织架构建设和各项工作机制运行存在较大问题，经营管理和业务环节中消费者权益保护理念和要求落实不到位，需要及时采取措施提高体制机制执行力，弥补工作缺陷。

（四）评价结果为四级，表明机构消费者权益保护工作在行业内处于落后水平，消费者权益保护工作组织架构建设和各项工作机制运行存在严重问题，难以保障在经营管理和业务环节中落实消费者权益保护要求，侵害消费者合法权益事件屡次发生，必须立即全面检视问题，采取有效措施进行整改。

第十九条 评价结果通报后，银行保险机构应当针对自身消费者权益保护工作存在的问题和缺陷，研究整改措施、提出整改方案。

评价结果为三级和四级的机构，应于收到评价结果后尽快形成整改计划，并于90日内向相关监管机构提交整改情况进展报告。对于短期内难以完成的整改工作，银行保险机构应当制定阶段性整改台账，有序推进。

第二十条 银保监会及其派出机构应当根据消保监管评价结果，依法对银行保险机构采取差异化监管措施。

（一）对评价结果为一级的机构，应指导督促其加强日常经营行为管理，有效防范操作风险。

（二）对评价结果为二级的机构，应关注其消费者权益保护工作薄弱环节，通过窗口指导、监管谈话等方式督促其加强日常经营行为管理，有效防范操作风险。

（三）对评价结果为三级的机构，除可采取对二级机构的监管措施外，还可视情形依法采取下发风险提示函、监管通报、责令限期整改、责令内部问责等方式要求其强化消费者权益保护体制机制建设和执行，必要时公开披露其不当行为。

（四）对评价结果为四级的机构，除可采取对三级机构的监管措施外，对于整改措施不力或到期仍无明显整改效果的机构，可根据有关法律法规，依法在开办新业务、增设分支机构等方面采取相关监管措施。

对于评价结果为三级及以下或在同类机构中排名持续下降的机构，银保监会及其派出机构应增加现场检查频率，并要求机构进一步提高消费者权益保护内部考核在其综合绩效考评体系中的权重。

第五章　组织保障和工作要求

第二十一条　银保监会及其派出机构消费者权益保护职能部门负责牵头开展消保监管评价工作，包括：

（一）组织实施消保监管评价具体工作；
（二）对下辖派出机构的消保监管评价工作进行指导和监督；
（三）整理消保监管评价档案，做好归档工作；
（四）根据评价结果对银行保险机构采取后续监管措施；
（五）其他有关消保监管评价的工作。

第二十二条　银保监会及其派出机构其他相关部门就消保监管评价工作提供有关信息、资料和建议，并配合消费者权益保护职能部门，根据评价结果对银行保险机构采取后续监管措施。

第二十三条　银保监会派出机构可根据工作需要，成立消保监管评价工作委员会，对本级派出机构的评价工作进行指导和监督，并通过会议或传签的形式确定评价结果。

第二十四条　银行保险机构应当真实、准确、完整地提供消保监管评价所需数据以及相关材料。

银行保险机构提交虚假材料的,银保监会及其派出机构应根据具体情节和性质,按照《中华人民共和国银行业监督管理法》《中华人民共和国保险法》相关条款进行严肃处理。

第二十五条 消保监管评价应积极利用信息化手段,搭建监管评价信息系统,依托系统集中统一开展数据收集、指标统计、数据分析、结果运用等工作,增强规范性和准确性。

第二十六条 银保监会派出机构应及时将辖内银行保险机构的消保监管评价结果逐级报送上级监管机构消费者权益保护职能部门。

第二十七条 银保监会及其派出机构应当严格控制评价信息和资料知悉范围,做好消保监管评价信息和资料保密工作。参与消保监管评价的工作人员不得泄露评价过程中获悉的国家秘密、商业秘密、敏感信息和个人信息。

第二十八条 评价工作结束后,发现银行保险机构在评价期间内存在重大违法违规问题,严重侵害消费者合法权益的,银保监会及其派出机构可视情形对评价结果进行调级调档,并将调整情况逐级报送上级监管机构消费者权益保护职能部门。

第六章 附 则

第二十九条 本办法规定的消保监管评价对象不包含开发银行、政策性银行、金融资产管理公司、金融资产投资公司、金融租赁公司、企业集团财务公司、货币经纪公司、省联社、贷款公司、农村资金互助社、政策性保险公司、保险集团(控股)公司、再保险公司、农业保险公司、养老保险公司、相互保险组织、保险资产管理公司、养老金管理公司和保险专业中介机构。

第三十条 不开展个人业务或者个人业务占比较小的外资法人银行、外国银行分行等可不作为消保监管评价对象。

第三十一条 截至评价年度末,开业不满2个会计年度的银行保险机构不作为消保监管评价对象。

第三十二条 对于农村中小银行,银保监会派出机构每年可根据工作实际,仅对法人机构开展评价,并自行确定机构覆盖范围。

原则上应 5 年全覆盖，每年覆盖率不低于 20%。

第三十三条 信用卡中心等持牌专营机构参照一级分支机构进行消保监管评价。

第三十四条 本办法由银保监会负责解释和修订。

第三十五条 本办法自公布之日起施行。《中国银监会关于印发银行业金融机构消费者权益保护工作考核评价办法（试行）的通知》（银监发〔2014〕37号）、《关于印发〈保险公司服务评价管理办法（试行）〉的通知》（保监发〔2015〕75号）同时废止。

保险销售行为管理办法

（2023 年 9 月 20 日国家金融监督管理总局令 2023 年第 2 号公布 自 2024 年 3 月 1 日起施行）

第一章 总 则

第一条 为保护投保人、被保险人、受益人的合法权益，规范保险销售行为，统一保险销售行为监管要求，根据《中华人民共和国保险法》、《国务院办公厅关于加强金融消费者权益保护工作的指导意见》等法律、行政法规和文件，制定本办法。

第二条 保险公司为订立保险合同所开展的销售行为，保险中介机构、保险销售人员受保险公司委托或者与保险公司合作为订立保险合同所开展的销售行为，应当遵守本办法的规定。

本办法所称保险公司不包括再保险公司。

本办法所称保险中介机构包括：保险代理机构和保险经纪人。保险代理机构包括专业代理机构和兼业代理机构。

本办法所称保险销售人员包括：保险公司中从事保险销售的员工、个人保险代理人及纳入销售人员管理的其他用工形式的人员，保险代理机构中从事保险代理的人员，保险经纪人中从事保险经纪业务的人员。

第三条 除下列机构和人员外,其他机构和个人不得从事保险销售行为:

(一)保险公司和保险中介机构;

(二)保险销售人员。

保险公司、保险中介机构应当为其所属的保险销售人员办理执业登记。

第四条 保险销售行为应当遵循依法合规、平等自愿、公平适当、诚实守信等原则,尊重和保障投保人、被保险人、受益人的合法权益。

第五条 本办法所称保险销售行为包括保险销售前行为、保险销售中行为和保险销售后行为。

保险销售前行为是指保险公司及受其委托或者与其合作的保险中介机构、保险销售人员为订立保险合同创造环境、准备条件、招揽保险合同相对人的行为。

保险销售中行为是指保险公司及受其委托或者与其合作的保险中介机构、保险销售人员与特定相对人为订立保险合同就合同内容进行沟通、商谈,作出要约或承诺的行为。

保险销售后行为是指保险公司及受其委托或者与其合作的保险中介机构、保险销售人员履行依照法律法规和监管制度规定的以及基于保险合同订立而产生的保单送达、回访、信息通知等附随义务的行为。

第六条 保险公司、保险中介机构应当以适当方式、通俗易懂的语言定期向公众介绍保险知识、发布保险消费风险提示,重点讲解保险条款中的专业性词语、集中性疑问、容易引发争议纠纷的行为以及保险消费中的各类风险等内容。

第七条 保险公司、保险中介机构应当按照合法、正当、必要、诚信的原则收集处理投保人、被保险人、受益人以及保险业务活动相关当事人的个人信息,并妥善保管,防止信息泄露;未经该个人同意,保险公司、保险中介机构、保险销售人员不得向他人提供该个人的信息,法律法规规章另有规定以及开展保险业务所必需的除外。

保险公司、保险中介机构应当加强对与其合作的其他机构收集处理投保人、被保险人、受益人以及保险业务活动相关当事人个人信息的行为管控，在双方合作协议中明确其他机构的信息收集处理行为要求，定期了解其他机构执行协议要求情况，发现其他机构存在违反协议要求情形时，应当及时采取措施予以制止和督促纠正，并依法追究该机构责任。

第八条　保险公司、保险中介机构应当履行销售管理主体责任，建立健全保险销售各项管理制度，加强对与其有委托代理关系的保险销售人员身份和保险销售业务真实性管理，定期自查、评估制度有效性和落实情况；应当明确各级机构及其高级管理人员销售管理责任，建立销售制度执行、销售管控和内部责任追究机制，不得违法违规开展保险销售业务，不得利用开展保险销售业务为其他机构或者个人牟取不正当利益。

第九条　具有保险销售业务合作关系的保险公司、保险中介机构应当在相关协议中确定合作范围，明确双方的权利义务。保险公司与保险中介机构的保险销售业务合作关系应当真实，不得通过虚假合作套取费用。

保险中介机构应当依照相关法律法规规定及双方业务合作约定，并以相关业务开展所必需为限，将所销售的保险业务相关信息以及投保人、被保险人、受益人信息如实完整及时地提供给与其具有保险销售业务合作关系的保险公司，以利于保险公司与投保人订立保险合同。

保险公司应当支持与其具有保险销售业务合作关系的保险中介机构为投保人提供专业服务，依照相关法律法规规定及双方业务合作约定，并以相关业务开展所必需为限，将该保险中介机构所销售的保险业务相关保单存续期管理信息如实完整及时地提供给该保险中介机构，以利于该保险中介机构为投保人提供后续服务。

保险公司应当加强对与其具有保险销售业务合作关系的保险中介机构保险销售行为合规性监督，定期了解该保险中介机构在合作范围内的保险销售行为合规情况，发现该保险中介机构在从事保险销售中存在违反法律法规及合作协议要求情形时，应当及时采取措施予以制止和督促纠正，并依法追究该保险中介机构责任。

具有保险销售业务合作关系的保险公司、保险中介机构应当通过技术手段，实现双方业务信息系统的互联互通、数据对接。

第十条 国家金融监督管理总局（以下简称金融监管总局）依据《中华人民共和国保险法》，对保险销售行为履行监督管理职责。

金融监管总局派出机构依据授权对保险销售行为履行监督管理职责。

第二章 保险销售前行为管理

第十一条 保险公司、保险中介机构不得超出法律法规和监管制度规定以及监管机构批准核准的业务范围和区域范围从事保险销售行为。保险销售人员不得超出所属机构的授权范围从事保险销售行为。

第十二条 保险公司、保险中介机构开展保险销售行为，应当具备相应的业务、财务、人员等信息管理系统和核心业务系统，确保系统数据准确、完整、更新及时，并与监管机构要求录入各类监管信息系统中的数据信息保持一致。

第十三条 保险公司应当依法依规制订保险合同条款，不得违反法律法规和监管制度规定，确保保险合同双方权利义务公平合理；按照要素完整、结构清晰、文字准确、表述严谨、通俗易懂等原则制订保险合同条款，推进合同文本标准化。

保险合同及相关文件中使用的专业名词术语，其含义应当符合国家标准、行业标准或者通用标准。

第十四条 保险公司应当按照真实、准确、完整的原则，在其官方网站、官方APP等官方线上平台公示本公司现有保险产品条款信息和该保险产品说明。保险产品说明应当重点突出该产品所使用条款的审批或者备案名称、保障范围、保险期间、免除或者减轻保险人责任条款以及保单预期利益等内容。

保险产品条款发生变更的，保险公司应当于变更条款正式实施前更新所对外公示的该保险产品条款信息和该保险产品说明。

保险公司决定停止使用保险产品条款的，除法律法规及监管制度另有规定的外，应当在官方线上平台显著位置和营业场所公告，并在公示的该保险产品条款信息和该保险产品说明的显著位置标明停止使用的起始日期，该起始日期不得早于公告日期。

第十五条 保险公司应当建立保险产品分级管理制度，根据产品的复杂程度、保险费负担水平以及保单利益的风险高低等标准，对本机构的保险产品进行分类分级。

第十六条 保险公司、保险中介机构应当支持行业自律组织发挥优势推动保险销售人员销售能力分级工作，在行业自律组织制定的销售能力分级框架下，结合自身实际情况建立本机构保险销售能力资质分级管理体系，以保险销售人员的专业知识、销售能力、诚信水平、品行状况等为主要标准，对所属保险销售人员进行分级，并与保险公司保险产品分级管理制度相衔接，区分销售能力资质实行差别授权，明确所属各等级保险销售人员可以销售的保险产品。

第十七条 保险公司、保险中介机构应当建立保险销售宣传管理制度，确保保险销售宣传符合下列要求：

（一）在形式上和实质上未超出保险公司、保险中介机构合法经营资质所载明的业务许可范围及区域；

（二）明示所销售宣传的是保险产品；

（三）不得引用不真实、不准确的数据和资料，不得隐瞒限制条件，不得进行虚假或者夸大表述，不得使用偷换概念、不当类比、隐去假设等不当宣传手段；

（四）不得以捏造、散布虚假事实等手段恶意诋毁竞争对手，不得通过不当评比、不当排序等方式进行宣传，不得冒用、擅自使用与他人相同或者近似等可能引起混淆的注册商标、字号、宣传册页；

（五）不得利用监管机构对保险产品的审核或者备案程序，不得使用监管机构为该保险产品提供保证等引人误解的不当表述；

（六）不得违反法律、行政法规和监管制度规定的其他行为。

第十八条 保险销售人员未经授权不得发布保险销售宣传信息。

保险公司、保险中介机构对所属保险销售人员发布保险销售宣传信息的行为负有管理主体责任，对保险销售人员发布的保险销售宣传信息，应当进行事前审核及授权发布；发现保险销售人员自行编发或者转载未经其审核授权发布的保险销售宣传信息的，应当及时予以制止并采取有效措施进行处置。

第十九条 保险公司决定停止销售某一保险产品或者调整某一保险产品价格的，应当在官方线上平台显著位置和营业场所公告，但保险公司在经审批或者备案的费率浮动区间或者费率参数调整区间内调整价格的除外。公告内容应当包括停止销售或者调整价格的保险产品名称、停止销售或者价格调整的起始日期等信息，其中起始日期不得早于公告日期。

前款公告的停止销售或者调整价格的起始日期经过后，保险公司应当按照公告内容停止销售相应保险产品或者调整相应保险产品价格。

在保险公司未就某一保险产品发出停止销售或者调整价格的公告前，保险销售人员不得在保险销售中向他人宣称某一保险产品即将停止销售或者调整价格。

第二十条 保险公司、保险中介机构应当加强保险销售渠道业务管理，落实对保险销售渠道业务合规性的管控责任，完善保险销售渠道合规监督，不得利用保险销售渠道开展违法违规活动。

第三章 保险销售中行为管理

第二十一条 保险公司应当通过合法方式，了解投保人的保险需求、风险特征、保险费承担能力、已购买同类保险的情况以及其他与销售保险产品相关的信息，根据前述信息确定该投保人可以购买本公司保险产品类型和等级范围，并委派合格保险销售人员销售该等级范围内的保险产品。

保险中介机构应当协助所合作的保险公司了解前款规定的投保人相关信息，并按照所合作保险公司确定的该投保人可以购买的保险产品类型和等级范围，委派合格保险销售人员销售该等级范围内的保险产品。

第二十二条 保险公司、保险中介机构销售人身保险新型产品的,应当向投保人提示保单利益的不确定性,并准确、全面地提示相关风险;法律、行政法规和监管制度规定要求对投保人进行风险承受能力测评的,应当进行测评,并根据测评结果销售相适应的保险产品。

第二十三条 保险公司、保险中介机构及其保险销售人员不得使用强制搭售、信息系统或者网页默认勾选等方式与投保人订立保险合同。

前款所称强制搭售是指因保险公司、保险中介机构的原因,致使投保人不能单独就某一个保险产品或者产品组合与保险公司订立保险合同的情形,以及自然人、法人、非法人组织在购买某一非保险类金融产品或者金融服务时,在未被告知保险产品或者保险服务的存在、未被提供自主选择权利行使条件的情况下,被要求必须同时与指定保险公司就指定保险产品订立保险合同的情形。

第二十四条 保险公司、保险中介机构以互联网方式销售保险产品的,应当向对方当事人提示本机构足以识别的名称。

保险销售人员以面对面方式销售保险产品的,应当向对方当事人出示执业证件;以非面对面方式销售保险产品的,应当向对方当事人说明本人姓名、所属保险公司或者保险中介机构全称、本人执业证件编号。

第二十五条 订立保险合同,采用保险公司提供的格式条款的,保险公司或者受其委托及与其合作的保险中介机构、保险销售人员应当在投保人投保前以适当方式向投保人提供格式条款及该保险产品说明,并就以下内容向投保人作出明确提示:

(一)双方订立的是保险合同;

(二)保险合同的基本内容,包括保险产品名称、主要条款、保障范围、保险期间、保险费及交费方式、赔偿限额、免除或者减轻保险人责任的条款、索赔程序、退保及其他费用扣除、人身保险的现金价值、犹豫期、宽限期、等待期、保险合同效力中止与恢复等;

(三)提示投保人违反如实告知义务的后果;

(四)保险公司、保险中介机构服务电话,以及咨询、报案、投诉等的途径方式;

（五）金融监管总局规定的其他提示内容。

保险公司、保险中介机构在销售保险产品时，经投保人同意，对于权利义务简单且投保人在三个月内再次投保同一保险公司的同一保险产品的，可以合理简化相应的提示内容。

第二十六条 订立保险合同时，保险公司及受其委托及与其合作的保险中介机构、保险销售人员应当对免除或者减轻保险人责任的条款，以足以引起投保人注意的文字、字体、符号或者其他明显标志作出提示，并对有关免除保险人责任条款的概念、内容及其法律后果以书面或者口头形式向投保人作出明确的常人能够理解的解释说明。

免除或者减轻保险人责任的条款包括责任免除条款、免赔额、免赔率、比例赔付或者给付等。

第二十七条 订立保险合同，保险公司应当提示投保人履行如实告知义务。

保险公司及受其委托及与其合作的保险中介机构、保险销售人员应当就保险标的或者被保险人的有关情况提出具体内容的询问，以投保单询问表方式进行询问的，投保单询问表中不得有概括性条款，但该概括性条款有具体内容的除外。

投保人的如实告知义务限于保险公司及受其委托的保险中介机构、保险销售人员询问范围和内容，法律法规另有规定的除外。

第二十八条 保险公司、保险中介机构、保险销售人员在销售保险时，发现投保人具有下列情形之一的，应当建议投保人终止投保：

（一）投保人的保险需求与所销售的保险产品明显不符的；

（二）投保人持续承担保险费的能力明显不足的；

（三）投保人已购买以补偿损失为目的的同类型保险，继续投保属于重复保险或者超额保险的。

投保人不接受终止投保建议，仍然要求订立保险合同的，保险公司、保险中介机构应当向投保人说明有关风险，并确认销售行为的继续是出于投保人的自身意愿。

第二十九条 保险公司、保险中介机构应当按照有关法律法规和监管制度规定，要求投保人以书面或者其他可保存的形式，签署或者确认投保声明、投保提示书、免除或者减轻保险人责任条款的说明等文件，以及监管规定的相关文书材料。通过电话销售保险的，可以以签署投保单或者电话录音等方式确认投保人投保意愿。通过互联网开展保险销售的，可以通过互联网保险销售行为可回溯方式确认投保人投保意愿，并符合监管制度规定。

投保文书材料应当由投保人或者其书面委托的人员以签字、盖章或者其他法律法规认可的方式进行确认。保险销售人员不得代替保险业务活动相关当事人在订立保险合同的有关文书材料中确认。

第三十条 保险公司、保险中介机构应当严格按照经金融监管总局及其派出机构审批或者备案的保险条款和保险费率销售保险产品。

第三十一条 保险公司、保险中介机构应当按照相关监管制度规定，根据不同销售方式，采取录音、录像、销售页面管理和操作轨迹记录等方法，对保险产品销售行为实施可回溯管理。对可回溯管理过程中产生的视听资料及电子资料，应当做好备份存档。

第三十二条 保险公司、保险中介机构应当加强资金管理，建立资金管理机制，严格按照相关规定进行资金收付管理。

保险销售人员不得接受投保人、被保险人、受益人委托代缴保险费、代领退保金、代领保险金，不得经手或者通过非投保人、被保险人、受益人本人账户支付保险费、领取退保金、领取保险金。

第三十三条 投保人投保后，保险销售人员应当将所销售的保险业务相关信息以及投保人、被保险人、受益人信息如实完整及时地提供给其所在的保险公司、保险中介机构，以利于保险公司与投保人订立保险合同。

第四章 保险销售后行为管理

第三十四条 保险公司在核保通过后应当及时向投保人提供纸质或者电子保单，并按照相关政策提供发票。电子保单应当符合国家电子签名相关法律规定。保险公司应当在官方线上平台设置保单查询功能。

第三十五条 保险合同订立后,保险公司应当按照有关监管制度规定,通过互联网、电话等方式对金融监管总局规定的相关保险产品业务进行回访。回访内容包括确认投保人身份和投保信息的真实性、是否完整知悉合同主要内容以及其他应当披露的信息等。在回访中,保险公司工作人员应当如实与投保人进行答问,不得有误导、欺骗、隐瞒等行为,并如实记录回访过程。

保险公司在回访中发现存在销售误导的,应当按照规定及时予以处理。

按照相关监管制度规定,对保险产品销售行为实施可回溯管理,且对有关信息已确认的,可以根据监管规定合理简化回访要求。

第三十六条 保险公司、保险中介机构与其所属的保险销售人员解除劳动合同及其他用工合同或者委托合同,通过该保险销售人员签订的一年期以上的人身保险合同尚未履行完毕的,保险公司、保险中介机构应当在该保险销售人员的离职手续办理完成后的30日内明确通知投保人或者被保险人有关该保险销售人员的离职信息、保险合同状况以及获得后续服务的途径,不因保险销售人员离职损害投保人、被保险人合法利益。

保险公司与保险中介机构终止合作,通过该保险中介机构签订的一年以上的人身保险合同尚未履行完毕的,保险公司应当在与该保险中介机构终止合作后的30日内明确通知投保人或者被保险人有关该保险公司与该保险中介机构终止合作的信息、保险合同状况以及获得后续服务的途径,不因终止合作损害投保人、被保险人合法利益。

保险销售人员因工作岗位变动无法继续提供服务的,适用上述条款规定。

第三十七条 保险销售人员离职后、保险中介机构与保险公司终止合作后,不得通过怂恿退保等方式损害投保人合法利益。

保险公司、保险中介机构应当在与保险销售人员签订劳动、劳务等用工合同或者委托合同时,保险公司应当在与保险中介机构签订委托合同时,要求保险销售人员或者保险中介机构就不从事本条第一款规定的禁止性行为作出书面承诺。

第三十八条 行业自律组织应当针对本办法第三十六条、第三十七条的规定建立行业自律约束机制,并督促成员单位及相关人员切实执行。

第三十九条 任何机构、组织或者个人不得违法违规开展保险退保业务推介、咨询、代办等活动,诱导投保人退保,扰乱保险市场秩序。

第四十条 保险公司应当健全退保管理制度,细化各项保险产品的退保条件标准,优化退保流程,不得设置不合法不合理的退保阻却条件。

保险公司应当在官方线上平台披露各项保险产品的退保条件标准和退保流程时限,并在保险合同签订前明确提示投保人该保险产品的退保条件标准和退保流程时限。

保险公司应当设立便捷的退保渠道,在收到投保人的退保申请后,及时一次性告知投保人办理退保所需要的全部材料。

第四十一条 保险公司、保险中介机构应当建立档案管理制度,妥善保管业务档案、会计账簿、业务台账、人员档案、投保资料以及开展可回溯管理产生的视听资料、电子数据等档案资料,明确管理责任,规范归档资料和数据的保管、保密和调阅程序。档案保管期限应当符合相关法律法规及监管制度规定。

第五章 监督管理

第四十二条 保险公司、保险中介机构应当按照金融监管总局及其派出机构的规定,记录、保存、报送有关保险销售的报告、报表、文件和资料。

第四十三条 违反本办法第三条、第三十九条规定的,由金融监管总局及其派出机构依照《中华人民共和国保险法》等法律法规和监管制度的相关规定处理。

第四十四条 保险公司、保险中介机构、保险销售人员违反本办法规定和金融监管总局关于财产保险、人身保险、保险中介销售管理的其他相关规定,情节严重或者造成严重后果的,由金融监管总局及其派出机构依照法律、行政法规进行处罚；法律、行政法规没有规定的，金融监管总局及其派出机构可以视情况给予警告或者通报批评，处以一万元以上十万元以下罚款。

第四十五条 保险公司、保险中介机构违反本办法规定和金融监管总局关于财产保险、人身保险、保险中介销售管理的其他相关规定，情节严重或者造成严重后果的，金融监管总局及其派出机构除分别依照本办法有关规定对该单位给予处罚外，对其直接负责的主管人员和其他直接责任人员依照法律、行政法规进行处罚；法律、行政法规没有规定的，金融监管总局及其派出机构对其直接负责的主管人员和其他直接责任人员可以视情况给予警告或者通报批评，处以一万元以上十万元以下罚款。

第四十六条 违反本办法第三十六条、第三十七条规定的，金融监管总局及其派出机构可以视情况予以通报并督促行业自律组织对相关人员、保险公司、保险中介机构给予行业自律约束处理。

第六章 附 则

第四十七条 保险公司、保险中介机构开展保险销售行为，除遵守本办法相关规定外，应当符合法律法规和金融监管总局关于财产保险、人身保险、保险中介销售管理的其他相关规定。

第四十八条 相互保险组织、外国保险公司分公司、保险集团公司适用本办法。

第四十九条 本办法由金融监管总局负责解释。

第五十条 本办法自2024年3月1日起施行。

图书在版编目（CIP）数据

中华人民共和国保险法 ：实用版／中国法治出版社编. -- 6 版. -- 北京 ： 中国法治出版社，2025.4.
ISBN 978-7-5216-5137-9

Ⅰ. D922.284

中国国家版本馆 CIP 数据核字第 2025JU8870 号

| 责任编辑：李槟红 | 封面设计：杨泽江 |

中华人民共和国保险法（实用版）
ZHONGHUA RENMIN GONGHEGUO BAOXIANFA（SHIYONGBAN）

经销/新华书店
印刷/三河市紫恒印装有限公司

| 开本/850 毫米×1168 毫米　32 开 | 印张/ 9.25　字数/ 230 千 |
| 版次/2025 年 4 月第 6 版 | 2025 年 4 月第 1 次印刷 |

中国法治出版社出版

| 书号 ISBN 978-7-5216-5137-9 | 定价：26.00 元 |

北京市西城区西便门西里甲 16 号西便门办公区

邮政编码：100053	传真：010-63141600
网址：http：//www.zgfzs.com	编辑部电话：010-63141671
市场营销部电话：010-63141612	印务部电话：010-63141606

（如有印装质量问题，请与本社印务部联系。）